ABREGÉ
DE
L'ESSAI
DE MONSIEUR
LOCKE,
SUR
L'ENTENDEMENT
HUMAIN

Traduit de l'Anglois

Par Mr. BOSSET.

NOUVELLE EDITION.

A GENEVE,
Chez PELLISSARI & COMP.

MDCCXXXVIII.

A MYLORD
Evêque de St. Asaph.

MYLORD,

Puisque Vous avez eu la bonté de lire ma Traduction, & de m'éclaircir les endroits les plus difficiles du Sistême de Mr. Locke, il est bien juste, qu'en Vous dédiant cet Ouvrage, je Vous rende des marques publiques de respect & de gratitude. Je croirois violer ces devoirs si j'entreprenois ici Vôtre Eloge. Je sai très bien, Mylord, qu'il faut une plume plus abondante que la mienne, & des bornes moins resserrées que celles d'une simple Lettre, pour étaler toutes Vos éminentes Qualitez. Et d'ailleurs je doute, si aucun Ecrivain peut parler de Vos Vertus, ensorte qu'il exprime les hautes idées que toute l'Angleterre en a conçû, & dont l'éclat a si fort touché le ROI, qu'un de ses premiers soins, après son Avénement à la Couronne, a été de Vous confier un des plus importans Emplois dans l'Eglise.

Permettez-moi donc, MYLORD, de Vous faire connoitre par mon silence, mieux que par la foiblesse de mon discours, la profonde vénération avec laquelle je suis,

MYLORD,
De Vôtre Grandeur,

LONDRES
le 7. Oct. 1719.

Le très Humble & très Obéissant Serviteur

J. P. BOSSET.

PRÉFACE.

Il n'y a jamais eu d'Abrégé plus exact que celui dont je donne la Traduction. Toutes les pensées essentielles à l'Essai de Mr. LOCKE sur l'Entendement Humain, s'y trouvent exprimées dans les propres termes de l'original. On n'a fait ici que retrancher le superflu. C'est là le jugement de toute l'Angleterre: C'est celui de Mr. LOCKE lui-même, ainsi qu'on le peut voir dans quelques-unes de ses Lettres à Mr. MOLINEUX, le Pere de l'Illustre Mr. MOLINEUX, Secretaire de S. A. R. le Prince de Galles. Dans l'une il s'exprime ainsi. *L'Abrégé de mon Essai est fini. Il a été fait par un homme d'esprit de l'Université d'Oxford,* (c'est *Mr. le Dr.* WINNE *présentement Evêque de St. Asaph*) *Maître aux Arts, qui a beaucoup de Disciples, & fort estimable pour sa science & pour sa vertu. Il paroit que cet Ouvrage a été entrepris dans la même vuë que vous aviez, lorsque vous m'en parlâtes. Par tout l'Auteur s'est servi, autant qu'il m'en peut souvenir, de mes expressions. Et lorsque son Ouvrage a été achevé, il a eu la civilité de me l'envoyer. Je l'ai parcouru, & autant que j'en puis juger, cet*

PREFACE.

Abrégé est bien fait & est digne de vôtre approbation, &c.

BIEN que Nôtre Illustre Abbréviateur ait conservé les propres expressions de Mr. LOCKE, *je n'ai pas de même suivi celles de Mr.* COSTE, *qui a traduit en François le grand ouvrage de Mr.* LOCKE. *J'ai pris une autre route.*

J'AI traduit environ deux cens endroits essentiels au Sistême de Mr. LOCKE, *d'une manière opposée à la sienne. J'ai rendu la plûpart des termes d'art, par des mots François qui y répondent, au lieu que Mr.* COSTE *s'est contenté d'y donner une terminaison Françoise.*

JE me crois néanmoins obligé de rendre justice au mérite de Mr. COSTE. *Je suis très convaincu que ce célèbre Traducteur ne seroit jamais tombé dans les fautes dont on l'accuse, s'il n'eût été gêné par Mr.* LOCKE, *qui semble avoir cru, que moins son Traducteur s'éloigneroit du tour & des expressions de la langue Angloise, & moins il seroit sujet à s'écarter de sa pensée. Les belles Traductions, que Mr.* COSTE *nous a données de divers autres Ouvrages, me portent volontiers à dire de lui ce qu'il a dit du P.* TARTERON. *Cet habile Traducteur devroit servir de modèle à quiconque voudroit s'appliquer au même genre d'écrire que lui. Et je m'estimerois fort heureux, de pouvoir le suivre, non d'un pas égal, mais de loin à loin,* VESTIGIA SEMPER ADORANS.

AFIN de défendre plus solidement Mr. COSTE, *je vai simplement transcrire sa Traduction du commencement du* chap. VI. Liv. III. *que je prens quasi au hazard. J'ose hardiment soutenir, que s'il eût eu toute la liberté requise,*

il se

PREFACE. vij

il se seroit exprimé avec plus de clarté & plus de justesse.

Les noms communs des substances, *dit-il,* emportent aussi bien que les autres termes généraux l'idée générale de *sorte,* ce qui ne veut dire autre chose sinon, qu'ils sont faits signes de telles ou telles idées complexes, dans lesquelles plusieurs substances particulieres conviennent ou peuvent convenir, & en vertu de quoi elles sont capables d'être comprises sous une commune conception, & signifiées par un seul nom. Je dis qu'elles conviennent ou peuvent convenir ; car quoi qu'il n'y ait qu'un Soleil dans le monde, cependant l'idée qu'on en forme par abstraction, en sorte que d'autres substances, s'il y en avoit plusieurs, peuvent chacune y particiter également, est aussi bien une *sorte* ou *espece* que s'il y avoit autant de soleils, qu'il y a d'étoiles ——

La mesure & les bornes de chaque *espece* ou *sorte,* par où elle est érigée en telle espece particuliere & distinguée des autres, c'est ce que nous appellons son *essence,* qui n'est autre chose que l'idée abstraite à laquelle le nom est attaché, de sorte que chaque chose contenuë dans cette idée est essentielle à cette espece. Quoi que ce soit là toute l'essence des substances, qui nous soit connuë, & par où nous distinguons ces sustances en differentes especes, je la nomme pourtant essence nominale, pour la distinguer de la constitution réelle des substances, d'où dépendent toutes les idées qui entrent dans l'essence nominale, & toutes les proprietez de chaque espece : Laquelle constitution réelle peut être appellée pour cet effet l'essence réelle, comme il a été dit, &c.

Frag-

PREFACE.

Fragment d'une Lettre de Sa Grandeur Mylord EVEQUE *de* ST. ASAPH, *à Mr.* CHATELAIN *Ministre de l'Eglise Françoise de St. Martin à Londres.*

— „ J'AI lû la Traduction qu'a fait Mr.
„ BOSSET de l'Abrégé de l'*Essai sur*
„ *l'Entendement Humain* par Mr. LOCKE.
„ Autant que je suis capable d'en juger, elle
„ me paroit faite avec beaucoup d'exactitude
„ & de fidélité. —

ST. ASAPH
le 5. *Août* 1719.

J. ASAPH.

AVANT-

AVANT-PROPOS.

LA nature de nôtre Entendement merite toutes nos recherches, puisque c'est par lui que nous avons l'empire & la prééminence sur les Brutes.

LE but de cet ouvrage est de rechercher l'origine, l'étenduë, & la certitude des connoissances dont l'homme est capable, & de découvrir les fondemens & les degrez de la foi, de l'opinion, & de l'acquiescement aux differentes choses qui se presentent à nous. Voici le plan de tout l'ouvrage.

I. JE recherche l'origine des idées ou notions dont chaque homme a le Sentiment intérieur, & je tâche de découvrir par où l'esprit reçoit ces idées, ou notions.

II. JE montre quelles sont les connoissances qu'on peut acquerir par ces idées, & quelle est l'évidence, la certitude, & l'étendue de ces connoissances.

III. JE fais quelques recherches sur la nature & les fondemens de la foi & de l'opinion.

SI je suis assez heureux pour réussir dans mon projet, j'espere qu'en découvrant les facultez de nôtre Entendement, leur étendue &

† †

leurs

leurs bornes, je porterai auſſi nôtre Eſprit à ne s'embarraſſer plus dans les choſes qui excedent ſa capacité, & à vouloir bien ignorer ce qu'on ne ſauroit connoitre. Si les Hommes étoient convaincus de leur ignorance, autant qu'ils devroient l'être, jamais le déſir d'une *connoiſſance univerſelle* ne les emporteroit à ſuſciter de nouvelles conteſtations, ſur des ſujets qui ne ſont point à leur portée, & deſquels ils n'ont aucune idée; ils ſe contenteroient de cette meſure de connoiſſance qu'ils peuvent acquerir dans l'état où ils ſe trouvent.

MAIS quoi-que nôtre Eſprit ne ſoit pas capable de comprendre toutes choſes, on doit avouer néanmoins que les connoiſſances que DIEU nous a accordées, avec plus de profuſion qu'aux autres *habitans de cette terre*, nous ſont des motifs aſſez puiſſans pour exalter ſes bontez à nôtre égard : Il nous a donné, comme dit St. PIERRE *, toutes les choſes néceſſaires pour la vie préſente, & pour la vie future.

AINSI puiſque nous découvrons, par le moien des connoiſſances, où nous pouvons atteindre, tout ce qui peut ſervir pour les beſoins de cette vie, & pour en acquerir une plus heureuſe ; puiſque d'ailleurs ces connoiſſances nous procurent aſſez de Sujets capables de nous occuper d'une maniere également utile & agréable ; on ſe plaint à tort de la foibleſſe de ſes facultez, & c'eſt une crainte puérile, de négliger toute connoiſſance, parce qu'il y a des choſes qu'on ne ſauroit connoitre.

L'Au-

---

* Πάντα πρὸς ζωὴν καὶ εὐσέβειαν. 1. Epit. ch. 1. v. 13.

AVANT-PROPOS.

L'Auteur de nôtre Etre ne sauroit pardonner cette crainte si mal fondée : Recevroit-on les excuses d'un valet paresseux, qui obligé de travailler à la chandéle, négligeroit son travail, parce que le Soleil ne seroit pas levé ? Comment donc prétendre s'excuser envers Dieu de ce qu'on a négligé les lumieres qu'il nous a données, lumieres assez grandes pour satisfaire, par leur moyen, à toutes nos nécessitez.

Voici donc en quoi consiste le véritable usage de l'entendement, 1. à connoitre bien la *proportion*, ou la *convenance*, qu'il y a entre les objets & nos facultez; ensuite à ne raisonner sur ces objets qu'autant qu'ils sont proportionnez à nos facultez; enfin à ne pas exiger des démonstrations, lors qu'on ne peut avoir que des vrai-semblances; car cette mesure de connoissance suffit pour qu'on puisse là-dessus regler sa conduite. Etre en doute sur chaque chose, parce qu'on ne peut pas les connoitre toutes avec certitude, c'est agir aussi déraisonnablement qu'un homme, qui ne voudroit pas se servir de ses jambes pour sortir d'un lieu dangereux, mais qui s'y laisseroit périr, parce qu'il n'auroit pas des ailes pour s'enfuir avec plus de vitesse.

Si une fois les Hommes connoissoient bien leurs forces, *les uns* ne se laisseroient pas aller à une lâche oisiveté, comme desespérant de pouvoir jamais rien connoitre; & *les autres* ne mettroient pas tout en question, & ne décrieroient plus toutes sortes de connoissances, parce qu'il y en a de certaines auxquelles ils ne peuvent arriver. Il n'y a pas une nécessité absolue que nous connoissions toutes choses; il nous suffit de trouver des regles, pour diriger nos opinions & les actions qui en font des fuites: Ainfi nous n'avons nulle raifon de nous inquiéter de ce que plufieurs chofes échapent à nôtre connoiffance.

CE font là les diverfes confiderations qui m'ont porté à travailler à cet *Effai fur l'Entendement Humain*. J'ai toûjours crû, que la premiere chofe à quoi devoit travailler tout homme qui veut s'adonner à la recherche de la verité, étoit d'étudier les forces de nôtre Entendement, & de difcerner les objets qui lui font proportionnez. Sans ces précautions, on cherchera en vain le doux plaifir qui accompagne la poffeffion des plus intéreffantes veritez; mais nôtre Efprit incapable de décider de tout, & de tout comprendre, s'égarera dans l'infinité des chofes; c'eft là tout l'effet que peuvent produire les méditations déréglées.

PAR cette démangeaifon de pouffer fes recherches au delà de fa portée, on tombe dans une confufion plus à craindre que l'ignorance même. Dénué de principes & de fondemens, on agite un nombre infini de queftions, qui ne peuvent pas être terminées d'une maniére claire, & ne font propres qu'à perpétuer, & qu'à augmenter les difputes; & ces difputes ordinairement aboutiffent à confirmer plufieurs perfonnes dans un Pirrhonifme parfait.

ABRÉGÉ DE L'ESSAI DE Mr. LOCKE SUR L'Entendement Humain.

LIVRE PREMIER,
Extrait fait par
Mr. LE CLERC.

Mr. LOCKE s'attache, dans ce Livre, à prouver qu'il n'y a point d'idées *innées* dans nôtre Esprit, c'est-à-dire, qui y soient avant qu'il ait senti quelque chose, ou réflechi sur lui-même. Voici comme il s'y prend.

I. On suppose communément, comme une vérité incontestable, qu'il y a de certains Principes, soit pour la *Spéculation*, soit pour la *Pratique*, dans lesquels tout le genre humain s'accorde, & qui par consequent sont des impressions, que nos Esprits reçoivent avec l'existence

& apportent au monde avec eux. Mais quand le fait feroit certain, c'eſt-à-dire, que tout le genre humain s'accorderoit en certaines choſes; s'il y a quelque autre voie, par laquelle elles ont pû devenir communes à tous les hommes, qui ſoit differente de l'impreſſion naturelle que l'on ſuppoſe, il s'enſuivra que le conſentement univerſel de tous les hommes ne prouve point qu'elles ſont *innées*. Outre cela, ſi le conſentement géneral eſt le caractere des lumieres que l'on a en naiſſant, il n'y aura aſſurément rien que l'on puiſſe nommer lumiere naturelle, parce que tous les hommes ne conſentent généralement en rien.

Par exemple, pour commencer par les notions *ſpéculatives*, on prend pour lumiere naturelle ce principe: *Il eſt impoſſible qu'une choſe ſoit, & ne ſoit pas en même temps.* Cependant les Enfans, & les Idiots ne penſent point à ce principe abſtrait, d'où il paroît que cette verité n'eſt pas naturellement dans leur eſprit; car ſi elle y étoit, comme ne s'en apperçoivent-ils pas? Comment peut-on dire qu'ils ont naturellement dans l'ame un Axiome, auquel ils n'ont jamais penſé, & ne penſeront peut-être jamais?

Que ſi l'on diſoit que par ces Impreſſions naturelles on entend la capacité, ou la faculté de connoître ces veritez; toutes les veritez qu'un homme viendra un jour à connoître, devroient paſſer pour *innées*; parce qu'avant qu'il les ſût, il avoit la faculté de les ſavoir, auſſi bien que les principes les plus généraux. Ainſi cette grande queſtion ſe réduiroit uniquement à dire, que ceux, qui parlent d'idées *innées*, parlent très improprement, & dans le fond croient la même choſe, que ceux qui nient qu'il y en ait.

On replique, que les hommes connoissent ces veritez & s'y rendent, dès qu'ils viennent à avoir l'usage de la Raison, & qu'il paroît par là qu'elles étoient naturellement dans leur esprit. Mais ceux qui disent cela ne peuvent vouloir dire, que l'une ou l'autre de ces deux choses. C'est qu'aussitôt que les hommes viennent à faire usage de la Raison, ils s'apperçoivent de ces veritez; ou, que l'usage de la Raison les leur fait découvrir. Si l'on reçoit le dernier sens, toutes les veritez, que l'on découvrira par le raisonnement, seront des veritez *innées*; & il est ridicule de donner ce nom à des propositions, que l'on découvre par la Raison, qui n'est autre chose que la Faculté de tirer de principes connus des veritez inconnuës. Si ces veritez étoient naturellement dans l'esprit, on n'auroit pas besoin de les tirer de principes plus connus. Si l'on dit qu'il faut entendre les sentimens vulgaires, dans le premier des deux sens que l'on a marquez, ils se trouveront faux; car il n'est pas vrai que, d'abord que les Enfans commencent à se servir de la Raison, ils aient aucune de ces idées. Combien de marques de Raison ne remarque-t-on pas dans les Enfans, long-tems avant qu'ils connoissent cette Maxime : *Il est impossible qu'une chose soit & ne soit pas en même tems* ? Combien n'y a-t-il pas de gens sans Lettres, & de peuples sauvages, qui non seulement passent leur enfance, sans y penser, mais qui n'y font jamais de réflexion, en toute leur vie ? Ainsi quoi qu'on dise que, dès que l'on fait usage de la Raison, on s'apperçoit de ces Maximes & on y acquiesce, l'experience fait voir qu'en effet on ne les connoît point avant l'âge de Raison ; mais elle ne nous apprend nullement quel est le tems, auquel on commence à les connoître. On voit seulement que quelques personnes viennent à les savoir, en un certain tems ; ce qui arrive aussi à l'égard de toutes les autres veritez, que l'on ne sauroit regarder comme naturelles.

Mais quand il seroit vrai, que dès que l'on fait quelque usage de sa Raison, on s'apperçoit de ces veritez, on ne pourroit pas en conclure qu'elles sont *innées* ; mais seulement que l'on ne forme ces idées abstraites, & que l'on n'entend les noms qu'on leur a donnez, que lorsque l'on est déja accoûtumé à raisonner & à réflechir. Voici comme cela se fait. Les sens remplissent, pour ainsi dire, nôtre Esprit de diverses idées, qu'il n'avoit point ; & l'Esprit se familiarisant peu à peu ces idées, les place dans sa mémoire & leur donne des noms. Ensuite il vient à se représenter d'autres idées, qu'il *abstrait* de celles-là, & il apprend l'usage des noms generaux. En cette sorte l'Esprit prépare des materiaux d'idées & de paroles, sur lesquels il exerce sa Faculté de raisonner ; & l'usage de la Raison devient d'autant plus sensible, que ces materiaux, sur lesquels elle s'exerce, s'augmentent. Il ne paroît point par là qu'il y ait des idées *innées*, que l'on connoisse, en commençant à faire usage de sa Raison. Au contraire les idées, qui occupent d'abord nôtre Esprit, sont celles qui lui viennent par les sens, & qui font le plus d'impression sur lui. Il découvre qu'il y a quelque difference entre elles, apparemment aussi-tôt qu'il a de la mémoire, ou qu'il peut retenir diverses idées. Ou si cela ne se fait pas dès lors, les Enfans apperçoivent au moins cette difference long-tems avant qu'ils aient appris à parler, & qu'ils fassent quelque usage de la Raison. Ils savent, par exem-

exemple, la difference qu'il y a entre le doux, & l'amer ; ou que l'amer n'eſt pas le doux. Un Enfant ne vient à connoître que trois & quatro ſont égaux à ſept, que lors qu'il eſt capable de compter ſept, qu'il a déja formé l'idée d'égalité, & qu'il ſait comment on la nomme. Alors d'abord qu'on lui dit que trois & quatre ſont égaux à ſept, il n'a pas plûtôt compris le ſens de ces paroles, qu'il en apperçoit la verité ; nullement parce que c'étoit une verité innée, mais parce qu'avant que d'entendre ces paroles, il avoit mis dans ſon Eſprit les idées claires & diſtinctes, qu'elles ſignifient. Quand on dit, que *dix-huit & dix-neuf ſont égaux à trente-ſept*, cette propoſition eſt auſſi évidente par elle-même que celle-ci : *un & deux ſont égaux à trois.* Cependant un Enfant ne connoît pas la premiére ſi tôt que la ſeconde, non parce que l'uſage de la Raiſon lui manque, mais parce qu'il n'a pas ſi tôt formé les idées, que les mots *dix-huit*, *dix-neuf*, & *trente-ſept* ſignifient, que celles qui ſont ſignifiées par les mots *un*, *deux* & *trois*.

CEUX qui ſe ſont apperçus qu'il n'eſt pas vrai que, d'abord que l'on a l'uſage de la Raiſon, on connoiſſe la verité des Maximes, que l'on appelle *innées*, & qui n'ont pas néanmoins voulu abandonner les principes communs, ſe ſont appuiez ſur cette raiſon ; c'eſt que dès que quelcun propoſe ces Maximes, & qu'on entend ce que les mots ſignifient, on s'y rend. Mais Mr. Locke demande à ceux qui défendent de la ſorte les idées *innées*, ſi ce conſentement, que l'on donne à une Propoſition, d'abord qu'on l'a entenduë, eſt un caractere certain d'un principe *inné* ? Si l'on dit que non, c'eſt en vain que l'on emploie cette preuve ; si l'on répond qu'oui, il faudra reconnoître pour principes *innez* une infinité de propositions, dont on reconnoît la verité dès qu'on les entend dire, telles que sont, par exemple, les propositions qui regardent les nombres, comme *qu'un & deux sont égaux à trois, deux & deux égaux à quatre*, &c. Ce n'est pas seulement dans l'Arithmetique, que l'on rencontre de semblables propositions, il y en a dans la Physique & dans toutes les autres Sciences, comme *que deux corps ne peuvent pas être en un même lieu* ; & un million d'autres, dont on ne peut pas douter, dès qu'on les entend. Outre cela les Propositions ne peuvent passer pour *innées*, que les idées, dont elles sont composées, ne le soient aussi ; & cela étant, il faudroit supposer *innées* toutes nos idées des couleurs, des sons, des goûts, des odeurs, des figures, &c. ce qui est tout à fait contraire à la Raison & à l'Experience.

On ne peut pas dire que les Propositions particuliéres, & évidentes par elles-mêmes, que l'on reconnoit veritables, dès qu'on les entend prononcer, comme *qu'un & deux sont égaux à trois*, & que *le verd n'est pas rouge*, sont reçuës comme des consequences des propositions génerales, que l'on regarde comme des lumieres *innées*. Tous ceux qui prendront la peine de réflechir sur ce qui se passe dans nôtre Esprit, lorsque nous commençons à en faire quelque usage, trouveront que ces propositions particuliéres, ou moins génerales, sont reçuës par des gens, qui n'ont jamais pensé aux énonciations universelles que l'on croit être leurs principes, & qu'on les embrasse plûtôt que les génerales.

MAIS

Mais outre tout cela, tant s'en faut que le consentement que l'on donne à une Proposition, dès qu'on l'entend prononcer à quelcun, soit une marque qu'elle est *innée*, que c'est une preuve du contraire. Car cette maniere de s'exprimer suppose que des gens, qui sont instruits de diverses choses, ignorent ces principes, & que personne ne les savoit, avant qu'il en eût ouï parler. Si l'on dit que l'on en avoit une connoissance *implicite*, auparavant, on demandera en quoi consiste cette connoissance implicite? Si l'on entend quelque chose par là, c'est qu'avant que de les savoir, on avoit une faculté capable de les apprendre, ce qui est reconnoître toutes les veritez du monde pour *innées*, comme on l'a déja remarqué.

L'EXPERIENCE nous apprend que les Enfans, les Sauvages, & les personnes sans étude ne pensent point à ces sortes de propositions; & cela étant, il s'ensuit de là qu'elles ne sont point *innées*. Car enfin, si elles l'étoient, elles le devroient paroître, principalement à cette sorte de gens ; parce qu'ils sont le moins corrompus par la coûtume, par les opinions des autres, & par l'éducation. Aucune doctrine, étrangere ou nouvelle, ne peut avoir effacé de leur esprit ce que la nature y auroit gravé. Ainsi tout le monde y pourroit appercevoir ces verités *innées*, comme les pensées des Enfans paroissent aux yeux de tous ceux de qui ils approchent. Eux mêmes verroient ces veritez écrites dans leurs Ames, & indépendantes de la disposition de leurs organes, & ne manqueroient pas, selon leur coûtume, d'en parler à tous momens.

II. Si les maximes spéculatives, dont on vient de parler, ne sont pas reçuës de tout le monde, par un consentement actuel ; on peut encore bien moins l'assurer d'aucun principe de pratique. C'est ce que tous ceux, qui ont quelque connoissance de l'Histoire du genre humain, peuvent savoir. L'une des choses les plus universellement reçuës c'est la *justice*, qui consiste à observer les accords que l'on a faits, & qui se trouve même parmi les Larrons & les Brigans. Mais il est visible que ces gens-là ne gardent la justice entre eux, que par une pure nécessité, & nullement comme un principe naturel ; puisque dans le même tems qu'ils sont fideles à leurs compagnons, ils assassinent les passans, qui ne leur font aucun tort.

On dira peut-être que leur conduite est contraire à leurs lumiéres, qui contredisent tacitement la conduite des Brigans. Mais outre que la profession publique, que ces gens font de violer la justice, est opposée au consentement universel, qui ainsi ne peut passer pour entier, il paroît extrêmement étrange que des principes de pratique se terminent en simple spéculation.

La nature a mis, dans tous les hommes, l'envie d'être heureux, & une forte aversion pour la misere. C'est là un principe de pratique, qui agit constamment, & sans discontinuation, dans tout le monde. Mais on n'en peut tirer aucune consequence, pour les principes de connoissance, qui doivent regler nôtre conduite ; au contraire on peut prouver par là qu'il n'y a point de semblables principes, dans nôtre esprit ; parce que s'ils y étoient, on les appercevroit, de même que l'envie d'être heureux, & la crainte d'être miserable.

Une autre chose, qui fait que l'on a sujet de douter s'il y a aucun principe de pratique, c'est qu'il n'y a aucune regle de Morale, que l'on
puisse

puisse proposer, dont on ne puisse pas avec justice demander la raison, ce qui ne pourroit être, s'il y en avoit quelques unes qui fussent *innées*, & évidentes par elles-mêmes. On croiroit destituez de sens commun ceux qui demanderoient, ou qui essaieroient de rendre raison pourquoi *il est impossible qu'une chose soit & ne soit pas en même tems.* Cette proposition porte ses preuves avec elle, & si elle ne se fait recevoir par elle-même, rien n'est capable d'en convaincre. Mais si l'on proposoit cette regle de Morale, qui est le fondement de toutes les vertus qui regardent le prochain : *Ne faites pas à autrui ce que vous ne voudriez pas qu'on vous fît*; si l'on proposoit, dis-je, cette regle à une personne, qui n'en auroit point ouï parler, & qui seroit néanmoins capable d'entendre ce qu'elle veut dire, ne pourroit-elle pas, sans absurdité, en demander la raison? Et celui, qui la proposeroit, ne seroit-il pas obligé d'en faire voir la verité? Il paroît par là que cette loi n'est pas née avec nous, puisque, si cela étoit, elle seroit claire par elle même. Ainsi la verité des regles de la Morale dépend de quelque autre verité anterieure, d'où elle doit être tirée, par la voie du raisonnement. L'observation des Contracts, & des Traitez est un des plus grands & des plus incontestables devoirs de la Morale ; mais si vous demandez à un Chrétien, persuadé des recompenses & des peines de l'autre vie, pourquoi il tient sa parole, il vous dira que c'est parce que Dieu, qui est l'arbitre du bonheur & du malheur éternel, l'a commandé. Un *Hobbiste*, à qui on feroit une semblable demande, vous diroit que le Public le veut ainsi, & que *Leviathan* punit ceux qui en usent autrement. Un Philosophe Païen répon-

répondroit à la même queſtion, qu'il eſt deshonête, & contraire à l'excellence de la nature humaine, d'être infidele.

On pourroit dire que la Conſcience, qui nous reproche les fautes que nous commettons contre cette ſorte de Regles, eſt une marque qu'il y a dans nos Ames des principes de Morale, que la Nature y a mis. Mais on doit remarquer que ſans que la Nature ait rien écrit dans nos cœurs, on peut venir à la connoiſſance de certaines Regles de Morale, par la même voie que l'on vient à la connoiſſance de pluſieurs autres veritez, & reconnoître ainſi que nous ſommes obligez de ſuivre ces Regles. D'autres les connoiſſent par l'éducation, par les compagnies qu'ils fréquentent, & par les coûtumes de leur Païs. Enſuite cette opinion étant une fois établie, elle met en action leur conſcience, qui n'eſt autre choſe que l'opinion que nous avons nous-mêmes de ce que nous faiſons. Si la conſcience étoit une preuve qu'il y a des principes *innez*, ces principes pourroient être oppoſez les uns aux autres; puis que les uns ſe croient être obligez en conſcience de faire ce que d'autres évitent, pour la même raiſon.

On ne ſauroit comprendre comment les hommes pourroient violer les Regles de la Morale, avec la plus grande confiance & le plus grand calme du monde, ſi elles étoient gravées dans nos ames. Que l'on faſſe réflexion ſur le ſaccagement d'une ville priſe d'aſſaut; & que l'on cherche dans le cœur des ſoldats, animez au carnage & au butin, quelques ſentimens des Regles de la Morale. La violence, le larcin & le meurtre ne ſont que des jeux, pour des gens qui n'ont pas peur d'en être punis. N'y a-t-il pas

pas eu de grandes Nations, & même des plus
polies, qui ont cru qu'il étoit auſſi permis d'ex-
poſer leurs enfans pour les laiſſer mourir de faim,
ou dévorer par les bêtes farouches, que de les
mettre au monde ? En quelque païs, on les en-
ſevelit tous vivans avec leurs meres, s'il arrive
qu'elles meurent dans leurs couches; ou on les
tuë, ſi un Aſtrologue dit qu'ils ſont nez ſous une
mauvaiſe étoile. Les *Mangreliens*, qui profeſſent
le Chriſtianiſme, enſeveliſſent leurs enfans tous
vifs, ſans aucun ſcrupule; ailleurs on les engraiſ-
ſe, & on les mange. *Garcilaſſo de la Vega* dans
ſon *Hiſtoire des Incas*, rapporte que quelques
barbares de l'Amerique gardoient des femmes,
qu'ils prenoient priſonniéres, pour en faire des
Concubines, & nourriſſoient auſſi délicatement
qu'ils pouvoient, les enfans qu'ils en avoient
juſqu'à l'âge de treize ans, après quoi ils les man-
geoient, & traitoient de même leurs meres, dès
qu'elles ne faiſoient plus d'enfans. Les *Toupi-*
nambous croioient gagner le Paradis, en ſe ven-
geant cruellement de leurs ennemis, & en man-
geant le plus grand nombre qu'ils pouvoient.
On pourroit rapporter une infinité d'exemples
ſemblables, par où il paroît que des Nations en-
tiéres n'ont eu aucune idée des Regles les plus
ſacrées de la Morale, & par conſequent que ces
Regles n'étoient pas nées avec ces Peuples. Si
l'on rechercheoit avec ſoin ces ſortes de choſes
dans l'Hiſtoire, on trouveroit, qu'excepté les devoirs, ſans leſquels il ne peut y avoir aucune Societé, qui ſont même trop ſouvent négligez par
les Societez, il n'y a aucun devoir de Morale,
dont de grands Peuples ne ſe ſoient moquez.

Quelcun pourroit oppoſer à cela, qu'il ne
s'enſuit pas qu'il n'y ait point de Regle, de ce
qu'on

qu'on la viole. L'objection est bonne, lors que ceux qui n'observent pas la Regle ne laissent pas d'en convenir, & lors qu'il y a quelque peine établie contre ceux qui la négligent. Mais on ne sauroit concevoir qu'un peuple entier rejettât publiquement ce que chacun de ceux qui le composent sauroit être une Loi ; ce qui seroit, si les Loix de la Morale étoient naturellement gravées dans l'Esprit de l'Homme. On peut bien concevoir que des gens feroient profession de certaines Regles de Morale, dont ils se moqueroient dans le fonds de l'ame ; seulement pour conserver leur réputation, & s'attirer l'estime de ceux qui les croient bien fondées. Mais il est incomprehensible qu'une Société entiere rejette & viole publiquement des Loix, qu'elle est convaincuë être justes, & qu'elle sait que tous ceux, à qui elle peut avoir à faire, regardent comme telles. En agissant de la sorte, elle ne pourroit que s'attendre d'être le mépris & l'horreur de toutes les autres ; car peut-on s'attendre à autre chose, en violant publiquement des Regles connuës de tout le monde, & dont on reconnoit soi-même l'équité ?

On convient que la violation d'une Loi ne prouve pas qu'il n'y en a point ; mais une permission publique de faire tout le contraire est une preuve, que cette Loi n'est pas née avec les Hommes. Prenons quelques unes de ces Regles, qui paroisse la plus naturelle & la plus universellement reçuë, & voyons ce que le genre humain en a pensé. Il semble que s'il y a quelque chose, que la nature nous apprenne, c'est *qu'il faut que les Peres & les Meres cherissent & conservent leurs Enfans.* Si c'est là une Regle *innée*, il faut ou qu'elle soit constamment observée de tous

les

les hommes, ou au moins que ce soit une verité, dont tous les hommes tombent d'accord. Mais premiérement, les exemples de la Mangrelie & du Perou prouvent qu'il y a eu des Peuples, qui ne l'ont point observée ; & sans aller si loin, les Romains & les Grecs, qui étoient infiniment plus éclairez, exposoient communément les enfans, dont ils étoient embarrassez. En second lieu, on ne peut pas comprendre que ces paroles renferment un devoir, si on ne les regarde comme une Loi, & une Loi ne peut pas être sans Legislateur, ou sans recompense & sans peine ; desorte qu'on ne peut supposer que l'idée d'un devoir soit *innée*, sans supposer que les idées d'un Dieu, d'une Loi, d'une autre vie, soient aussi nées avec nous. Il n'est pas besoin de remarquer qu'en cette occasion, une Nation entiére suivant les pratiques que l'on a rapportées, il n'y avoit point de peine à craindre dans cette vie, pour ceux qui n'observoient pas les devoirs qui leur sont opposez.

Les Principes qui nous font agir sont en nôtre volonté, mais ils sont si éloignez de pouvoir passer pour Principes de Morale, que si on lâchoit la bride à ces desirs, ils feroient violer tout ce qu'il y a de plus saint au monde. C'est pourquoi on a établi des Loix, pour les arrêter, par le moyen des recompenses & des peines, qui contre-balancent la satisfaction, que l'on pourroit trouver à se laisser emporter à ses desirs. Si donc quelque chose étoit gravé dans l'Esprit de l'Homme, comme une Loi, il faudroit que tous les hommes en eussent une connoissance certaine, & qu'ils ne pussent étouffer, qu'une peine inévitable sera le partage de ceux qui violeront cette Loi. Mais les hommes ont
ignoré

ignoré & ignorent également, parmi diverses Nations, & les devoirs que la Morale prescrit, & les peines que souffriront ceux qui les auront violez.

CE seroit inutilement que l'on opposeroit, à de si fortes raisons, ce que l'on dit quelquefois, que la coûtume & l'éducation peuvent obscurcir ces lumiéres naturelles, & enfin les éteindre tout à fait. Si cette réponse étoit bonne, la preuve tirée du consentement universel du genre humain seroit nulle ; à moins que ceux qui parlent ainsi ne s'imaginent que leur opinion particuliére, ou celle de leur parti, doit passer pour un consentement géneral ; comme il arrive à ceux, qui se croiant les seuls arbitres du vrai & du faux, ne comptent pour rien les suffrages de tout le reste du genre humain. Le raisonnement de ces gens-là se réduit à ceci : " Les principes, " que tout le genre humain reconnoit pour veritables, sont *innez* : ceux, que les personnes de bon sens reconnoissent, sont admis " par tout le genre humain : nous & ceux de " nôtre parti sommes des gens de bon sens : " donc nos principes son *innez*. C'est là aller tout droit à l'infaillibilité.

OUTRE cela, si la coûtume & la mauvaise éducation effacent de nôtre Esprit ces principes; c'est en vain que l'on en vante la force & la clarté. Le genre humain se trouvera aussi embarrassé, avec ces notions chancellantes & incertaines, que s'il n'en avoit point. Si une Nation prend pour lumiére naturelle ce qui ne l'est point, ou rejette ce qui l'est ; cette variété seule est capable de nous ravir tout le fruit, que nous prétendrions tirer de ces principes. J'avouë qu'on peut être très assuré que l'on a regardé comme des veritez des choses très-fausses;

mais

mais ces fauſſetez, quelque oppoſées qu'elles fuſ-
ſent à la Raiſon, ont été ſouvent reçuës par des
gens de bon eſprit en toute autre choſe, & avec
une ſi grande opiniâtreté qu'ils auroient plûtôt
perdu la vie, que d'y renoncer, ou de permettre qu'on vint à les conteſter.

QUELQUE étrange que cela paroiſſe, c'eſt
ce que l'Experience nous apprend conſtamment,
& l'on n'en ſera pas ſi fort ſurpris, ſi l'on conſidere par quels degrez il peut arriver que des
doctrines, qui n'ont pas de meilleures ſources
que la ſuperſtition d'une Nourrice, ou l'autorité
d'une vieille femme, peuvent devenir par la longueur du temps, & le conſentement des voiſins,
des principes de Religion & de Morale. Ceux
qui veulent bien élever leurs Enfans, leur in-
ſpirent, dès qu'ils commencent à entendre ce
qu'on leur dit, les ſentimens qu'ils jugent veritables; & les Eſprits des Enfans étant ſans connoiſſance, ſont comme un papier blanc, ſur lequel on écrit ſans confuſion quelques caracteres,
que l'on veut; ils prennent très facilement les
impreſſions qu'on leur veut donner. Enſuite ils
y ſont confirmez, ſoit par la profeſſion ouverte,
ou le conſentement tacite de ceux parmi leſquels
ils vivent; ſoit par l'autorité de ceux pour qui
ils ont de l'eſtime, & qui ne permettent pas que
l'on parle jamais de ces doctrines, que comme
des fondemens de la Religion & des bonnes
mœurs. Ainſi peu à peu elles paſſent pour des veritez inconteſtables, évidentes, & nées avec nous.

IL arrive même ſouvent que ceux qui ont
été élevez dans de certains ſentimens, venant à
faire réflexion ſur eux-mêmes, & ne trouvant
rien dans leur eſprit de plus vieux que ces opinions, qui leur ont été enſeignées avant que
leur

leur Mémoire tint, pour ainsi dire, regître de leurs actions, & marquât la date du tems, auquel quelque chose de nouveau commençoit à leur paroître; ils s'imaginent que ces pensées, dont ils ne peuvent découvrir en eux la première source, sont assurément des impressions de Dieu & de la Nature, & non des choses qu'on leur ait apprises.

C'est ce qui paroîtra très vraisemblable & presque inévitable, si l'on fait réflexion sur la nature de l'homme, & sur la constitution des affaires de cette vie. La plûpart des hommes sont obligez d'employer presque tout leur tems à travailler à leur profession, pour gagner leur vie; & ne sauroient néanmoins jouïr de quelque repos d'esprit, sans avoir des principes, qu'ils regardent comme indubitables, & ausquels ils acquiescent entiérement. Il n'y a personne, qui soit d'un esprit si superficiel, ou si flottant, qu'il n'ait quelques propositions, qu'il tient pour fondamentales, & sur lesquelles il fonde ses raisonnemens. Les uns n'ont ni assez d'habileté, ni assez de loisir pour les examiner; la paresse en empêche les autres; il y en a même, à qui l'on a dit, depuis leur enfance, qu'ils se devoient bien garder d'entrer dans aucun examen; de sorte qu'il y a peu de personnes, que l'ignorance, la foiblesse d'esprit, les distractions, la paresse, l'éducation, ou la legereté, n'engagent à embrasser les principes qu'on leur a appris, sur la bonne foi de ceux qui les ont proposez. C'est là l'état, où se trouvent tous les Enfans, & tous les Jeunes Gens; de sorte qu'il ne faut pas s'étonner si dans un âge plus avancé, où ils sont ou embarrassez des affaires de la vie, ou attachez aux plaisirs, ils ne pensent

sent jamais serieusement à examiner les opinions dont ils sont prévenus, particuliérement, si l'un de leurs principes est que cet examen est dangereux. Mais supposé même que l'on ait du tems, de l'esprit & de l'inclination pour cette recherche, qui est-ce qui ose ébranler les fondemens de tous ses raisonnemens, & de toutes ses actions passées? Qui peut soûtenir une pensée aussi mortifiante, qu'est celle de soupçonner que l'on a été pendant si long-tems dans l'erreur? Combien de gens y a-t-il qui ayent assez de hardiesse, & de fermeté pour envisager sans peur les reproches, que l'on fait à ceux qui osent s'éloigner du sentiment de leur païs, ou du parti, dans lequel ils sont nez? Il faut se résoudre à essuier les noms de Pyrrhonien, de Déiste, d'Athée, &c. si l'on témoigne seulement que l'on doute des opinions communes; & ce n'est pas encore là le tout, il faut s'attendre à être ruiné, & souvent à perdre la vie, si l'on ne veut pas se déterminer à prendre parti, avant que l'on soit pleinement convaincu, par des lumiéres claires, de ce qui est le plus veritable. Après cela doit-on s'étonner, si l'on fait des jugemens précipitez? Quels juges ne prononceroient pas toutes les sentences que l'on voudroit, & le plus promptement qu'il leur seroit possible, si en balançant & en voulant attendre d'être bien instruits, ils ne voioient pour recompense de leur équité que l'infamie, la misere, les supplices, & la mort?

Il est aisé de s'imaginer comment tout cela porte les hommes à adorer les Idoles, qu'ils ont faites eux-mêmes; & à regarder, comme des veritez divines, les plus grandes absurditez. Quelques unes des difficultez, que l'on vient de dire,

dire, suffisent, pour jetter presque inévitablement dans l'erreur; & souvent l'on est assiegé par la plus grande partie de ces machines, & même par toutes, sur tout si l'on est d'une condition à faire quelque figure dans le monde; où il arrive de plus que l'on trouve de très-grands avantages, à suivre sans examen les opinions vulgaires.

III. On sera encore plus convaincu qu'il n'y a point de veritez *innées*, si l'on fait un peu plus de réflexion sur une chose, que l'on a déja touchée en passant. C'est que toute proposition étant composée au moins de deux idées, dont elle exprime le rapport; si nous connoissions naturellement quelque proposition, nous aurions aussi une connoissance naturelle de ces idées. Or si nous considerons les enfans, qui sont nez depuis peu, nous y trouverons peut-être les idées de la faim, de la soif, de la chaleur, de la douleur, parce qu'ils ont senti tout cela, dans le sein de leurs Meres; mais il n'y a nulle apparence qu'ils aient aucune des idées, qui répondent aux termes des propositions générales. S'il y a quelque principe naturel, selon ceux qui les reçoivent, c'est celui-ci que l'on a déja rapporté, *qu'une chose ne peut pas être & n'être pas en même tems*. Cette proposition renferme les idées d'*impossibilité* & d'*identité*, que personne assurément ne prendra pour des idées *innées*. Qui pourroit se persuader qu'un Enfant sait ce que c'est qu'Impossibilité, & Identité, avant que de savoir ce que c'est que blanc, ou noir, doux ou amer? Ces mots marquent au contraire deux idées, qui bien loin d'être naturelles, demandent une grande attention pour les former; & qui sont si éloignées des pensées

de

de l'Enfance, que l'on auroit de la peine à les trouver, dans bien des hommes faits, si on les examinoit là dessus.

Si l'Idée d'Identité est naturelle, & si claire que les Enfans même l'ont présente à l'esprit, un homme n'y seroit pas sans doute embarrassé. Que l'on demande donc à un Vieillard, si l'on veut, si un homme qui est une Créature composée de corps & d'ame, est le même lors que son corps est changé? *Euphorbe*, *Pythagore*, le *Coq*, dans lequel son ame passa ensuite, étoit-ce le même? Il paroîtra par l'embarras où il sera, que l'Idée d'Identité n'est pas si claire, que l'on croit, & par conséquent qu'elle n'est point née avec nous. Les Pythagoriciens auroient répondu qu'oui, & une infinité d'autres diroient que non. Peut-être que l'on répliquera que la Metempsychose n'étant qu'une Chimere, la question, que l'on vient de proposer, n'est qu'une vaine spéculation. Quand cela seroit, on ne laisseroit pas d'en pouvoir conclurre que l'Idée d'Identité n'est pas naturelle. Mais on trouvera que cette question n'est pas si creuse, qu'elle paroît d'abord, si l'on fait réflexion sur la Résurrection des Morts; où Dieu fera sortir du tombeau les mêmes hommes, qui seront morts auparavant, pour les juger selon qu'ils auront bien ou mal fait dans cette vie. Il faudra méditer avec assez d'application pour trouver ce qui fait le *même homme*, & en quoi l'Identité consiste; & l'on comprendra aisément que les Enfans ne savent ce que c'est. On jugera peut-être d'abord que l'Identité de la matiére, dont les corps des hommes auront été composez, suffit, pour les appeler les mêmes corps; mais comment repondra-t-on à cette question? Si une

Cloche s'étoit rompuë, & que l'on jettât le métal, dont elle étoit faite, dans un fourneau, pour le fondre, le raffiner, & en faire de nouveau une Cloche, seroit-ce la même Cloche ? Selon le langage commun, ce seroit une autre. Ainsi, à moins que d'abandonner l'usage commun, il faudroit dire que ce ne seront pas les mêmes hommes, qui ressusciteront, puis qu'ils n'auront pas les mêmes corps. On aimera mieux corriger l'expression commune ; mais quoi qu'il en soit, on peut juger par là, que l'idée d'*Identité* n'est pas une idée si distincte, que tous les hommes en conviennent.

M. LOCKE fait encore voir, dans la suite de ce Chapitre, qu'on ne peut pas dire que ces Axiomes : *Le tout est plus grand que sa partie : On doit honorer DIEU : Il y a un DIEU*, quoi que de la derniére évidence, soient des principes *innez*. On ne rapportera pas ce qu'il dit, parce que l'on peut assez connoître sa méthode & les principes sur lesquels il se fonde, par les échantillons que l'on vient d'en rapporter. Descartes, & ses Disciples, qui ont le plus fortement soûtenu que l'idée de DIEU étoit *innée*, semblent n'avoir pas bien compris ce que ce mot vouloit dire ; & si ceux qui lisent leurs Ecrits y prennent garde, ils s'appercevront qu'ils varient étrangement dans l'idée qu'ils attachent à ce mot, & qu'ils le prennent le plus souvent dans un sens très-impropre.

Fin du premier Livre.

LIVRE SECOND.

CHAPITRE I.

Des Idées en général, & de leur origine.

J'APPELLE *Idée* tout objet qui occupe l'esprit lors qu'il pense. On m'avouera sans peine que l'homme trouve en lui-même de telles idées; Il n'y a personne qui n'en ait le sentiment intérieur, & qui ne puisse juger par les paroles & par les actions des autres hommes, qu'ils en ont de semblables. Ainsi la premiere question qui se présente à examiner, c'est, *comment l'homme vient à avoir des idées.*

QUELQUES personnes tiennent pour vérité incontestable, que l'homme nait avec certains *principes innez*, certaines *notions primitives*, certains *caracteres* * qui sont comme gravez dans son ame dès le premier moment de son existence. J'ai examiné ce sentiment, & je l'ai refuté au long dans le premier livre de cet *Essai* ; J'y renvoie le lecteur qui veut être instruit à fond sur cette matiere.

---

* Κοιναὶ ἔννοιαι.

Mais sans recourir à ce que j'y ait dit, j'espere qu'on prendra parti contre cette hypothese des principes innez, apres qu'on aura vû dans la suite de ce livre, Que les hommes peuvent acquerir toutes les connoissances qu'ils ont, & arriver même à une entiere certitude sans le secours d'aucun de ces principes, mais par le simple usage de leurs facultez naturelles. Il seroit absurde de soutenir que Dieu, *par exemple*, a imprimé l'idée des couleurs dans l'esprit d'une créature à qui il a donné la puissance de les recevoir par l'impression des objets extérieurs sur ses yeux; Or il est raisonnable de former la même conclusion à l'égard de toutes nos autres connoissances. Je vai donc montrer par quels moyens & par quels degrez toutes nos idées nous viennent dans l'esprit. Et j'appelle de tout ce que je dirai à l'expérience & aux observations de chaque homme en particulier.

Je suppose donc que l'ame au commencement de son existence est comme une table rase, sans idées, sans caracteres, & que c'est par l'*Expérience* seulement qu'elle acquiert ce grand nombre d'idées & de connoissances quelle a dans la suite. Cette *Expérience* est appellée Sensation, lors qu'elle nous fait ressentir l'action des objets extérieurs & sensibles; par cette voie nous avons les idées du *froid*, du *chaud*, du *doux*, de l'*amer*, des *couleurs*, & de toutes les *qualitez* communément nommées *sensibles*, parce qu'elles entrent dans l'ame par les sens: Et on nomme cette même Expérience Reflexion, quand elle nous fait refléchir attentivement aux opérations de nôtre ame; par là nous viennent les idées de *perception*, *pensée*,

pensée, doute, volonté, raisonnement. Ainsi la *Sensation* & la *Reflexion* sont les seules sources où nôtre Entendement puise toutes les idées, quelque grand qu'en soit le nombre, quelqu'infinie qu'en soit la varieté : Les choses matérielles & sensibles lui fournissent les objets de la *sensation*, & les opérations de l'esprit les objets de la *Reflexion*.

Il est bien évident que ce n'est que par degrez insensibles que les Enfans acquiérent les idées des objets qui leur sont les plus familiers, mais comme ils sont d'abord après leur naissance environnez d'objets qui affectent leurs sens continuellement & en différentes manieres, une grande diversité d'idées se trouvent gravées dans leur Ame ; soit qu'ils le veuillent, soit qu'ils ne le veuillent pas : Et pour cette raison on ne se ressouvient pas du tems où on a reçu chacune de ces idées. Quelquefois pourtant il arrive, que certains objets peu communs se présentent si tard à l'esprit, qu'on peut aisément se rappeller le tems où on a connu ces objets pour la premiere fois. Et je pense pour moi qu'on pourroit élever un Enfant de sorte, qu'il n'auroit que fort peu d'idées, même des plus communes, avant que d'être arrivé à la perfection de l'age.

Pour les opérations de l'Esprit, les Enfans n'en ont les idées qu'assez tard, & de certaines personnes n'en ont jamais des idées distinctes. La raison en est, Que ces operations, quoi que souvent répétées dans leur ame, n'y sont toutefois que comme des images passagéres, qui n'y font pas des impressions assez fortes pour y laisser des idées claires & durables. L'esprit n'a donc aucune idée de ses opérations, jusqu'à-ce qu'il se plie sur lui-même, qu'il refléchisse sur ses opérations, & qu'il en fasse ainsi l'objet de ses contemplations.

On peut dire que l'homme commence à avoir des idées dès qu'il apperçoit ; car avoir des idées & appercevoir c'est la même chose. Certains Philosophes néanmoins soutiennent, que l'ame pense toujours, ou qu'elle a une perception actuelle d'idées aussi long-tems qu'elle existe, & par conséquent que la pensée actuelle est aussi inséparable de l'ame que l'étendue l'est du corps. Mais pourquoi seroit-il plus nécessaire à l'ame de penser toujours, qu'il ne l'est au corps d'être toujours en mouvement ? Car je pose que la perception des idées est à l'ame ce que le mouvement est au corps, c'est-à-dire que cette perception ne fait point l'essence de l'ame, mais qu'elle n'en est qu'une opération ; d'où il s'ensuit que bien-que la pensée soit l'action la plus propre de l'ame, il n'est pourtant pas nécessaire de supposer qu'elle pense toujours, ni qu'elle soit toujours en action. C'est là peut-être le privilege de l'Auteur & du Conservateur de toutes choses ; Infini dans ses perfections, *il ne dort, il ne sommeille jamais* ; Mais cette qualité de penser toujours ne sauroit convenir à un Etre fini : Nous savons par l'expérience que nous pensons quelquefois ; c'est donc une conséquence infaillible d'en inférer, qu'il y a en nous une Substance qui pense ; Mais de savoir si cette Substance pense continuellement ou non, c'est de quoi nous ne pouvons être assurez qu'autant que l'expérience nous l'apprend.

Je voudrois bien demander à ceux qui prononcent si hardiment que nôtre ame pense tou-

toujours, comment ils le savent, & par quel moyen ils peuvent être assurez qu'ils pensent au tems qu'ils n'apperçoivent pas leurs pensées: Ce qu'ils peuvent repondre de plus plausible, c'est qu'il est possible que l'ame pense toujours, quoi-que peut-être elle ne conserve pas le souvenir de toutes ses pensées. Mais n'est-il pas également possible qu'elle ne pense pas toûjours ? n'est-il pas même plus probable de dire que quelquefois elle ne pense pas, que de dire qu'elle pense souvent pendant un tems considérable, sans qu'elle puisse pourtant, un moment après, se rappeller aucune de ses pensées.

Je ne vois donc aucune raison pour me persuader que l'ame pense avant que les sens lui ayent acquis des idées sur lesquelles elle puisse penser ; Mais au contraire je conçois fort bien, qu'à mesure qu'elle s'exerce sur les idées qu'elle a acquises par les sens & que la mémoire a retenues, elle perfectionne la faculté de raisonner & de penser en différentes manieres, & qu'ensuite combinant ces mêmes idées, & refléchissant sur ses opérations, elle augmente ses connoissances aussi-bien que sa facilité à se ressouvenir, à imaginer, à raisonner & à produire d'autres modifications de la pensée.

CHAPITRE II.

Des Idées Simples.

NOS *idées sont de deux sortes, les unes simples, les autres composées. L'Idée simple, c'est une représentation uniforme dans l'ame, qui ne peut être distinguée en différentes idées.* De cette nature sont toutes les *idées des qualitez sensibles*, qui entrent toutes par les sens d'une manière simple & exempte de tout mélange, bien que les qualitez qui les produisent soient tellement unies & mélées dans les choses elles-mêmes, qu'on ne puisse ni les séparer ni concevoir qu'il y ait de séparation entr'elles. Ainsi quoi-que la main sente par le seul attouchement, la *mollesse* & la *chaleur* du même morceau de cire, cependant ces idées simples de *mollesse* & de *chaleur* sont aussi distinctes que si elles venoient par divers sens.

Lorsque l'esprit a fait une fois provision d'un certain nombre d'idées simples, il a la puissance de les répéter, de les comparer ensemble, & en les alliant avec une diversité infinie d'en former de nouvelles idées complexes, selon qu'il le trouve à propos ; Mais il n'est pas au pouvoir de l'esprit le plus vaste de former une seule idée simple, ni d'en détruire une de celles qu'il a déja.

CHAPITRE III.

Des Idées qui nous viennent par un seul Sens.

NOS idées considerées par rapport aux différentes maniéres dont elles entrent dans l'ame, sont de quatre espèces différentes : Quelques unes nous viennent par un seul sens, d'autres par plus d'un sens, d'autres par la Reflexion, d'autres enfin par toutes les voies de la Sensation & de la Reflexion.

Il

Il y en a donc qui n'entrent dans l'ame que par un sens disposé précisément à les recevoir; ainsi les *Couleurs* n'entrent que par les yeux, les *Sons* que par les oreilles, les *Odeurs* que par le nez : Et si l'on perd quelqu'un de ses organes, il ne reste plus de moyen pour avoir les idées qu'on recevoit par son canal.

Il seroit inutile de faire l'énumeration de toutes les idées simples particuliéres à chaque Sens, on n'y pourroit pas même réussir; car nous manquons de termes pour les exprimer toutes.

CHAPITRE IV.

De la Solidité.

Parce que l'idée simple que nous recevons par l'attouchement, & qu'on nomme *Solidité*, fait partie d'un grand nombre de nos idées complexes, il est à propos d'en parler un peu au long. Nous acquerons l'idée de la Solidité, en observant la resistance par laquelle un corps empêche un autre corps de prendre possession de sa place jusqu'à-ce qu'il l'ait abandonnée. La Sensation n'excite en nous aucune idée plus constante que celle-ci : Dans quelque situation que nous puissions être, nous sentons quelque chose qui nous soutient, & qui nous empêche d'enfoncer sous nos pieds.

A cette

A cette idée que je viens de nommer Solidité, on donne souvent le nom d'*impénétrabilité*; mais le premier de ces termes me paroit plus propre pour exprimer cette idée; il emporte quelque chose de plus positif que le second, qui est purement négatif, & qui n'exprime qu'une idée, qui peut-être est plûtôt une suite de la Solidité que la Solidité même.

Il semble que la Solidité soit la proprieté la plus essentielle au corps, & celle par où l'on conçoit qu'il remplit l'espace, c'est-à-dire que, par tout où nous concevons quelque espace occupé par une Substance solide, nous concevons aussi que cette Substance occupe cet espace de maniere, qu'elle en exclut toute autre Substance solide; sa resistance est telle, qu'il n'y a aucune force capable de la surmonter. Quand tous les corps de l'univers presseroient de tous les côtez une *goute d'eau*, tant que cette goute d'eau restera au milieu d'eux, ils ne pourront jamais vaincre sa resistance, qui les empêche de s'approcher les uns des autres.

Selon ces principes, la *Solidité* différe du *pur espace*, en ce que l'espace pur est incapable & de resister & de se mouvoir. Elle différe de la *dureté*, en ce que la dureté n'est que l'union forte de certaines parties solides de la matiére, lesquelles composant des masses d'une grosseur sensible ne changent pas aisément de figure. Et en effet, on n'appelle les corps *durs* ou *mols* que par rapport à l'impression qu'ils font sur nous; ceux-là sont nommez *durs* qu'on ne peut faire changer de figure qu'en les pressant avec violence; & ceux-là *mols* dont on dérange les parties par un simple attouchement. La difficulté de faire changer la situation des parties

parties d'un corps extrêmement dur, ne le rend pas plus Solide que n'eſt le plus mol. Le diamant, quelque dur qu'il puiſſe être, n'a pas plus de Solidité que l'air & l'eau ; ce dont on peut ſe convaincre par la reſiſtance que font l'eau & l'air, dans quelque choſe de ſouple ou qui prête.

PAR ces idées, il eſt évident qu'on peut diſtinguer *l'étenduë du corps* de *l'étenduë de l'eſpace* : La premiere eſt *une union étroite & une continuité de parties ſolides, diviſibles & capables de mouvement*; La ſeconde, *une continuité de parties non ſolides, indiviſibles & incapables de mouvement*. J'entrerois volontiers dans le ſentiment d'un grand nombre de perſonnes qui croyent que l'idée de l'eſpace pur eſt très differente de celle de la Solidité; Ils ſe perſuadent qu'ils peuvent penſer à l'eſpace, ſans ſonger à quoi que ce ſoit en lui, qui ſoit capable ou de faire reſiſtance, ou de pouſſer quelque autre corps ; & d'un autre côté, ſe repréſenter, ſéparément de l'eſpace, quelque choſe qui le remplit, & qui peut pouſſer les autres corps & leur reſiſter. J'ai en effet une idée auſſi claire de la diſtance qui ſépare les parties oppoſées d'une ſurface concave, ſoit que je conçoive ſolides ou non ſolides les parties de cet entre-deux.

SI quelqu'un me demande ce que c'eſt donc que la Solidité, je le renverrai à ſes ſens pour s'en inſtruire; il le ſaura, s'il s'efforce de joindre ſes mains après y avoir renfermé un caillou.

AU reſte, c'eſt de la Solidité des corps, que dépendent leur impulſion mutuelle & leur reſiſtance.

CHAP.

CHAPITRE V.

Des Idées Simples qui viennent par divers Sens.

IL y a des Idées qui nous viennent par plus d'un sens, comme les idées de l'*espace*, de l'*étenduë*, de la *figure*, du *mouvement* & du *repos*. Nous les recevons par la vuë & l'attouchement.

CHAPITRE VI.

Des Idées Simples qui viennent par la Reflexion.

QUELQUES autres de nos Idées tirent leur origine de la Reflexion seulement; ce sont les Idées touchant les opérations de nôtre ame. Les principales de ces opérations sont la *Perception* ou l'action d'appercevoir, le *Vouloir* ou l'action de la volonté. La *Volonté* & l'*Entendement* sont les deux puissances qui produisent ces opérations. On appelle également ces deux puissances du nom de *Facultez*.

Je rapporte à ce chapitre les *modifications de la pensée*.

CHAPITRE VII.

Des Idées Simples qui nous viennent par la Sensation & par la Reflexion.

LES Idées de *plaisir*, de *douleur*, de *puissance*, d'*existence*, d'*unité* & de *succession*, nous viennent également, par la Sensation ou par la Reflexion.

Le plaisir & la douleur accompagnent presque toutes nos sensations, aussi bien que presque toutes les actions ou les pensées de nôtre ame. *Plaisir & Douleur*, c'est selon moi tout ce qui nous *délecte* ou tout ce qui nous incommode, soit que cette *délectation* ou incommodité vienne des pensées de l'ame ou de l'action de quelque chose sur nos corps. Et du reste je tiens que ce qu'on appelle d'un côté *joie*, *satisfaction*, *plaisir*, *félicité*, & de l'autre *inquiétude*, *trouble*, *tourment*, *misere*, ne sont que des différens degrez ou de plaisir ou de douleur.

L'Auteur & le Conservateur de notre Etre a attaché ou du plaisir ou de la douleur à certaines pensées & à certaines Sensations. Pourquoi ? c'est afin de nous porter à penser, à agir, & à nous mouvoir ; Sans ce plaisir & cette douleur nous n'aurions aucun sujet de préférer une pensée à une autre, ni le mouvement au repos, & ainsi quoi que douez des puissances de l'entendement & de la volonté, nous serions des créatures entièrement inactives, nous passerions nôtre vie dans une léthargie continuelle.

Il y a une chose digne de toute nôtre consideration, c'est que *les mêmes objets & les mêmes idées qui nous donnent du plaisir, nous causent très souvent de la douleur.* Que cette grande proximité du plaisir à la douleur fait admirer la sagesse & la bonté de nôtre Créateur ! Pour conserver nôtre Etre, il a joint le Sentiment de la *douleur* à l'*impression* que fait sur nos corps un grand nombre de choses, afin qu'avertis du mal qu'elles peuvent nous causer, nous songeassions à les éviter ; Mais pour conserver dans leur perfection chaque partie & chaque organe de nos corps, il a attaché de la douleur à ces mêmes sensations qui nous causent quelquefois du plaisir, & il a voulu que la chaleur, *par exemple*, qui dans un certain degré nous est si agréable, nous causât des douleurs extraordinaires, quand elle s'augmente quelque peu plus. Y a-t-il rien de plus sage que cette Loi de la nature, qui fait que lors qu'un objet, dont peut-être nous attendons du plaisir, met en désordre, par la violence de son impression, les organes de nôtre Sensation, dont la structure ne peut être que fort délicate ; nous sommes avertis par la douleur que nous cause cette impression, de nous éloigner de cet objet avant que nos organes soient tout-à-fait dérangez. C'est là le but pour lequel Dieu a attaché de la douleur à de certaines sensations. On n'en doutera plus si l'on considére, que quoi que nos yeux ne puissent pas souffrir une lumiére bien vive, cependant la plus grande obscurité ne les blesse absolument point, parce qu'elle ne peut causer aucun dérangement dans les organes admirables de l'œil ; Mais un froid excessif nous cause de la douleur, tout comme une

une

chaleur excessive, parce que l'un & l'autre sont également capables de détruire l'oeconomie de nôtre corps, laquelle est nécessaire à la conservation de nôtre vie.

Une autre raison, pourquoi Dieu a annexé & allié differens degrez de plaisir & de douleur aux impressions des objets sur nôtre ame, c'est afin que trouvant de l'amertume & un manque de satisfaction parfaite dans les plaisirs que les créatures peuvent donner, nous cherchions nôtre bonheur dans la possession de celui *avec lequel il y a rassasiement de joie, & à la droite de qui il y a des plaisirs pour toujours.*

Peut-etre que ces réflexions ne nous donnent pas sur le plaisir & la douleur des idées plus claires que ne fait l'expérience; Mais elles servent à nous inspirer de justes sentimens sur la Sagesse & la Bonté du Souverain Dispensateur de toutes choses. Cette digression ne convient pas mal au but de cet *Essai*; car la connoissance & la vénération de l'Etre suprême doit être toujours la principale fin de nos recherches, & la véritable occupation de nôtre Esprit.

L'Existence & l'*Unité* sont deux autres idées que peuvent exciter en nous chaque objet extérieur & chaque idée intérieure; car l'idée sur l'existence nous vient, & du sentiment que nous avons de l'existence de quelque idée dans nôtre Esprit, & du jugement que nous faisons qu'il y a des choses hors de nous & par conséquent qui existent par elles-mêmes. Pour l'*Unité* nous en avons l'idée par la considération de chaque chose unique, n'importe que ce soit un Etre réel ou simplement une idée.

La *Puissance* est encore une idée qu'excite en nous & la Reflexion & la Sensation. Nous l'acquerons également, soit en observant que nous pensons & que nous mouvons différentes parties de nôtre corps, soit en remarquant les effets que produisent les corps les uns sur les autres.

J'en dis de même touchant la *Succession*. *

CHAPITRE VIII.

Autres Considerations sur les Idées simples.

Tout ce qui peut exciter quelque perception dans nôtre Esprit, y doit par la même raison exciter une idée simple, laquelle nous considerons toujours comme réelle & comme positive, quelle qu'en soit la cause : Ainsi nos idées de *chaleur*, de *froideur*, de *lumiere*, de *ténebres*, de *mouvement*, & de *repos*, &c. sont positives, bien-que néanmoins quelques unes de leurs causes ne soient que de *pures privations*.

Parconsequent ce n'est pas par l'attention qu'on fait à ses idées, entant qu'elles sont dans l'esprit, qu'on peut découvrir les causes qui les ont produites; ce ne peut être que par l'examen sur la nature des choses qui sont hors de nous. Le *Peintre* & le *Teinturier* ont des idées aussi distinctes du blanc & du noir que le *Philosophe*; Mais c'est le Philosophe qui recherche

---

* *Voyez le* Chap. XIV. *de ce Livre, où cette matiere est expliquée au long.*

cherche la nature & l'arrangement des particules qui forment ces couleurs.

UNE *cause privative* peut exciter une idée positive; cela est évident par *l'ombre*, qui n'étant autre chose qu'une absence de lumiere, se fait très bien distinguer, & produit parconséquent une idée claire & positive. J'en explique ainsi la raison: De-même que la sensation est causée en nous par les différens degrez ou les differentes déterminations du mouvement de nos esprits agitez diversement par les objets extérieurs; ainsi la diminution de ce mouvement doit produire une nouvelle sensation & une nouvelle idée, aussi nécessairement que la variation & l'augmentation de ce mouvement: Nous avons même des *termes négatifs* qui n'expriment pas directement des idées positives, mais bien l'absence de ces idées; tels sont les mots d'*insipide* & de *silence*, qui désignent des idées positives, savoir le gout & le son, avec leur absence ou leur privation.

POUR avoir une plus grande intelligence sur cette matiere, il ne sera pas inutile de distinguer ici deux choses très distinctes, qui sont, les idées, *entant* qu'elles sont des perceptions dans l'esprit, & *entant* qu'elles sont des qualitez dans les corps, ou, ce qui revient au même, *entant* qu'elles sont des modifications de la matiére qui causent ces perceptions. Cette distinction est nécessaire, de crainte qu'on ne se figure que nos idées considerées au premier égard sont des images ou des ressemblances parfaites de quelque chose d'*inhérent* dans le sujet qui les produit. Entre la plupart de nos idées de sensation & leurs causes, il n'y a pas plus de ressemblance qu'entre ces mêmes idées & leurs noms. Mais donnons un plus grand jour à cette matiere.

J'APPELLE *Idée* tout ce que l'esprit apperçoit en lui-même, ou tout ce qui est l'objet immédiat de la Perception, de la Pensée ou de l'Entendement, & j'appelle *Qualité d'un sujet* la puissance qu'a ce sujet de produire dans mon Esprit une certaine idée ; Ainsi, dans une boule de neige qui a la puissance d'exciter les idées de *blancheur*, de *froideur*, de *rondeur*, &c. j'appelle *qualitez*, les puissances de cette boule entant qu'elles sont en elle, & je leur donne le nom d'idées, entant qu'elles sont des sensations ou des perceptions dans mon ame : Et s'il m'arrive quelquefois de parler, comme s'il y avoit des idées dans les choses mêmes, on doit entendre que je veux dire, qu'il y a dans les objets, des qualitez qui produisent ces idées en nous.

CES *qualitez* sont de deux especes ; je nomme les unes *originelles* ou *premieres*, comme sont la solidité, l'étenduë, le mouvement, le repos, le nombre & la figure ; elles sont tellement inseparables du corps, qu'il les conserve toujours, quelques altérations qu'il puisse souffrir. Divisez un grain de sable en deux parties, chacune d'elle conservera toujours la *solidité*, l'*étenduë*, la *figure*, *la mobilité*, &c. Divisez-le en six parties, ces six parties retiendront encore toutes ces mêmes qualitez ; Subdivisez-le enfin jusqu'à ce que ses parties deviennent insensibles, & chacune de ces qualitez restera toujours dans chacune de ces parties imperceptibles. J'appelle les autres *qualitez secondes* ; telles sont les *couleurs*, les *odeurs*, les *sons*, &c. Ces qualitez-ci n'ont point de réalité ; car elles ne sont que la puissance qu'ont les corps de produire en nous diverses sensations par leurs qualitez originelles ou premieres.

Nos idées des qualitez premieres des corps sont parfaitement représentatives de ces qualitez ; ainsi les *Archetipes* de ces idées existent réellement dans les corps. Pour les qualitez secondes, elles ne ressemblent aucunement aux idées qu'elles ont excité en nous. Ce qui dans nôtre idée ou nôtre sensation est *bleu* ou *chaud*, n'est autre chose, dans les corps appellez de ces noms, qu'un certain mouvement, qu'une certaine grosseur & configuration de leurs parties ; cela paroit, de ce que le feu, qui à une certaine distance excite en nous de la chaleur, nous cause de la douleur, si nous l'approchons de plus près ; or pourquoi le sentiment de la chaleur seroit-il plûtôt dans le feu que celui de la douleur ; car enfin c'est le même feu qui produit l'un & l'autre sentiment en nous. Ces *qualitez originelles* ou *premieres* du feu, qui consistent, comme j'ai dit, en des parties d'un certain nombre & mouvement, d'une certaine grosseur & configuration, peuvent être appellées *réelles*, parce qu'elles existent réellement dans le feu, soit que nos sens les y apperçoivent ou non. Mais la *couleur* ou la *chaleur* n'y sont pas plus réellement que la *douleur* : Empêchez les corps de produire en vous aucune sensation, faites que vos yeux ne voyent ni lumiere ni couleurs, que vos oreilles ne soient frapées d'aucun son, que vôtre nez ne sente aucune odeur, & dès-lors tous ces sons, toutes ces odeurs, *&c.* entant que ce sont des idées particuliéres à vous seul, s'évanouiront & cesseront d'exister, elles rentreront dans les causes qui les ont produites,

duites, c'est-à-dire, qu'elles ne seront plus que la configuration & le mouvement des parties des corps.

Ces qualitez secondes sont de deux especes. Les unes sont apperçuës *immédiatement*, les autres *médiatement*. Je m'explique : on apperçoit les unes par elles-mêmes ; parce que par leur opération immédiate sur nous, elles font naitre des idées dans nôtre esprit, comme les couleurs; On n'apperçoit les autres qu'en conséquence de l'effet qu'elles produisent sur d'autres corps, dont elles alterent la texture, & qu'elles rendent capables d'exciter en nous des idées différentes de celles qu'ils excitoient auparavant. En regardant le feu, nous connoissons tout d'un coup, qu'il est *rouge* : mais ce n'est qu'en voyant qu'il rend le plomb fluide, que nous savons qu'il a la puissance de fondre ce métal.

On juge différemment de ces dernieres qualitez, quoi-qu'elles ne soient toutes deux que la puissance qu'un corps a sur un autre en vertu d'une certaine modification de ses qualitez originelles. On regarde les qualitez qu'on découvre immédiatement comme des qualitez réelles, au lieu que celles qu'on découvre médiatement ne sont censées que de simples puissances. La cause de cette méprise vient selon moi de nôtre incapacité à comprendre que nos idées des qualitez sensibles, soient produites en conséquence d'une certaine configuration & d'une certaine grosseur des parties des corps. Entre ces choses & nos idées, lesquelles nous sentons ne rien tenir de la grosseur ou de la configuration des corps, nous n'appercevons ni conformité, ni liaison aucune,

aucune, & même nous ne voyons pas de raison pourquoi la grosseur, le mouvement & la configuration des particules du corps produisent dans nôtre ame les idées & les sensations des couleurs, des odeurs, &c. Mais à l'égard des *qualitez médiates*, il en est tout autrement: Alors nous voyons clairement, que la qualité produite, la *mollesse, par exemple*, dans la cire, n'a aucune ressemblance avec la chaleur; & cela nous porte sans difficulté, à regarder la mollesse de la cire comme un pur effet de la chaleur: Au lieu que dans le premier cas, comme nos sens sont incapables de découvrir aucune différence entre une idée simple, entant qu'excitée en nous, & la qualité qui l'a produite, nous jugeons, que nos idées ressemblent à quelque chose qui est dans les objets, & qu'elles ne peuvent être les effets des modifications des parties des corps.

Je viens de m'engager un peu avant dans des recherches physiques; mais cela étoit nécessaire, pour apprendre à distinguer les *qualitez réelles, originelles & inseparables des corps*, d'avec les *secondes qualitez* qu'on leur impute. Cela une fois bien compris, nous connoitrons lesquelles de nos idées sont ou ne sont pas représentatives de quelque chose qui existe réellement dans les corps, auxquels on donne des dénominations tirées des idées ou des sensations qu'ils produisent en nous.

CHAPITRE IX.

De la Perception.

L'IDE'E de la Perception eſt la premiere idée que nous recevons par la *Reflexion*.* Cette *faculté* eſt purement paſſive, elle ne peut s'empêcher d'appercevoir ce qu'elle apperçoit effectivement. Nous ne pouvons ſavoir en quoi elle conſiſte qu'en refléchiſſant ſur ce qui ſe paſſe en nous-mêmes, lorſque nous voyons, que nous ſentons, &c.

Les impreſſions faites ſur les parties extérieures de nôtre corps, ne nous cauſent aucune perception, ſi elles ne pénetrént juſqu'à l'ame; cela ſe prouve, de ce que ceux qui ſont appliquez fortement à la conſideration d'un objet, ne s'apperçoivent point de pluſieurs impreſſions faites, *par exemple*, ſur l'organe de l'ouïe. Ainſi, *Par tout où il y a ſentiment ou perception, il doit y avoir quelque idée actuellement préſente à l'Entendement.*

Nous devons encore obſerver, qu'à meſure qu'on avance en âge, le jugement change inſenſiblement les idées qu'on a reçu par les ſens; l'exemple ſuivant en eſt la preuve. L'idée qui s'imprime dans nôtre eſprit à la vuë d'un corps rond & de couleur uniforme, comme ſeroit la couleur d'*or* ou de *jayet*, repréſente à nos yeux un cercle plat & diverſement ombragé; mais

ſachans

---

* *L'Auteur fait ici une diſtinction entre le mot de* perception, *& celui de* penſée; *mais cette diſtinction ne regarde que la langue Angloiſe.*

sachans par l'expérience, que les corps convexes excitent en nous une telle *représentation*, nous nous formons l'idée d'une figure convexe & de couleur uniforme, bien neanmoins que nos yeux ne nous préfentent, comme j'ai dit, qu'un cercle plat diverfement ombragé. Et en plufieurs occafions ce changement, par l'effet d'une habitude formée, fe fait d'une maniére fi fubite, que nous prenons pour une perception des fens, ce qui n'eft qu'une idée formée par le jugement: De-forte, que cette perception étant à-peine obfervée, ne fert qu'à exciter le jugement à former quelque idée. Un homme qui lit, ou qui écoute lire, avec beaucoup d'application d'efprit, fait peu d'attention aux fons ou aux caracteres; il n'eft occupé que des idées qu'excitent en lui ces caracteres ou ces fons. *Donc par habitude, on fait des Actions fans s'en appercevoir.*

A mon avis cette *faculté d'appercevoir* diftingue les Animaux d'avec les Etres d'une efpece inférieure ; Il eft vrai qu'un grand nombre de Végétaux ont quelques degrez de mouvement, & que felon les différentes manieres dont quelques corps font appliquez fur eux, ils changent à l'inftant & de mouvement & de figure ; ce qui leur a fait donner le nom de *plantes fenfitives*, je croi cependant, que tout ce qui fe paffe en elles n'eft pas moins l'effet d'un pur Méchanifme, que le raccourciffement d'une corde plongée dans l'eau. Pour les Animaux, j'eftime qu'ils font tous capables de perception ; mais les uns plus, les autres moins; car il femble qu'on peut vrai-femblablement conclurre de la conformation d'une *moule* ou d'une *huitre*, qu'il s'en faut de beaucoup que ces deux animaux

ayent

ayent les sens aussi vifs & en aussi grand nombre que l'*homme*, que le *singe*, &c.

Le premier degré vers la connoissance, & le seul moyen qui puisse nous fournir de matériaux pour l'augmenter, c'est donc la Perception; & moins un homme a de sens, moins les objets font d'impression sur lui; & plus aussi il sera éloigné d'avoir les connoissances qui se trouvent dans ceux qui le surpassent à quelqu'un de ces deux égards.

CHAPITRE X.

De la Faculté de retenir ses Idées.

CETTE faculté est la seconde qui soit nécessaire à l'homme pour avancer dans la connoissance des choses. Ses fonctions consistent à retenir les idées que l'esprit a reçuës; ce qu'elle fait en deux manieres: 1. en tenant pour quelque tems une idée presente à l'esprit, ce que j'appelle *contemplation*: 2. en rappellant des idées qui avoient disparu entierement, & dont on avoit écarté la pensée; ce qu'on fait par la mémoire, qui est comme le *magazin* de toutes nos idées.

L'Usage de la Mémoire, ou si vous voulez d'un reservoir où l'on puisse mettre des idées, pour les reprendre quand on en aura besoin, étoit d'une nécessité absolue à l'homme, dont l'esprit est incapable de considerer plusieurs choses à la fois.

Or comme les idées ne sont que des perceptions actuelles dans l'esprit, lesquelles perceptions

ceptions cessent d'être quelque chose de réel dès qu'elles ne sont plus apperçues, dire qu'il y a des idées en reserve dans la mémoire, c'est n'affirmer autre chose sinon, qu'en plusieurs occasions l'esprit a la puissance, & de se rappeller ses anciennes perceptions, & de se convaincre qu'il les a eues autrefois. C'est donc à cause de cette faculté, qu'on est appellé avoir dans l'esprit des idées qu'on peut, en se les rappellant, faire devenir l'objet de son attention, sans l'entremise des choses qui par leur action les ont premierement fait naitre dans nôtre ame.

Deux secours qui servent beaucoup à fixer les idées dans la mémoire, c'est de les considerer fréquemment & d'y être attentif; Et parconséquent on doit oublier assez vite les idées, que l'on n'a eues qu'une seule fois, & qu'on ne renouvelle jamais: Aussi on observe que ceux qui ont perdu la vuë dès leur enfance ne sauroient se faire d'idée des couleurs.

Il y a des gens dont la mémoire est heureuse jusqu'au prodige; toutefois il arrive du déchet dans leurs idées, dans celles-là même qui ont fait les impressions les plus profondes dans leur esprit, comme celles qui sont accompagnées de plaisir & de douleur. Et si elles ne sont pas renouvellées de tems en tems, leur empreinte s'efface, & à la fin il n'en reste plus aucune image: Ce n'est donc que les idées qui sont raffraichies, par le retour fréquent des objets ou des actions qui les produisent, qui s'impriment fortement dans la mémoire, & qui y restent le plus long-tems; Telles sont les idées des qualitez originelles des corps, la *solidité*, l'*étenduë*, la *figure*, le *mouvement* & le *repos*, les sensations ou idées qui agissent presque incessamment

ceſſamment ſur nous, comme le *froid*, le *chaud*, &c. les idées enfin des proprietez qui ſont communes à toutes ſortes d'Etres, comme l'*exiſtence*, la *durée*, le *nombre*. &c. Toutes ces idées, dis-je, & leurs ſemblables, s'échappent rarement de la mémoire, tant qu'elle a la force d'en retenir quelques-unes.

La *Mémoire* eſt ſouvent active, car ſouvent l'eſprit s'applique avec vigueur, à ſe rappeller de certaines idées ; mais auſſi elle eſt ſouvent paſſive, car ſouvent les idées qu'on n'avoit plus préſentes à l'eſprit, ou ſe préſentent comme d'elles-mêmes, ou ſont tirées de leurs *cachettes* par quelque paſſion violente.

La Mémoire peut être ſujette à deux deffauts, ſçavoir 1. à perdre entierement ſes idées, ce qui produit une *ignorance parfaite*; 2. à être trop lente, *c'eſt-à-dire*, à ne pas rappeller aſſez vite les idées qu'elle conſerve en dépôt, afin de les fournir à l'eſprit lors qu'il en a beſoin: Si cette lenteur eſt extraordinaire, c'eſt *ſtupidité* ; ſi on ſe rappelle ces idées toutes les fois qu'on le deſire, on a de l'*invention*, de l'*imagination*, de la *vivacité d'eſprit*.

Il eſt vrai-ſemblable qu'il y a d'autres Animaux, qui poſſedent au même degré que l'homme la faculté de la *ſouvenance* ; autrement certains oiſeaux pourroient-ils s'appliquer à apprendre des airs & à en marquer diſtinctement les notes ?

CHAP.

CHAPITRE XI.

De quelques autres Opérations de l'Esprit.

UNE autre faculté de l'esprit est celle de discerner ses idées. C'est de cette faculté que dependent l'évidence & la certitude de plusieurs propositions, & même de celles qui passent pour être des véritez innées ; car c'est par elle que nous appercevons si deux idées sont necessairement liées ou opposées entre elles.

CETTE appercevance claire, est ce qui fait l'exactitude & la clarté du raisonnement, qui se font remarquer dans les uns plus que dans les autres, d'une maniére tout-à-fait superieure. Il ne faut pas confondre cette *justesse du raisonnement* avec ce qu'on appelle *Esprit*, qui n'est autre chose que la vitesse & la varieté avec laquelle on rassemble des idées, dont la ressemblance légére peut fournir d'agréables images ; au lieu que le jugement toujours occupé à distinguer soigneusement les idées entre lesquelles on peut observer la moindre différence, ne néglige rien, pour ne pas tomber dans l'erreur & dans l'illusion.

LE moyen de rendre nos idées claires & déterminées, c'est de les bien distinguer ; & si elles ont une fois acquis cette clarté & cette précision, nous ne serons plus en danger de les confondre & de nous y méprendre, quand même les objets les représenteroient à nos sens diversement en différentes rencontres.

UNE autre Opération de nôtre esprit sur ses idées, c'est de les comparer entr'elles par rapport à leur étenduë, leur degré, leur tems & leur lieu. Cette opération, comme on voit, est le fondement de toutes les *relations*. Il ne paroit pas que les Bêtes jouïssent de cette faculté dans un degré fort considerable ; car si l'on a quelque raison pour croire qu'elles ont plusieurs idées assez distinctes, on n'en a pas moins pour assurer, qu'elles ne peuvent comparer leurs idées que par rapport à quelques apparences sensibles des objets extérieurs ; Mais pour la puissance de comparer des idées générales, on peut conjecturer avec vrai-semblance qu'elle ne se rencontre pas dans les Brutes.

COMPOSER ses idées, ou les joindre ensemble, de maniére qu'elles ne fassent plus qu'une idée complexe, c'est une autre opération de nôtre Esprit. Je rapporte à cette opération celle *d'étendre nos idées*, c'est-à-dire de joindre ensemble différentes idées de la même espece, comme, en ajoutant plusieurs unitez ensemble, on forme l'idée d'une *douzaine*, d'une *vingtaine* &c. A cet égard, je suppose encore les Bêtes inférieures de beaucoup aux hommes ; elles reçoivent & même elles retiennent plusieurs idées complexes, cela est vrai : Un *chien* retient dans sa mémoire, *par exemple*, la taille & la voix de son maître, toutefois il est probable que ces idées sont plûtôt des marques qui lui font reconnoitre son maître, qu'une idée qu'il ait composée de ces qualitez simples.

ENFIN, c'est une autre opération de nôtre Esprit, de composer des idées générales & representatives de plusieurs choses *indivisibles*. Mais je traiterai au large de cette opération au *chap.* III. du livre second de cet *Essai.* Je dirai seulement ici, que cette puissance de former des idées générales & universelles met une vaste distance entre les hommes & les bêtes. Il paroit que les bêtes raisonnent sur des objets particuliers ; mais, absolument parlant, rien ne prouve qu'elles forment des idées générales.

Le deffaut d'un *imbecille* consiste, en ce qu'il est privé de quelqu'une des facultez dont je viens de faire mention, ou en ce qu'il n'en joüit pas dans toute la vivacité & l'activité requise. Celui d'un *Fou,* en ce qu'il a allié des idées inalliables par leur nature, & qu'il prend ces idées, temerairement alliées, pour une verité réelle. Le fou se trompe de la même maniere que celui qui raisonne juste sur de faux principes ; & par conséquent un Homme sage qui joint des idées incompatibles & qui raisonne sur ces idées, peut être aussi fou sur cet article que ceux qu'on renferme dans les petites maisons. Ainsi le fou allie des idées incompatibles, & fait par-là des propositions extravagantes, sur lesquelles néanmoins il raisonne juste ; mais l'imbecille ne fait point de propositions, il ne raisonne point.

CHAPITRE XII.

Des Idées Complexes.

L'ESPRIT est absolument passif quand il reçoit quelque idée simple ; je l'ai prouvé ci-dessus ; mais il travaille sur ces idées simples, & par diverses opérations en forme des
idées

idées complexes. Les principales de ces opérations sont, 1. rassembler plusieurs idées simples en une seule, c'est ainsi qu'on forme des *idées complexes* ; 2. se représenter deux idées différentes, ou simples, ou composées, & en les plaçant l'une auprès de l'autre, les considerer toutes deux en même tems sans les unir ensemble, c'est ainsi qu'on acquiert les idées des *Relations* ; 3. séparer une ou plusieurs idées d'avec celles avec qui elles excitent réellement, c'est ainsi qu'on forme les *idées générales*. Je vai faire quelques reflexions sur le premier de ces Actes, & me reserve à parler des deux autres selon leur ordre.

L'IDEE *complexe*, est une idée composée de plusieurs autres idées, comme celles d'*homme*, d'*armée*, de *beauté*, de *gratitude*, &c. Ces idées complexes sont de deux sortes. Les unes sont un *composé* d'idées simples, dont les Archetipes existent réellement dans la Nature, comme l'idée de quelque substance. Les autres sont des *composez* que l'esprit a formez, comme l'idée de *gratitude*, de *mensonge*, &c.

PAR la faculté de répéter ses idées & de les joindre ensemble, l'homme peut diversifier & multiplier presqu'à l'infini les objets de sa pensée, mais il ne peut recevoir aucune idée simple que par la *Sensation* & la *Reflexion* : Les idées des qualitez sensibles ne peuvent lui venir que par l'action des objets extérieurs sur les sens, & les idées des opérations d'une substance pensante que par ce qu'il sent intérieurement en lui-même. Mais lors qu'une fois il a acquis un certain nombre d'idées simples, il a la puissance de les joindre ensemble, & d'en fabriquer des idées complexes, qui lui sont entierement nouvelles.

Des Idées Complexes. 49

De quelque maniere que nos idées complexes foient compofées, quelque grand qu'en foit le nombre, quelque infinie qu'en foit la varieté, on peut les reduire toutes à ces trois genres : Les *Modes*, ou *Modifications*, ou *manieres d'être*, les *Subſtances* & les *Relations*.

Modes, *modifications* ou *manieres d'être*, font des idées qui repréfentent, non quelque chofe qu'on fuppofe exifter par foi-même, mais des dépendances & des affections des fubftances, le *triangle*, la *gratitude*, le *meurtre*, &c. Ces *modes* font de deux efpeces, *fimples & complexes* ; *fimples*, quand ils ne font compofez que d'idées fimples de la même efpece, *par exemple*, une *douzaine*, une *trentaine* ; *complexes*, quand ils font compofez d'idées fimples de différente efpece ; comme la *Beauté*, qui eſt un affemblage de couleurs & de traits qui plait à la vûë ; le *Vol*, qui eft un tranfport fecret d'une chofe, fans le confentement de celui à qui elle appartient.

Les idées des *fubftances* font compofées d'idées fimples, fuppofées repréfentatives de chofes particulieres & fubfiftant par elles-mêmes. L'Idée confufe de la *fubftance en général* tient le premier lieu dans cette compofition. Je forme l'idée de *l'homme*, *par exemple*, en joignant à l'idée de la *fubftance* en général, l'idée d'une certaine forme de corps, qui a la puiffance de fe *mouvoir*, de *penfer*, de *raifonner*, &c. Nos idées des fubftances font auffi de deux fortes, les unes repréfentent des fubftances finguliéres, un *homme*, une *pierre*, &c. les autres, plufieurs fubftances finguliéres, une armée, un troupeau : ces *idées raffemblées* de plufieurs fubftances, forment une idée, qui eſt auffi unique, auffi une, que l'eſt celle d'un *homme* ou de *l'unité*.

D

CHAPITRE XIII.

Des Modes simples, & premierement de ceux de l'Espace.

TOUCHANT les modifications simples, nous pouvons observer en général, que les *manieres d'être* d'une idée simple, quelle que ce soit, sont aussi distinctes dans l'esprit que celles de deux idées opposées. *Deux* est aussi différent de *trois*, que le *bleu* est différent de la *chaleur*. Je commence par traiter des modes simples de l'espace.

Nous acquerrons l'idée de l'*espace*, qui est une idée simple, par la vûë & par l'attouchement. L'Espace a plusieurs noms : il est appellé *distance*, quand on considere sa longueur entant que bornée par deux corps ; *Capacité*, si on le considere par rapport à sa longueur, sa largeur & sa profondeur ; & *Etenduë*, lors-qu'on le regarde comme renfermé entre les extrémitez de la matiere, laquelle on suppose remplir la capacité de l'espace par quelque chose de solide, qu'on peut toucher & mouvoir. Donc nôtre idée sur l'étenduë suppose l'idée du Corps, mais on peut concevoir l'espace sans songer au Corps.

DE même que chaque longueur différente constitue une modification de l'espace, de même aussi les idées de ces longueurs doivent former des idées de différentes modifications de l'espace. Telles sont les idées d'un *pied*, d'une *aune*, &c. qui représentent certaines longueurs déter-

déterminées dont les hommes sont convenus pour leur usage. Quand on s'est rendu familiéres ces idées de mesure, on peut les répeter dans l'esprit aussi souvent qu'on le veut, sans faire aucune attention au Corps; & par-là on vient à imaginer un *pied*, une *aune*, une *stade*, au delà des dernieres extremitez de tous les Corps, & en multipliant ces mesures par de continuelles additions sans y trouver de fin, on forme l'idée de l'*immensité*.

On se forme l'idée d'une autre modification de l'espace, en comparant entr'elles les extrémitez de la surface d'un corps; c'est ce qu'on appelle *figure*: On la découvre par l'*attouchement* dans les corps qu'on peut manier, & on la découvre par la *vûë* dans ceux dont nous n'appercevons les extrémitez que des yeux. Cette découverte se fait en cette maniére. On observe d'abord, si les extrémitez de ces Corps se terminent, ou par des lignes droites lesquelles forment des Angles distincts, ou par des lignes courbes qui ne font aucun angle; & ensuite on considere le rapport de tous ces Angles dans toute la surface du Corps.

L'Idée sur le *lieu*, nous présente une autre modification de l'espace. Cette idée n'est, que référer la position d'un Corps à quelque point fixe & déterminé. Cela est si vrai, qu'on ne s'imagine pas, qu'un Corps ait changé de place, tant qu'il ne s'aproche ni ne s'éloigne des points fixes à qui on l'avoit comparé. Et ce qui confirme bien ce que je viens d'avancer, c'est qu'on ne sauroit avoir d'idée du lieu de l'Univers, bien que nous en ayons une de chacune de ses parties; car dire que l'univers est en quelque part, cela n'exprime autre chose sinon, qu'il exifte. Quelquefois néanmoins le terme de *lieu* ou de *place* fe prend pour l'efpace que chaque Corps occupe ; en ce fens il eft vrai de dire que l'Univers exifte en un lieu.

CHAPITRE XIV.
De la Durée, & de fes Modifications simples.

LA Reflexion fur l'écoulement perpétuel des parties periffables de la Succeffion, nous fait avoir l'idée d'une autre efpece de diftance, nommée *durée* ; les modifications fimples de la durée font fes différentes longueurs, defquelles nous avons des idées fort diftinctes, comme les heures, les jours, les années, l'éternité, *&c*.

L'Idée de la *Succeffion* fe forme en refléchiffant fur cette fuite de nos idées qui fe fuccedent conftamment les unes aux autres, dans nôtre Efprit, pendant que nous veillons ; Je le prouve, de ce que dès le moment que nos idées difcontinuent de fe fucceder, comme il arrive dans le fommeil, nous n'avons plus de perception ni de fucceffion ni de durée ; car la diftance entre le moment auquel on s'eft éveillé, & celui auquel on s'eft endormi eft entièrement perdue pour nous. Cependant s'il arrive dans le fommeil que quelque fonge préfente fucceffivement à nôtre Efprit une grande diverfité d'idées, nous aurons durant ce tems une perception, & de la durée & de la longueur de cette durée. Ici je ne fais pas difficulté d'affirmer, qu'un homme qui veille, ne s'appercevroit d'aucune fucceffion,

s'il

s'il lui étoit possible de se fixer sur une seule idée ; du moins m'avouera-t-on qu'on n'apperçoit pas toute la durée qui s'écoule pendant qu'on médite sur quelque sujet avec une application un peu soutenue.

J'ESPERE que je persuaderai aisément mon opinion à ceux qui se figurent, que l'idée de la succession nous vient des observations faites sur le mouvement ; sur tout après qu'ils auront consideré, que le mouvement lui-même, n'excite dans nôtre Esprit l'idée de la succession, qu'autant qu'il y excite une suite continue d'idées différentes les unes des autres. Aucun homme ne pourra jamais conclure, qu'un Corps, qu'il voit en mouvement, se meuve en effet, si le mouvement de ce Corps ne produit en lui une suite constante d'idées successives. Et ce qui confirme merveilleusement mon hypothese, c'est que ce même homme, s'il pense, sentira la succession de ses idées, bien qu'il n'apperçoive aucun mouvement.

PAR ces principes, je reponds à la question qu'on fait, *pourquoi l'on n'apperçoit pas les mouvemens fort lents ?* C'est que ces changemens de situation se font avec tant de lenteur, qu'ils ne peuvent exciter de nouvelles idées qu'après des intervalles assez longs. Les Corps qui se meuvent rapidement n'excitent pas des idées plus fréquentes ; l'impression que fait leur mouvement rapide sur nos sens n'est pas assez distincte pour produire dans nôtre esprit une suite d'Idées successives. Un Corps qui se meut en rond en moins de tems qu'il n'en faut à nos idées pour se succeder les unes aux autres, ne paroit pas en mouvement, mais ressemble à un Cercle parfait.

Nous nommons *Durée* la distance qui est entre quelques parties de la succession ; nous appellons *durée de nous-mêmes*, la continuation de nôtre existence ; & nous nommons *durée d'une chose qui existe avec nos pensées*, tout ce qui peut être commensurable à la succession de nos idées. Un *instant* est une portion de durée, qui n'occupe que le tems auquel une idée est dans l'esprit ; il n'y a donc point de succession dans l'instant. La durée entant que distinguée en certains *périodes* est appellée *Tems*. On le mesure par les revolutions diurnes & annuelles du Soleil, comme étant constantes, reguliéres, supposées égales entr'elles, & faciles à être observées par tout le genre humain.

Mais il n'est pas d'une nécessité absolue, que le tems soit mesuré par le mouvement. Toute apparence constamment périodique, & qui à nos yeux paroit diviser la durée en espaces egaux, peut aussi-bien servir à regler les intervalles du tems qu'un autre moyen quelconque. Supposé, *par exemple*, que le *Soleil*, que je considere dans un repos parfait, soit successivement allumé & éteint pendant 12. heures, & que dans l'espace d'une revolution annuelle sa clarté augmente par degrez & diminue de la même maniere ; dans cette supposition, il est visible, que les apparences du *Soleil*, servent à leurs observateurs, pour mesurer les distances de la durée, tout aussi-bien que son mouvement régulier. La gelée périodique de l'eau pourroit servir à la même fin, & aussi le retour reglé de quelques fleurs ou de quelques Animaux dans toutes les parties de la terre. Et en effet on rapporte, qu'une certaine nation de l'*Amerique* compte ses

années

années par le départ & le retour reglé de certains oiseaux.

L'Homme ayant acquis l'idée d'une mesure de tems, *par exemple*, celle d'une revolution annuelle du Soleil, il peut appliquer cette idée à la durée des choses qui existent lors même qu'il ne pense pas ; il peut mesurer le tems pendant qu'il dort ; il peut imaginer quelque durée indépendamment de l'existence du Soleil ; cela lui est aussi aisé que d'appliquer l'idée d'un *pied* & d'une *aune* à des distances que l'on conçoit au delà des limites du monde. Nous acquerons l'idée de l'éternité par la même voie que nous acquerons celle du tems ; car nous formons l'idée de *l'éternité*, en additionnant à l'infini dans nôtre pensée une mesure de tems, dont nous avons l'idée.

Il est donc évident, que les idées de la durée & de ses mesures naissent & de la *reflexion* & de la *sensation* ; car

I. En observant, que nos idées se succedent constamment les unes aux autres, que quelques-unes viennent à paroitre dans le tems que d'autres s'évanouissent, nous formons l'idée de la succession.

II. En remarquant de la distance entre les parties de cette succession, nous formons l'idée de la *durée*.

III. En observant certaines apparences distinguées par des periodes, qui nous paroissent de distance égale, nous formons les idées de certaines longueurs, comme les *minutes*, les *heures*, les *jours*, &c.

IV. En répétant ces mesures de tems aussi souvent qu'il nous plait, nous imaginons de la durée, là-même où rien ne *dure* & rien n'existe actuellement ; de cette maniere nous anticipons sur l'avenir, nous mesurons la durée de *demain*, de *l'année prochaine*.

V. En additionnant de certaines mesures de tems, sans imaginer aucune fin de ces additions, nous formons l'idée de *l'éternité*.

VI. Et en réfléchissant sur une partie de cette durée infinie, entant qu'elle est mesurée par certains périodes, nous acquerons l'idée de ce qu'on appelle *tems en général*.

CHAPITRE XV.

La Durée & l'Espace, considerez entr'eux.

CE que le lieu est à l'espace, le tems l'est à la durée ; je veux dire, de même que le *tems* est une portion de l'éternité, de même aussi le *lieu* est une portion de l'espace ; & de même encore que le tems sert à déterminer la position que gardent entr'eux les Etres finis & réels dans l'infinité de la durée, de même aussi le lieu sert à marquer la position relative de ces mêmes Etres dans l'espace infini. On donne deux significations différentes aux termes de tems & de lieu.

I. Le mot de *tems*, dans son usage ordinaire, marque cette portion de durée infinie qui co-existe avec l'univers & qui est mesurée par le mouvement des grands corps qui le composent; c'est ainsi qu'on doit l'entendre dans ces phrases, *avant tous les tems, quand il n'y aura plus de tems*. De même celui de lieu se prend pour cette portion de l'espace infini qu'occupe ce monde matériel ; à cet égard on feroit mieux

de

de l'appeller étenduë. Par cette idée fur le tems on mefure la durée particuliére de tous les Etres corporels, ainfi qu'on détermine leur fituation & leur étenduë particuliere par cette idée fur le lieu.

II. Quelquefois le mot de *tems* eft employé pour défigner certaines portions dans la durée infinie, lefquelles on fuppofe égales à de certaines longueurs d'un tems précis. Ainfi felon la *Période Julienne* nous imaginons 764. ans qui ont précédé la création : Et quelquefois auffi le mot de lieu marque un efpace dans le vuide infini, lequel efpace nous fuppofons égal à celui que nous croyons néceffaire pour contenir un corps d'une dimenfion déterminée.

CHAPITRE XVI.

Des Nombres.

NOUS formons les idées complexes des Nombres en joignant enfemble plufieurs unitez. *Les Modes fimples* des nombres font dans leurs différens compofez, *deux*, *trois*, *cent*, &c. De tous les *modes fimples* qu'on peut concevoir, ceux-ci font les plus diftincts ; car tout nombre quel qu'il foit eft auffi diftinct de celui qui en approche le plus, que de celui qui en eft le plus éloigné. *Deux* eft auffi diftinct de *trois* que de *mille*. La même facilité de diftinction n'a pas lieu à l'égard des autres *modes fimples*. Il nous eft bien difficile d'avoir, *par exemple*, les idées diftinctes fur la différence de deux

deux corps presque égaux : Et à cause de cette raison, les démonstrations sur les nombres sont plus déterminées, & d'un usage plus général que ne le sont les démonstrations sur l'étenduë.

Comme toute la différence entre les diverses combinaisons des nombres n'est que dans la quantité plus ou moins grande des unitez dont ils sont composez, il est évident qu'il est plus nécessaire d'attacher un nom particulier à chaque combinaison de nombres qu'à celles de quelque autre espece d'idées. Et en effet sans ce terme distinctif il est difficile de ne pas tomber dans la confusion ; cela paroit par ces *Americains*, qui n'ayant aucune idée distincte sur les nombres au delà de vingt, sont obligez de montrer leurs cheveux quand ils parlent d'une grande multitude : De sorte que pour bien compter il est nécessaire

I. Que l'esprit connoisse la distinction qui est entre deux idées qui ne different entr'elles que par l'addition ou la soustraction d'une seule unité.

II. Qu'il sache les noms de tous les nombres, depuis l'unité jusqu'au nombre qu'il veut examiner, qu'il connoisse exactement en quel ordre ils se suivent les uns les autres : Si l'on manque par l'un ou l'autre de ces égards, tous les calculs possibles n'aboutiront à rien, ce ne sera qu'une idée vague de la multitude.

CHAPITRE XVII.

De l'Infinité.

ON ne peut avoir de méthode plus juste pour découvrir l'idée d'infinité, que d'examiner à quoi nôtre esprit attribuë cette idée, & comment il la forme ; or il est sans doute que le *fini* & l'*infini* sont regardez comme des maniéres d'être de la quantité, & sont attribuez principalement aux choses qui ont des parties & qui sont capables du plus ou du moins, comme les idées d'espace, de durée, & de nombre.

Donc c'est principalement à cause que Dieu est éternel & present par tout, qu'on lui attribue l'Infinité ; ses autres attributs, sa puissance, sa sagesse, sa bonté, qui sont inépuisables & incompréhensibles à nôtre esprit, nous ne pouvons leur attribuer l'infinité, que d'une maniere très figurée. Nous n'avons de cette infinité aucune idée, qui ne porte avec soi quelque attention sur le nombre ou sur l'étenduë des actes ou des objets de la puissance ou de la sagesse de Dieu, Sagesse & Puissance à la vérité dont les actes sont conçûs si nobles, & les objets en si grand nombre, qu'ils surpasseront toûjours toutes nos idées de grandeur, bien que nous les multipliions par une infinité de nombres multipliez sans fin. Je ne décide pas ici la maniere dont ces attributs sont dans Dieu, cet Etre surpasse de trop loin toutes les conceptions de nôtre Esprit : Mais telle est la manie-

maniere dont nous concevons ſes attributs, & telles ſont les idées que nous avons de leur infinité. Voyons préſentement comment l'eſprit forme l'idée de l'infini.

Tout homme qui a l'idée de quelque eſpace d'une longueur déterminée, comme d'un *pied*, d'une *aune*, &c. peut auſſi doubler, tripler cette longueur, & avancer toûjours de même, ſans voir de fin à ſes additions ; or par ce pouvoir de répéter les idées de certaines longueurs, ſans trouver de fin à ſes additions, on atteint à l'idée de l'*immenſité* ; de même qu'on parvient à celle de l'*éternité*, par le pouvoir de répéter à l'infini des idées de quelque longueur de tems.

On *m'objectera peut-être*, ſi l'on acqueroit l'idée de l'infinité, par une répétition ſans fin de ſes idées, n'attribueroit-on pas l'infinité aux idées de *douceur* & de *blancheur*, que l'on peut répéter auſſi aiſément & auſſi fréquemment que celles de l'*eſpace* & de la *durée* ; je réponds, Qu'il n'y a que les idées d'eſpace & de durée qui puiſſent nous faire avoir l'idée d'infinité, parce qu'il n'y a qu'elles à qui nous puiſſions toûjours ajoûter de nouvelles parties : Mais à l'égard des idées du blanc ou du noir, il n'eſt point en nôtre pouvoir de les augmenter ni de les porter au delà de ce qu'elles nous ont été préſentées par les ſens. *Par exemple*, quand je joindrois à l'idée que j'ai du blanc le plus vif, celle d'un blanc auſſi parfait, mon idée ne ſeroit pas plus étenduë qu'elle n'étoit auparavant.

Il faut très ſoigneuſement diſtinguer l'idée de l'*infinité de l'eſpace* ou *des nombres*, de celle d'un *eſpace* ou d'un *nombre infini* : Nous concevons la premiére, ce n'eſt que ſuppoſer, que
l'eſprit

l'esprit a fait une multiplication à l'infini de quelques idées de durée ou d'espace ; mais la seconde est impossible à concevoir, ce seroit supposer, que l'esprit a actuellement parcouru toutes les parties d'un espace ou d'un nombre infini, ce qui implique contradiction. Une répétition à l'infini ne sauroit nous représenter l'infini.

CHAPITRE XVIII.

De quelques autres Modifications simples.

L'ESPRIT a des idées fort distinctes de l'intelligence de ces mots *glisser*, *rouler*, *ramper*, &c. ils marquent évidemment des modifications du mouvement. On pourroit en penser de même sur ceux de *vitesse* & de *lenteur*; mais comme ils se rapportent aux distances du tems & de l'espace considerées ensemble, je crois qu'il faut les regarder comme une idée complexe qui comprend *tems*, *espace*, *& mouvement*.

Les modes simples des *sons*, sont de même très divers ; chaque mot articulé fait une differente modification du son, comme chaque note dans un *Air*.

Les modes des *couleurs* sont aussi en grand nombre : Quelques-uns de ces modes sont connus sous le nom de couleurs capitales, & d'autres sous celui d'ombres de ces mêmes couleurs. Mais comme on fait rarement des assemblages de couleurs sans y faire entrer la figure, comme dans un *tableau*, les modes des

cou-

couleurs qu'on connoit le plus se rapportent aux modes mixtes, ainsi que la *beauté*, *l'Arc-en-Ciel*, &c.

Toutes les *saveurs* & toutes les *odeurs* composées, sont aussi des modes composés des idées simples, reçûes par le gout & par l'odorat; mais comme nous n'avons des noms que pour en exprimer une partie, je laisse le reste aux pensées & à l'expérience de mes Lecteurs.

CHAPITRE XIX.

Des Modifications de la Pensée.

La premiere idée qui se présente à l'esprit quand il réfléchit sur lui-même, c'est celle de la *pensée*. On peut se former des idées très distinctes des différentes modifications qu'elle peut recevoir : En voici quelques-unes avec leurs expressions.

Quand les objets extérieurs font quelque impression sur nos corps, & causent une perception en nous, c'est *sensation*. Quand une idée revient dans l'esprit sans que l'objet qui l'a fait naître agisse sur les sens, c'est *Reminiscence*. Si l'esprit la cherche dans sa mémoire, & qu'il se la rappelle après quelques efforts, c'est *Recueillement*. S'il s'y applique attentivement, c'est *Contemplation*. S'il la laisse flotter pour ainsi dire dans l'esprit sans s'y arrêter, c'est *Rêverie*. L'examiner, & ensuite l'enregîtrer, dans la mémoire, c'est *Attention*. Se fixer sur une idée avec beaucoup d'application, & la considerer par tous ses côtez, c'est *Etude* ou *contention*

tion d'esprit. Le *sommeil*, quand on ne fait aucun songe, est la cessation de toutes ces choses; & *faire des songes*, c'est avoir la perception de quelques idées, que l'entendement ne choisit & ne dirige point, & qui ne sont suggerées ni par aucun objet de déhors ni par aucune cause connuë. L'*Extase* ne seroit-ce point faire des songes les yeux ouverts?

L'Esprit peut se former des idées aussi claires sur ces differentes manieres de penser, que sur le blanc & sur le rouge.

CHAPITRE XX.
Des Modifications du Plaisir & de la Douleur.

Nous recevons les sentimens de plaisir & de douleur par la Sensation & par la Reflexion; car la plûpart de nos pensées & de nos sensations sont suivies ou de plaisir ou de douleur.

Ce qui produit en nous le plaisir ou la douleur, c'est ce que nous appellons *bien* & *mal*; car les choses ne sont censées *bonnes* ou *mauvaises* qu'en conséquence du plaisir ou de la douleur, qu'elles peuvent nous causer: Rien n'est consideré comme un *bien*, que ce qui est propre à produire le plaisir, à l'augmenter, à diminuer quelque douleur, à procurer ou à conserver la possession de quelque bien, & l'absence de quelque mal; comme au contraire rien n'est regardé comme un *mal*, que ce qui peut causer ou augmenter la douleur & diminuer le plaisir, ou que ce qui peut nous expofer à quelque mal, & nous priver de quelque bien.

Par les mots de plaifir & de douleur, j'entens indifféremment les plaifirs & les douleurs de l'Ame & du Corps, ainfi qu'on les diftingue communément, bien que dans la verité l'un & l'autre ne foient que des modifications diverfes de l'ame, occafionnées quelquefois par un defordre dans le Corps, quelquefois par les penfées de l'ame.

Le plaifir & la douleur, le bien & le mal, font les Piyots fur lefquels tournent toutes nos paffions. Refléchiffant donc fur les difpofitions diverfes que caufent dans nôtre Ame le plaifir & la douleur, le bien & le mal, nous pouvons nous former des idées très juftes de nos paffions. Nous avons p. e. l'idée de l'*amour* en refléchiffant fur la délectation que peut nous procurer un objet quel qu'il foit, celle de l'*averfion* ou de la *haine* en confiderant la douleur qu'une chofe préfente ou abfente peut nous caufer. La jouiffance d'un tel bien me donneroit du plaifir, & même fon abfence me rend mal-à-l'aife, c'eft ce qu'on nomme *defir*. Il y a de l'apparence que je poffederai ce bien, cette probabilité me donne du plaifir, c'eft ce qu'on nomme *Efpérance*. Préfentement j'en jouis de ce bien, ou la jouiffance m'en eft affurée, cela caufe en moi un grand épanchement de plaifir, une grande *délectation*; c'eft ce qu'on nomme *Joie* : Mais ce bien eft perdu pour moi, & je fuis affligé d'un mal prefent, cela me tourmente, c'eft ce qu'on nomme *Trifteffe*. Je penfe à un mal qui peut m'arriver, cette penfée me rend *perplex*, c'eft ce qu'on nomme *Crainte* : Un homme reçoit quelque injure, cela le décontenance, hance, & ce defordre eft accompagné du défir ardent d'une prompte vengeance, c'eft ce qu'on nomme *colere*. Il ne peut obtenir un bien quoi qu'il faffe, c'eft *défefpoir*. Il défire un bien, mais ce bien eft poffedé par un autre homme qui à fon avis ne le mérite pas à fon exclufion, il en eft affligé, c'eft *Envie*.

Il faut remarquer par rapport aux paffions, que l'éloignement ou la diminution de la douleur eft confiderée comme un plaifir, & produit en nous les mêmes effets; comme, à l'oppofite, la perte ou la diminution du plaifir, eft confiderée comme une douleur, & a dans nous les mêmes fuites.

Les paffions caufent des changemens extraordinaires fur le Corps de certaines perfonnes, mais comme ces changemens ne font pas toujours fenfibles, ils ne font pas effentiels à l'idée de chaque paffion.

Les Confiderations diverfes que l'on pourroit faire fur le bien & fur le mal, pourroient nous fournir un plus grand nombre de modifications fur le plaifir & la douleur, que celles que j'ai indiquées; & même j'en aurois pû propofer d'autres plus fimples, comme *la douleur que caufe la faim & la foif, le plaifir de manger & de boire, le charme de la mufique*, &c. mais les paffions nous intéreffant davantage, j'ai jugé plus à propos de me fervir des exemples rapportez.

E

CHAP.

CHAPITRE XXI.

De la Puissance.

ON acquiert l'idée de la *Puissance*, en considerant, d'une part, ou les altérations qui arrivent dans les Corps ou le changement perpétuel de ses idées, & en reflechissant, de l'autre, sur les causes qui produisent ces changemens ou ces alterations. La puissance ainsi considerée est *active* ou *passive*. Quand on dit, le *feu a la puissance de fondre l'or, & l'or celle d'être fondu*. La premiere de ces propositions est un *exemple* de la *puissance active*, & la seconde de la *puissance passive*.

Toutes les choses sensibles nous fournissent des exemples en abondance & de la puissance active & de la puissance passive ; de la *puissance passive*, en ce que leurs qualitez sensibles, leur Etre même, sont sujets à une mutation & à une altération continuelle ; de la *puissance active*, en ce qu'il doit y avoir eu quelque puissance capable d'avoir fait ces-altérations. Cependant, si on examine la chose avec quelque attention, on trouvera, que les Corps n'excitent pas une idée de la puissance active aussi claire que la Reflexion sur les opérations de l'ame. La puissance se rapporte nécessairement à l'action : nous n'avons d'idée que de deux sortes d'actions, savoir la *pensée* & le *mouvement* ; or il est aisé de savoir si c'est le corps ou si c'est l'esprit qui nous fournit les idées les plus distinctes

stinctes des puissances qui produisent ces deux actions de penser & de se mouvoir.

Le Corps ne nous fournit point *l'idée de la pensée* : car elle ne nous vient, cette idée, que par la Reflexion : Il ne nous fournit pas non plus l'idée d'une force mouvante ; car lors qu'il est en repos nous n'y appercevons rien qui excite l'idée d'aucune puissance active & capable de produire le mouvement, & quand il se meut il est plûtôt passif qu'agent ; nous n'avons donc l'idée d'une force capable de commencer le mouvement, que par la Reflexion sur ce qui se passe en nous-mêmes, où nous trouvons par une experience indubitable que nous pouvons mouvoir par un simple acte de la volonté, les parties de nôtre corps qui étoient dans l'inaction.

La puissance qu'a nôtre Esprit de se rappeller une idée ou de l'écarter, de préferer le mouvement de quelque partie de nôtre corps au repos de cette même partie, ou de faire le contraire, est appellée *Volonté* : L'exercice actuel de cette puissance est appellé *le vouloir* ou la *volition*; & l'on dit que la cessation ou l'accomplissement d'une action est *volontaire*, lorsque cette action est la suite d'un tel acte de l'Ame. Toute *action* qui est faite sans une pareille direction, est nommée *involontaire*.

Nous appellons *Entendement* la puissance d'appercevoir. La *perception* est l'acte de l'entendement. Il y a des perceptions de trois sortes. 1. Perception des idées, 2. Perception de la signification des signes, 3. Perception de la liaison ou de la non-liaison de quelques-unes de nos idées. Ces deux puissances de l'ame, je veux dire celle de la perception & celle de préférer un parti à un autre, on les désigne communément par les termes d'*Entendement* & de *Volonté*, qu'on dit être deux *facultez* dans l'ame. Ce terme de *Faculté* seroit assez convenable, si l'on prenoit soin qu'il ne mît aucune confusion dans les idées, comme je soupçonne qu'il a fait. Plusieurs personnes ont entendu par ce terme, qu'il y avoit dans l'ame des Etres réels & producteurs des actions de l'*entendement* & de la *volonté*.

Du Sentiment intérieur que chaque homme a de sa puissance sur ses actions, naît l'idée de la *liberté* & de la *nécessité*. Un homme est libre tant qu'il a *la puissance de penser ou de ne penser pas, de se mouvoir ou de ne se mouvoir pas, conformément à la préférence ou au choix de son Esprit* : Mais lorsque son action ou son inaction ne dépendent pas de la préférence de son Esprit, il est *nécessité*, bien que peut-être son action soit volontaire. Ainsi il ne peut y avoir de liberté où il n'y a ni *pensée*, ni *vouloir* ou volition, ni *volonté*; mais *la pensée, le vouloir, & la volonté* peuvent se rencontrer dans un Etre qui n'est pas *libre*.

Ainsi lorsqu'un homme frappe son ami par un mouvement convulsif de son bras, lequel mouvement il n'a pas la puissance d'empêcher ou d'arrêter, personne ne s'avise de juger qu'il est libre, on le plaint comme agissant par nécessité. *Autre exemple* : Un homme, pendant qu'il dort est transporté dans une chambre, où se trouve une personne qu'il souhaitoit de voir, on l'y enferme de maniere qu'il n'est pas en son pouvoir d'en sortir ; il s'éveille, il est ravi de se trouver avec une personne dont il desiroit la conversation, & il s'entretient volontairement

tairement avec lui. Cet homme ne demeure-t-il pas *volontairement* dans la chambre ? personne n'en peut douter ; cependant il y est enfermé, il n'est donc pas *en liberté* de demeurer dans la chambre, car il n'a pas la puissance d'en sortir. La *liberté* n'est donc pas une idée qui appartienne à la *préference que donne l'esprit à une action plûtôt qu'à une autre*, mais elle dépend du *pouvoir qu'a une personne d'agir ou de n'agir pas conformément au choix & à la direction de son Esprit.*

Il en est des pensées de l'esprit comme des mouvemens du corps : Lorsque nous avons la puissance d'arrêter nôtre esprit sur une idée, ou de l'en divertir, *conformément* à la préference de nôtre Esprit, nous sommes libres. Un homme éveillé n'est non plus libre de penser ou de ne penser pas, qu'il est maître, que son corps touche ou ne touche pas un autre corps. Mais de transporter ses pensées d'une idée à une autre, c'est ce dont il a très souvent le pouvoir ; & dans ce cas il est autant libre à l'égard de ses idées, qu'à l'égard des corps sur lesquels il s'appuye, pouvant se transporter de l'un à l'autre, comme il lui plait. Il y a pourtant des idées qui, semblables à de certains mouvemens inséparables du corps, sont tellement fixées dans l'esprit, qu'en de certaines circonstances, on ne peut pas les éloigner quelque effort que l'on fasse. Ainsi un homme à la torture n'est pas en liberté d'éloigner le sentiment de la douleur, pour s'attacher à la contemplation de choses qui lui sont indifférentes.

La *Nécessité* a donc lieu par tout où la pensée & la puissance d'agir ou de n'agir pas, selon la direction particuliére de l'esprit, n'ont aucune part. Lorsque cette nécessité se trouve dans un Agent capable de volition, & que le commencement ou la continuation de quelque action est contraire à cette préference de l'esprit, alors il y a *contrainte*; & si l'interruption ou si la cessation d'une action est contraire à la volition de cet Agent, alors il y a *empêchement*. Pour les Agens qui n'ont ni *pensée* ni *volition*, ils sont *nécessaires* à tous égards.

CES principes posez, on peut, ce semble, terminer aisément les disputes depuis si long-tems agitées sur cette matiére.

Premiere Question: LA *Volonté est-elle libre ou non?* Cette question me paroit aussi ridicule que ces deux-ci. *Le sommeil est-il rapide? La vertu est-elle quarrée?* car je ne vois pas qu'on ait de meilleure raison pour attribuer la *liberté* à la *volonté*, que la *rapidité* au *sommeil*, ou la *figure quarrée* à la *vertu*. La *Volonté* est la puissance de refléchir sur ses actions, de préferer les unes aux autres, ou de faire tout le contraire: La *liberté* consiste dans la puissance de commencer ou de finir plusieurs actions, *conformément* à la préference que l'esprit leur a donnée. La *volonté* est donc une puissance ou faculté, & la *liberté* une autre faculté, une autre puissance: Ainsi demander *si la volonté a de la liberté*, c'est demander *si une puissance a une autre puissance, si une faculté a une autre faculté*. Question qui dès la premiére vuë paroit trop absurde pour avoir besoin de réponse; car qui ne voit que les puissances n'appartiennent qu'à des Agens, & que par consequent elles ne peuvent être des attributs de quelqu'autre faculté ou puissance? Ainsi cette question, *La volonté est-elle libre?* revient en effet à celle-ci, *La volonté est-elle un Agent*

Agent proprement dit? car ce n'eſt qu'à un Agent que la liberté peut être attribuée.

A cette occaſion je remarquerai, combien ſont peu conſidérables les progrès qu'on peut faire ſur la connoiſſance de nous-mêmes, par les diſputes ſur cette queſtion & ſur beaucoup d'autres, telles que celle-ci. *L'Entendement obéit-il à la volonté, ou la volonté à l'entendement ?* Car de même que nous ne connoitrions pas mieux la puiſſance, qui eſt en nous, de *marcher*, de *chanter*, de *danſer*, en diſputant ſi *la faculté de danſer, de chanter, dépend de la faculté de marcher, de parler*: de même par des diſputes ſur les queſtions propoſées, que pouvons-nous apprendre qui aille à perfectionner nos connoiſſances? Telle ou telle penſée peut bien à la vérité mettre en action *la puiſſance de choiſir*, & le choix actuel peut être la cauſe de ce qu'on penſe actuellement à telle choſe, de la même maniére que l'action de chanter actuellement un certain air, peut être l'occaſion de danſer une telle danſe ; mais en tout cela, ce n'eſt pas une puiſſance qui agit ſur une autre ; c'eſt l'eſprit qui met en œuvre ces differentes puiſſances.

Seconde Queſtion: L'Homme *eſt-il libre de vouloir?* c'eſt ce qu'on veut dire, je penſe, lors qu'on demande, *ſi la volonté eſt libre ou non?* Alors je réponds, que ſi on propoſe à un homme de faire une action qui eſt en ſa puiſſance, il eſt néceſſité de ſe déterminer, ou pour ou contre cette action. Qu'on faſſe la propoſition à un homme qui ſe proméne de ceſſer de ſe promener, il faut néceſſairement qu'il opte, ou de pourſuivre, ou de diſcontinuer ſa promenade. Donc il eſt néceſſité à choiſir un parti plûtôt qu'un qu'un autre. Donc la continuation, ou le changement de fon état, devient inévitablement volontaire.

Troisiéme Question. Qu'est-ce *qui détermine la volonté ?* C'eſt l'*Eſprit.* Si l'on n'eſt pas ſatisfait de cette réponſe, & que l'on poſe la queſtion de cette maniére, *Qu'eſt-ce qui incite l'eſprit à déterminer ſa force mouvante ou directrice, plûtôt pour une action, que pour une autre ?* Je réponds alors : Qu'il eſt porté à demeurer dans le même état, uniquement à cauſe qu'il s'y trouve bien, & qu'au contraire il eſt incité à en changer, parce qu'il s'y trouve dans quelque * *méſaize.* Je vai prouver ce que j'avance, par des raiſons tirées de l'experience & de la choſe même.

Par *l'experience ;* Perſuadez à un homme que l'abondance eſt plus avantageuſe que la pauvreté, que les commoditez de la vie ſont préférables à une triſte indigence ; s'il eſt ſatisfait de ce dernier état, il y perſiſtera, malgré tous vos diſcours. Qu'un homme ſoit convaincu de l'utilité de la vertu, juſqu'à voir que ſi on ne la pratique pas, on ne peut être heureux ni dans cette vie ni dans l'autre, avec tout cela, il ne travaillera jamais à la rechercher cette vertu, tant qu'il ne ſera point *affamé & alteré de juſtice,* tant qu'il ne ſe ſentira point de *méſaize,* de ce qu'elle lui manque. Donc il eſt prouvé par l'expérience, que ce n'eſt pas le plus grand bien, même quand il eſt reconnu pour tel, qui détermine la volonté, mais que c'eſt quelque *méſaize* dont on eſt actuellement travaillé : de quoi voici les raiſons. Nous

---

* *Faute de trouver des termes, il faut que le Lecteur me paſſe celui de* méſaize, *je ſerai obligé de l'employer plus d'une fois.*

Nous ne pouvons être heureux tant que nous nous fentons mal à nôtre aife. I. Toutes nos actions tendent à la félicité, le feul *méfaize* nous empêche d'en jouïr ; bien plus, il gâte les plaifirs que nous goutons actuellement, car une petite douleur peut corrompre tous nos plaifirs. L'Exemtion de la douleur étant donc le premier pas vers le plaifir, il eft naturel que ce foit par là que l'efprit foit déterminé premierement.

II. Comme il n'y a rien de préfent à l'ame que ce *méfaize*, il s'enfuit auffi, que feul il a la puiffance de nous déterminer. Mais l'efprit ne peut-il pas être touché d'un bien abfent, par l'examen qu'il en a fait ? Oui, l'efprit peut avoir l'idée d'un bien abfent ; mais fi cette idée n'excite en nous un defir, & par ce defir un *méfaize*, qui foit plus puiffant pour nous déterminer que tous les autres, cette idée n'eft dans l'efprit que comme plufieurs autres idées, que comme une fpéculation entierement inactive.

Quatrieme Queftion: Qu'est-ce *qui excite le defir ?* C'eft le *bonheur*, ou ce qui revient au même, c'eft le bien : Mais ce ne font pas toutes fortes de biens, quoi-qu'avouez tels, qui font naitre le defir ; l'homme ne defire que cette portion de bien, qui, felon la difpofition préfente de fon efprit, lui paroit néceffaire pour être heureux : Hors cette portion, tous les autres biens quelque grands qu'ils foient, réellement ou en apparence, n'excitent nullement fes defirs. Or comme le fentiment préfent de la douleur nous prive des plaifirs que nous fommes capables de goûter, & fait partie de nôtre préfente mifere ; il s'enfuit, que nous devons plûtôt fouhaiter d'être exemts de douleur, que de jouïr du plus grand bien reconnu pour tel.

tel. L'Exemtion de la douleur est le premier pas vers le plaisir, au lieu que la privation du plus grand bien ne constitue pas nôtre misere présente : je le prouve.

Si la privation d'un bien faisoit nôtre misere presente, nous serions infiniment miserables, étant certain que nous sommes privez d'une infinité de degrez de plaisirs. La jouïssance d'un petit nombre de plaisirs & dans un certain degré, est une félicité dont nous nous contentons ; sans cela, comment l'homme s'amuseroit-il quelquefois à des actions frivoles & indifférentes, jusqu'à y consumer une bonne partie de sa vie ? pourquoi souhaiteroit-il de vivre ici-bas éternellement ? toujours quelques maux entrelassent les plaisirs les plus médiocres ; & il est plus probable qu'il y aura après la mort une éternité bien-heureuse, qu'il ne l'est qu'il conservera dans cette vie ses biens, ses honneurs, ou qu'il les augmentera.

Cinquiéme Question, sur l'usage de la liberté.

Avant que d'expliquer cette question, il est bon de prévenir le Lecteur par quelques reflexions. Les maux, qui font le plus d'impression sur l'ame, & qui reviennent à certains tems, sont la *faim*, la *soif*, la *chaleur*, le *froid*, la *lassitude*, l'envie de dormir, &c. si nous y joignons, *les maux qui nous viennent par accident*, tels que la démangeaison d'acquerir des honneurs, des richesses, que la mode, l'exemple ou l'éducation nous rendent habituels, & enfin mille autres desirs irréguliers qui sont devenus naturels par l'habitude, il se trouvera que ce n'est que pendant une très petite partie de nôtre vie que nous sommes assez libres de ces maux,

pour

pour être attirez par un bien abfent ; on rejette toute penfée des biens éloignez , pour écarter les maux dont je viens de faire mention.

MAIS ces maux n'entrainent pas l'homme avec une force invincible. Il a la liberté, c'eſt-à-dire, le pouvoir de fufpendre l'accompliſſement de fes defirs, d'en examiner la nature, de les comparer avec d'autres defirs, jufqu'à-ce que, reconnoiſſant le parti le plus avantageux, il foit mal à fon aife de ne pas le fuivre. Ainfi *l'uſage de la liberté* eſt de fufpendre fes defirs ; & c'eſt de l'abus qu'on fait de cette faculté, en fe laiſſant déterminer trop promtement, que procede toute cette diverfité d'égaremens, d'erreurs & de fautes dans la conduite de la vie & dans la recherche du bonheur.

ON ne peut pas nous accufer d'avoir manqué à rien de ce qui peut caufer nôtre véritable bonheur, quand, après un examen foutenu de la reflexion, nous avons pefé le bien & le mal de nos defirs & des actions vers lefquelles ils nous font pancher. On avoue que c'eſt la connoiſſance qui regle le choix de la volonté ; pouvons-nous donc faire autre chofe en vuë d'être heureux, que de fufpendre nos actions jufqu'à-ce que nous en ayons examiné les conféquences ? alors, vouloir, agir conformément à la derniére refolution d'un pareil examen, ce n'eſt plus une faute en nous, c'eſt plûtôt une perfection de nôtre Etre.

ET fi quelque trouble exceſſif, fi quelque mouvement impétueux d'amour ou de colere, fi quelque douleur violente, *&c.* viennent s'emparer de nôtre Ame, enforte que nous ne foyons pas affez les maîtres de nous-mêmes, pour confiderer les chofes à fond & fans prejugé, DIEU qui

qui connoit nôtre fragilité, qui n'exige de nous rien au deſſus de nos forces, & qui voit ce qui eſt en nôtre puiſſance, nous jugera certainement comme un Pére tendre & plein de compaſſion. Il eſt vrai néanmoins que les hommes ſe plaignent, ſouvent à tort, de ce qu'ils ne peuvent maitriſer leurs paſſions, ni les empêcher d'agir ; ce qu'ils peuvent faire devant un Prince, ils ſont les maitres de l'executer quand ils ſont ſeuls, ou en la préſence de Dieu.

Par ce que j'ai dit ſur cette queſtion, il eſt donc évident, que l'homme eſt très juſtement puni à cauſe de ſes mauvaiſes actions, bien que ſa volonté ſoit déterminée néceſſairement par ce qu'il juge le meilleur. S'il a corrompu ſon eſprit, & qu'il ſuive des régles fauſſes ſur le bien & ſur le mal, ſur le juſte & ſur l'injuſte ; il doit être reſponſable de cette corruption & encourir les peines qui en ſont des ſuites. Eſt-ce à la nature à conformer ſes loix éternelles aux faux jugemens, aux faux choix des hommes ?

Sixieme Queſtion : *Si les hommes deſiroient également d'être heureux, leurs deſirs ſeroient-ils ſi oppoſez ? les uns ſe porteroient-ils au mal, tandis que les autres ſe portent au bien ?* Je reponds, que ces choix différens, & même oppoſez, ne prouvent point que les hommes ne viſent pas à la felicité, mais ils prouvent ſeulement, que la même choſe n'eſt pas bonne pour chacun d'eux. L'ame a différens gouts auſſi bien que le palais, & vous travailleriez auſſi inutilement à faire aimer à tous les hommes la gloire ou les richeſſes, qu'à vouloir ſatisfaire le gout de tous les hommes par du fromage ou des huitres, mets non moins dégoutans pour de certaines perſonnes, qu'exquis pour quelques autres.

Les anciens Philosophes prenoient donc des peines bien inutiles, quand ils recherchoient si le souverain bien consistoit dans les richesses ou dans les voluptez du corps, dans la vertu ou dans la contemplation; ils auroient pû avec autant de raison disputer, s'il faloit chercher les gouts les plus délicieux ou dans les pommes ou dans les poires, & là-dessus se partager en différentes sectes; car comme le gout agréable d'un certain fruit ne dépend point de ce qu'est le fruit en lui-même, mais de la convenance qu'il a avec nôtre palais; ainsi le plus grand bonheur est dans la jouïssance des choses qui produisent le plus grand plaisir. Et on ne sauroit trouver à redire à la conduite des hommes, quand ils se portent à des choses differentes & même opposées; supposé, que semblables aux abeilles, aux moutons & à d'autres animaux, à un certain âge ils cessassent d'être, pour ne plus jamais exister.

Septieme Question: Mais, *pourquoi les hommes préferent-ils souvent le pire à ce qui est le meilleur?* Pour répondre à cette question il faut remonter à l'origine des divers *mésaizes* qui déterminent la volonté: Quelques-uns sont produits par des causes au dessus de nôtre pouvoir, comme sont fort souvent les douleurs du corps, quelque maladie, quelque violence exterieure, telle que la torture, &c. ces douleurs, agissant continuellement sur nous, forcent nôtre volonté, nous détournent du chemin de la vertu, & nous font renoncer à ce que nous croyons auparavant propre à nous rendre heureux. *Pourquoi?* Parce que nous ne tâchons pas, ou ne sommes pas capables d'exciter en nous,

par

par la contemplation d'un bien éloigné, des desirs assez puissans, pour contrebalancer le *mésaize* que causent ces tourmens du corps: c'est pourquoi nous avons grand sujet de prier Dieu, *Qu'il ne nous induise point en tentation.*

Quelques autres de ces *mésaizes* ont leur source dans le jugement que l'esprit fait d'un bien absent; jugement vrai ou faux, qui excite un desir proportionné à l'excellence que nous concevons dans ce bien. A cet égard, nous sommes sujets à nous égarer en diverses manieres.

A la vérité, le choix de l'homme est toujours juste par rapport au bien ou au mal présent; la douleur ou le plaisir étant précisément tels qu'on les sent, le bien & le mal présent est réellement aussi grand qu'il paroit: Et si chacune de nos actions étoit renfermée en elle-même, & qu'elle ne trainât aucune conséquence après elle, nous ne pourrions jamais nous méprendre dans le choix du bien.

Mais nous faisons des faux jugemens, 1. dans la comparaison du bien & du mal présent avec les maux & les biens à venir, & c'est pour l'ordinaire sur cette comparaison que roulent les plus importantes déliberations de la volonté. Nous mesurons ces deux sortes de plaisirs & de douleurs par leur distance différente. De même que les objets qui sont près de nous passent aisément pour être plus grands que d'autres plus éloignez, quoi que d'une plus vaste circonférence, de même à l'égard des biens & des maux, le présent prend ordinairement le dessus, & ce qui est éloigné a toujours du desavantage.

C'est,

C'est, ce semble, la foible capacité de nôtre esprit qui est la cause de ces faux jugemens. Nous ne saurions bien jouïr de deux plaisirs à la fois; or le plaisir présent, s'il n'est extremement foible, remplit nôtre ame de telle sorte qu'à peine lui laisse-t-il aucune pensée des choses absentes. Ajoutez à cela, qu'on est porté à conclurre, que si on en venoit à l'épreuve de ce bien éloigné, peut-être il ne répondroit pas à l'idée qu'on en donne, puis qu'on a souvent expérimenté que les plaisirs que d'autres ont exalté nous paroissent insipides, mais même que ce qui nous a causé beaucoup de plaisir dans un tems nous a déplu dans un autre.

En second lieu, nous faisons des faux jugemens sur le bien & sur le mal que nous peuvent causer de certaines choses. 1. Nous jugeons qu'elles ne sont pas capables de nous faire réellement autant de mal qu'elles peuvent; 2. Nous nous flattons qu'il n'est pas assuré que la chose ne puisse arriver autrement, ou du moins que nous ne puissions l'éviter par quelques moyens, comme par industrie, par adresse, par un changement de conduite, &c.

Les causes de ces faux jugemens sont, 1. l'*ignorance*, 2. l'*inadvertance*, 3. la pensée qu'on pourra être heureux sans jouïr des biens éloignez que promet la vertu. Ce qui contribue à cette illusion, c'est le desagrément réel ou supposé qui accompagne les actions qui conduisent au bonheur : On s'imagine qu'il est contre l'ordre, de se rendre malheureux pour arriver à la félicité.

Nous devons donc examiner avec toute l'attention possible, s'il *n'est pas au pouvoir de l'homme de rendre agréables les actions qui lui*
pa-

paroiſſent deſagréables ? Il eſt viſible qu'on peut le faire. En de certaines occaſions, un juſte examen de la choſe produira cet effet; en d'autres, ce ſera la *pratique,* l'*application* & la *coutume.* Les actions ſont agreables, ou *entant qu'on les conſidere en elles-mêmes,* ou *entant qu'on les regarde comme des moyens pour arriver à une fin plus excellente, plus deſirable. En ce* qu'on les conſidere en elles-mêmes, il eſt certain, que ſouvent la coutume rend agréable, ce que de loin on regardoit avec averſion. Les habitudes attachent un ſi grand plaiſir aux actions que la pratique nous a rendues familieres, qu'on ne ſauroit s'en abſtenir ſans une grande gêne. Et *en ce* qu'on les regarde comme des moyens pour parvenir à une fin plus excellente, il eſt conſtant, qu'une action devient plus ou moins agréable, ſuivant qu'on eſt plus ou moins perſuadé qu'elle tend à nôtre bonheur. Je mange un fruit qui me paroit très deſagréable, mais la croyance qu'il doit ſervir à rétablir ma ſanté, me fait paſſer par deſſus le mauvais gout que j'y trouve, & à force d'en manger, inſenſiblement je m'y accoutume, je le trouve moins mauvais, & l'habitude me le rend enfin agréable.

JE ne m'étendrai pas davantage ſur le peu de ſoin que les hommes prennent pour arriver à la félicité. Cet examen pourroit fournir la matiere d'un volume. J'ajouterai ſeulement, que les recompenſes & les peines que DIEU a attachées à l'obſervation & au mépris de ſes loix, doivent avoir aſſez de force pour nous déterminer à la vertu, quand même on ne conſidereroit le bonheur ou le malheur d'une vie à venir que comme poſſible, & quand même il ſeroit vrai, ce qui néanmoins eſt contraire à

l'exl'expérience, que les gens de bien n'auroient à essuyer que des maux dans ce monde, pendant que les méchans y joüiroient d'une perpétuelle félicité.

S'IL est possible qu'il y ait après cette vie un lieu où les méchans seront punis de peines infinies, n'est-ce pas être insensé que de s'exposer, pour des plaisirs vains & de courte durée, à être infiniment malheureux ? Si l'espérance de l'homme de bien se trouve fondée, le voilà éternellement heureux ; s'il se trompe, il n'est pas malheureux, il ne sent rien ; mais si le méchant a raison, il n'est pas heureux, & s'il se trompe, il est infiniment miserable.

JE viens d'exposer, dans cet extrait racourci, les idées premieres & originelles dont toutes nos autres idées sont composées. On peut reduire ces idées originelles à *l'étenduë*, la *solidité*, la *mobilité*, que nous recevons des corps ; la *puissance*, soit de penser, soit de mouvoir, qui nous vient par la Reflexion ; & enfin, *l'existence*, *la durée*, *les nombres*, que l'on acquiert & par la sensation & par la Reflexion. Par ces idées nous pourrions expliquer, ce semble, la nature des couleurs, des gouts, des odeurs, & en général de toutes nos autres idées, si nous pouvions appercevoir les différentes modifications de l'étenduë, & les divers mouvemens des corpuscules qui produisent en nous ces idées sensibles.

F

CHA-

CHAPITRE XXII.

Des Modes Mixtes.

LES *Modes mixtes* sont des composez d'idées simples de différente espece, comme la *vertu*, le *vice*, le *mensonge*, &c. ils différent des *modes simples*, en ce que ces derniers ne sont composez que d'idées simples de la même espece, comme une *douzaine*, une *vingtaine*, &c.

L'Esprit, ayant acquis un certain nombre d'idées simples, peut les joindre & les composer en différentes façons, sans considérer, au reste, si cette composition est fondée dans la réalité des choses. Tellement que pour former un mode mixte, c'est assez que l'esprit allie certaines idées, & les juge compatibles entr'elles : Et de là vient, peut-être, qu'on a désigné ces idées, ainsi composées, par le terme de *Notion*. On acquiert les idées des modes mixtes par trois moyens.

Premierement, par des observations que l'on fait sur les choses elles-mêmes : Ainsi on acquiert l'idée de la lutte, en voyant lutter deux hommes.

Secondement, par l'invention, ou si vous voulez, par l'assemblage volontaire de différentes idées simples : Ainsi le premier Inventeur de l'Imprimerie avoit l'idée de cet Art, avant que de le mettre en pratique.

Troisiemement, par l'explication ou le dénombrement des idées qui composent ces modes : Ainsi on arrive à la connoissance du mode

mode mixte exprimé par le terme de *menſonge*, par l'énumeration de ces quatre idées dont il eſt compoſé, 1. les ſons articulez, 2. les idées qui ſont dans l'eſprit de celui qui parle, 3. les ſignes de ces idées, 4. ces mêmes ſignes employez à affirmer ou à nier une idée differente de celle qu'ils ſignifient dans l'uſage ordinaire. Depuis que le langage a été formé, c'eſt par ce dernier moyen, qu'on acquiert le plus ſouvent la connoiſſance des idées complexes; & en effet, l'on peut s'en faire une repreſentation très juſte à la faveur de ce dénombrement.

L'Unité des modes mixtes dépend de cet acte de l'eſprit, qui conſidere comme un ſeul tout, les idées ſimples qui compoſent un mode mixte. La marque de cette unité eſt le nom même de ce mode; cela paroit, de ce qu'il arrive rarement qu'aucun amas d'idées ſimples ſoit rangé au nombre des idées complexes ou des modes mixtes, s'il n'eſt exprimé par un nom: Quoique le crime de celui qui tue un Vieillard, ſoit par ſa nature auſſi propre à former un mode mixte, que le crime de celui qui tue ſon Pére, toutefois comme le premier de ces crimes n'a point de nom particulier, on ne le regarde pas comme une action qui ſoit d'une eſpece differente de celle de tuer un autre homme.

Generalement, ce n'eſt qu'aux modes mixtes, ou qu'aux aſſemblages d'idées qui ſont d'un uſage fréquent dans la converſation, où chacun s'efforce de communiquer ſes penſées avec toute la promtitude imaginable, qu'on a attaché des termes. Pour ces alliages d'idées qui n'entrent que rarement dans le diſcours, on les laiſſe ſans leur fixer d'expreſſion.

Par ce que je viens de dire, on voit la raison, pourquoi chaque langue a des termes qu'on ne peut pas rendre dans une autre, par un mot particulier ; c'est que chaque Nation, à cause de ses mœurs & de ses coutumes particulieres, est obligée de faire des composez de certaines idées, ce qu'un autre peuple n'a pas eu occasion de faire : Tel étoit chez les Grecs le terme d'*Ostracisme*, & chez les Romains celui de *Proscription*.

Ce que je viens de dire sert à répondre à la question agitée, *Pourquoi les langues sont sujettes à des changemens continuels?* C'est à cause que le changement perpétuel dans les coutumes & dans les opinions des hommes, fait faire de nouvelles combinaisons d'idées, auxquelles ensuite, afin d'éviter de trop longues périphrases, on est obligé d'attacher un nom: Et par ce secret, ces combinaisons nouvelles d'idées deviennent de nouvelles idées complexes, ou de nouvelles especes de modes mixtes.

La pensée, le mouvement, & la puissance qui les produit l'un & l'autre, sont celles de toutes nos idées simples dont on a fait le plus grand nombre de modes mixtes. Et on ne doit pas être surpris si les hommes se sont particuliérement appliquez à connoitre les differentes manieres de penser & de se mouvoir, s'ils se sont appliquez à les fixer dans la memoire, & à leur donner des noms particuliers ; car c'est sur les actions que roule la grande affaire du genre humain ; si on n'eut pas formé ces modes, & qu'on ne leur eut attaché aucun nom, eut-il été possible de former des loix, & de s'entretenir sur les manieres d'être des actions, où l'on distingue une

cause,

cause, des moyens, des fins, le tems, le lieu, & plusieurs autres circonstances, & où l'on remarque aussi les modifications des puissances qui produisent ces actions, comme l'*impudence*, qui est la puissance de dire & de faire tout ce qu'on veut sans se décontenancer: Quand cette puissance est devenue familiere, on la nomme *habitude*; & elle est appellée *disposition*, lors qu'à chaque occasion on peut la reduire en acte: ainsi la *mauvaise humeur* est une disposition à la *colere*.

La puissance est la source de toutes les actions; on donne le nom de *cause* à une substance qui exerce le pouvoir qu'elle renferme en elle-même, & on donne le nom d'*effet* aux substances produites par ce moyen, ou aux qualitez simples incorporées par ce moyen dans quelque Sujet. L'efficacité par laquelle une nouvelle substance ou qualité a été produite, est appellée *action* dans le sujet qui a exercé cette puissance, & *passion* dans le sujet où cette qualité est changée ou produite.

Nous ne pouvons pas concevoir, que cette efficacité, dans les Agens intellectuels, soit autre chose que des modifications de la pensée & de la volonté, & que dans les Agens corporels elle soit quelque chose de différent des modifications du mouvement. Donc combien de termes, qui semblant exprimer quelque action, ne signifient absolument rien qui tienne de l'action, mais désignent simplement l'effet produit dans un sujet, avec quelques circonstances touchant le sujet, qui a été agi, ou touchant la cause qui a agi sur lui. P. e. les mots de *Création*, & d'*Annihilation*, qu'on croit exprimer l'action, ou la maniere, par laquelle les choses sont créées ou annihilées, signifient-ils rien autre, sinon, qu'une cause a créé ou annihilé quelque chose? De-même lors qu'un Paysan dit que le *froid fait glacer l'eau*, il lui semble que cette expression de glacer exprime quelque action; cependant elle ne marque qu'un effet, savoir que l'eau fluide auparavant, est devenue dure & ferme.

CHAPITRE XXIII.

Des Idées complexes des Substances.

L'ESPRIT observant que différentes qualitez simples sont toujours inséparablement unies, il juge qu'elles appartiennent toutes à un même sujet; ensuite de ce jugement, il nomme ce Sujet d'un nom particulier; & par ce moyen il vient à considerer cet assemblage de plusieurs qualitez comme une seule idée : Et faute de concevoir comment ces qualitez peuvent subsister par elles-mêmes, nous supposons un *soutien*, un *substratum* dans lequel elles existent. Nous appellons ce *soutien*, ce *substratum*, du nom de *Substance*. L'idée de la *Substance en général*, n'est donc que l'idée de je ne sai quel sujet, qu'on suppose être le soutien des qualitez qui produisent dans nôtre Ame des idées simples.

LES idées des substances particulieres sont composées de l'idée obscure de cette *substance en général*, & de l'assemblage des qualitez simples, que nous sommes assurez par l'experience, être très réel, mais que toujours nous supposons émaner de la *constitution interne, ou essence inconnue de la substance en général*. Ainsi les qualitez

litez simples de l'*or*, ou du *diamant*, composent l'idée complexe que nous avons de ces substances, beaucoup mieux connues des orféyres & des jouailliers que des Philosophes.

Nous acquerons de la même maniere les idées des opérations de nôtre Esprit, la *pensée*, le *raisonnement*, &c. d'un côté, assurez que ces opérations ne subsistent point par elles-mêmes, & de l'autre, ne pouvant pas comprendre comment elles pourroient appartenir au corps ou être produites par le corps, nous les attribuons toutes à une substance que nous appellons *Esprit*.

D'où il paroit, que nous avons une idée aussi claire de la substance de l'esprit, que de la substance du corps. L'une est supposée le *soutien* des qualitez que nous observons dans les objets exterieurs, & l'autre le *soutien* des opérations que nous sentons en nous-mêmes. Et par conséquent l'idée de la substance du corps est aussi éloignée de nôtre compréhension, que l'idée de la substance de l'esprit. Nous connoissons, il est vrai, les deux qualitez principales des corps, l'*impulsion* & la *cohésion* de ses parties solides, mais aussi nous avons des idées claires des deux qualitez principales de l'esprit, la *pensée* & *le pouvoir d'agir*. Que si nous connoissons encore plusieurs qualitez inhérentes dans les corps, l'esprit nous fournit aussi les idées de plusieurs manieres de penser, comme *croire*, *douter*, *craindre*, *esperer*, *vouloir*, &c.

Nous n'aurions pas plus de raison, pour nier ou pour revoquer en doute l'existence des Esprits, quand même il se trouveroit dans la notion que je viens d'en donner des difficultez mal-aisées à resoudre, que de nier celle des corps, sous le prétexte que leur notion est embarassée barraſſée de difficultez difficiles, impoſſibles même à applanir. La diviſibilité à l'infini d'une étenduë finie, ſoit qu'on l'accorde, ſoit qu'on la nie, engage dans des conſéquences, qu'il eſt impoſſible d'expliquer ou de concilier. Et parconſéquent nous avons d'auſſi bonnes preuves pour l'exiſtence des uns que pour l'exiſtence des autres.

Des principes poſez, j'infére, que ceux-là ont l'idée la plus parfaite de quelque ſubſtance particuliere, qui ont raſſemblé le plus grand nombre de ſes qualitez ſimples, parmi leſquelles je compte ſes *puiſſances actives* & ſes *capacitez paſſives*, quoi qu'à la rigueur ces puiſſances ne ſoient pas des qualitez ſimples.

Le plus ſouvent nous diſtinguons les ſubſtances par leurs qualitez ſimples; car nos ſens ſont incapables de nous faire appercevoir la *configuration*, la *groſſeur*, la *contexture* des parties inſenſibles de la matiere, d'où dépendent néanmoins les véritables différences des corps.

Nos idées complexes des ſubſtances corporelles ſont compoſées, 1. des qualitez premieres que l'on découvre dans les ſubſtances, la *groſſeur*, la *figure*, le *mouvement*, &c. 2. des qualitez ſecondes ou ſenſibles, qui conſiſtent dans la puiſſance qu'ont les corps d'exciter des idées en nous; 3. des reflexions ſur la diſpoſition de certaines ſubſtances, qui peuvent, ou cauſer dans les premieres qualitez de quelque autre ſubſtance des changemens tels, que cette autre ſubſtance produira des idées différentes de celle qu'elle produiſoit auparavant, ou recevoir elles-mêmes de pareils changemens par quelque autre ſubſtance. Toutes ces idées, autant que nous les connoiſſons, ſe terminent à des idées ſimples.

SI nous avions les sens assez pénétrans, pour découvrir les plus petites parties des corps, ces parties exciteroient en nous des idées tout-à-fait différentes de celles qu'elles y excitent présentement. Le *sable*, que nos yeux jugent coloré & opaque, paroit transparent au travers d'un bon microscope; & le *sang*, qui à l'œil paroit rouge, n'est à en juger par le même microscope, qu'une liqueur transparente, où nagent quelques globules rouges, en fort petit nombre.

MAIS nous n'avons pas à nous plaindre de la foiblesse de nos sens. L'Auteur de nôtre Etre, par sa sagesse infinie a disposé nos organes de maniere qu'ils peuvent nous servir pour les commoditez & les besoins de cette vie : Et en effet nous tirons des sens tous les secours nécessaires pour connoitre & pour distinguer les choses qui nous sont ou avantageuses ou nuisibles. Et d'ailleurs nous pénétrons assez avant dans l'admirable constitution des choses, & dans leurs effets surprenans, pour admirer & pour exalter la puissance & la bonté de leur Auteur.

L'IDE'E de l'Etre suprême, est aussi une idée complexe, qui comprend *existence, pouvoir, durée, plaisir, félicité, & plusieurs autres qualitez & attributs*, que nous étendons jusqu'à l'infini. Mais cette idée complexe de DIEU, hors l'infini, ne renferme aucune idée qui ne fasse partie de l'idée complexe que nous avons des autres esprits ; car nos idées, soit des esprits, soit des corps, se terminent toutes à celles que nous recevons par la *Sensation* & par la *Reflexion*.

CHAP.

CHAPITRE XXIV.

Des Idées collectives des Substances.

NOUS avons, touchant les Substances, des idées que l'on peut appeller *collectives*, parce qu'étant composées de plusieurs Substances particulieres, elles sont considerées, en conséquence de cette union, comme une seule idée, *par exemple*, un *troupeau*, une *armée*, &c.

CES idées collectives ne sont que des tableaux artificiels, où l'esprit rassemble, sous une seule conception & sous un seul nom, des choses éloignées & indépendantes, afin de les contempler & d'en discourir plus commodément ; car il est à remarquer, qu'il n'y a point de choses si éloignées, que l'esprit ne puisse rassembler dans une seule idée : L'idée, que signifie le terme d'*Univers*, en est une preuve.

CHAPITRE XXV.

Des Rélations.

NOTRE esprit acquiert une autre espece d'idées, par la comparaison qu'il fait de deux choses. L'Action de l'esprit, par laquelle il transporte, pour ainsi dire, une chose auprès d'une autre, & les considere toutes deux, en jettant les yeux de l'une sur l'autre, est appellée *Rélation*. Les *dénominations*, qui sont données aux choses qui dénotent cette rélation, sont appellées *rélatives* ; & les objets qu'on approche les uns des autres, sont nommez *les sujets de la Rélation*.

On doit remarquer, que les idées de relation peuvent être les mêmes dans des personnes qui ont des sentimens différens sur les choses que l'on compare. *Par exemple ;* Ceux qui ont des sentimens opposez touchant la nature de l'homme, peuvent néanmoins convenir ensemble sur la notion de Pere.

Il n'y a point d'idée, laquelle, étant comparée à une autre, ne puisse donner lieu à un nombre presque infini de considerations. Un homme peut à la fois soutenir les rélations de *Pere*, *Frere*, *Fils*, *Mari*, *Ami*, *Sujet*, *Général*, *Anglois*, *Insulaire*, *Maître*, *Valet*, *plus grand*, *plus petit*, &c. il est capable de recevoir autant de rélations, qu'il a d'endroits par lesquels on peut le comparer à d'autres choses, & juger si à quelque égard il convient ou ne convient pas avec elles. Donc on voit, que les Rélations doivent faire une partie considerable des discours ou des pensées des hommes.

On peut observer encore, que les idées des Rélations sont plus claires & plus distinctes que celles des choses comparées ensemble. La raison en est, que la connoissance d'une seule idée simple suffit très souvent, pour donner la notion d'un rapport; au lieu, qu'on ne peut connoitre aucune substance, sans avoir fait une collection exacte de toutes ses qualitez.

CHAP.

CHAPITRE XXVI.

De la Cauſe, de l'Effet, & de quelques autres Relations.

La Viciſſitude perpétuelle des choſes nous apprend, que pluſieurs ſubſtances & qualitez reçoivent leur Etre, par l'action naturelle de quelques autres ſubſtances : Or nous appellons *cauſe* ce qui produit, & *effet* ce qui eſt produit.

Toutes les choſes qui exiſtent, ou ont été *créées*, ou ont été *produites*. Nous diſons qu'une choſe eſt créée, lors qu'aucune des parties qui la compoſent n'exiſtoit avant elle. Nous diſons qu'une choſe eſt produite, lorſque les parties dont elle eſt formée, exiſtoient avant ſa formation ; en ce ſens la nature produit une *roſe*, un *œuillet*, &c. Lorſque la production ſe fait, ſuivant le cours ordinaire de la nature, par un principe interne, mais qui eſt mis en œuvre par un agent exterieur, & qui agit d'une façon imperceptible, c'eſt ce que nous nommons *génération* ; & nous nous ſervons du terme de *faire*, lorſque la cauſe productrice eſt exterieure, & que ſon effet eſt produit par une ſéparation ou un arrangement de parties qu'on diſcerne aiſément ; en ce ſens un Ingénieur fait une machine ; & nous employons le terme d'*altération*, pour exprimer une qualité produite dans un ſujet, où elle n'étoit pas auparavant.

La plûpart des noms que l'on donne aux choſes, par rapport au tems, ne ſont que de ſimples

ples rélations. *Par exemple*, Quand je dis, la Reine *Elizabeth* a vécu 69. ans & regné 45. je n'affirme autre chose, sinon, que la durée de l'exiſtence & du regne de cette Princeſſe ont été égales, l'une à 69. révolutions annuelles du Soleil, & l'autre à 45. Je poſe les mêmes régles pour toutes les expreſſions, par leſquelles on répond à la queſtion, combien de tems? quand?

De même encore, les termes de *Jeune*, de *Vieux*, & autres, qui regardent le tems, & qu'on ſuppoſe marquer des idées poſitives, ne ſont à les bien conſiderer que des termes rélatifs à une certaine longueur de tems dont on a l'idée. Ainſi on appelle un homme jeune ou vieux, ſuivant le plus ou le moins de tems qu'il lui reſte à vivre, pour atteindre à l'âge auquel les hommes arrivent ordinairement. C'eſt ce qui paroit par l'application qu'on fait de ces termes à d'autres choſes ; un homme eſt appellé jeune à l'âge de vingt ans, & on appelle vieux un cheval, qui n'en a pas encore dix-huit. De même, nous ne diſons pas que le Soleil ou les Etoiles ſoient vieilles, parce que nous ignorons quel période leur a été aſſigné.

Il y a pluſieurs autres idées qu'on exprime par des noms eſtimez poſitifs ou abſolus, quoi qu'ils ne ſoient que rélatifs : Tels que ceux de *grand*, de *petit*, de *fort*, de *foible*, leſquels ne déſignent qu'un rapport à de certaines choſes. Ainſi un cheval eſt cenſé petit, lors qu'il n'eſt pas parvenu à la grandeur ordinaire de ſon eſpece, & un homme eſt dit foible, lors qu'il n'a pas la force de mouvoir quelque choſe, au même degré, que ceux de ſon âge ou de ſa taille.

CHAP.

CHAPITRE XXVII.

De l'Identité & de la Diversité.

NOUS acquerons les idées d'*Identité* & de *Diversité*, en comparant une chose, considerée dans un certain tems & lieu, avec elle-même, considerée dans un autre tems & un autre lieu.

QUAND nous voyons qu'une chose existe en un certain tems, dans un certain lieu, nous sommes assurez qu'elle est *elle-même*, & qu'elle ne peut pas être aucune autre chose, quoi qu'à plusieurs égards il y ait entr'elle & quelque autre chose une ressemblance parfaite ; car nous sommes assurez que deux choses de même espece ne peuvent pas être, en même tems, dans une même place. Ainsi quand on demande *si une chose est la même ou non*, cette question revient à celle-ci ; cette chose, qui existoit dans un tel tems & dans une telle place, est-elle la même chose qui étoit dans cette place, & dans ce tems là ?

Nous n'avons d'idées que de trois sortes de substances, 1. DIEU, 2. les Intelligences finies, 3. les Corps.

DIEU est Eternel, Immuable, & Présent par tout, on ne peut donc former de doute sur son *identité*.

LES esprits finis ont commencé à exister, en tems & lieu, ainsi leur identité se déterminera toûjours par la rélation de leur existence à ce tems

tems & à ce lieu où ils ont commencé d'exister.

On doit dire la même chose de chaque particule de matiere, tant qu'elle n'est ni augmentée ni diminuée.

Ces trois substances étant de differente espece, ne peuvent pas s'entr'exclure du même lieu, mais chacune d'elles exclut du lieu qu'elle occupe toute autre substance de sa même espece.

On détermine l'identité & la diversité des manieres d'être & des rélations, de la même façon que l'on détermine l'identité & la diversité des substances. Mais comme les actions des Etres finis, qui se reduisent au *mouvement*, & à la *pensée*, se succedent continuellement, il est impossible que ces actions puissent exister comme des Etres permanens, en differens tems & lieux. Par conséquent aucune pensée, ni aucun mouvement, considerez en differens tems, ne peuvent être les mêmes ; car chacune de leurs parties a un différent commencement d'existence.

Il paroit de là, que l'existence elle-même, est le *principe individuel*, qui détermine un Etre à un tems particulier & à un lieu incommunicable à deux Etres de la même espece. Supposé *p. e.* qu'un atome existe dans un lieu & dans un tems déterminé, il est évident, que cet atome consideré dans quelque instant de son existence que ce soit, est, & continuera à être le même, tant qu'il existera de cette maniere. On peut dire la même chose de deux, de trois, de cent atomes, *&c.* pendant qu'ils existeront ensemble, ils seront toujours les mêmes, de quelque maniere que leurs parties soient arrangées ;

gées ; mais si un seul vient à en être enlevé, ce ne sera plus ni le même assemblage, ni par consequent la même masse.

La difference entre les *corps animez* & les *corps bruts*, fait aussi que leur *identité* consiste en des choses opposées : Un corps brut, ou une masse de matiere, n'est qu'une cohésion de certaines parties, de quelque maniere qu'elles soient unies ; ainsi l'identité d'un corps brut, ne peut être, que l'existence continuée de ses mêmes parties : Mais le corps animé, un *chêne, p. e.* a des parties organizées & propres pour recevoir & pour distribuer la nourriture nécessaire, pour former le *bois*, l'*écorce*, & les *feuilles* ; ainsi, tant qu'il conserve cette organization de parties, tant que la séve y circule, il est appellé le *même chêne*, quoi qu'il ait acquis de nouvelles parties, à qui il a communiqué la vie dont il jouït. Le cas est à peu près égal dans les Animaux, dont je pose que l'homme est une espece particuliere ; si on leur applique ce que je viens de dire des plantes, on pourra connoitre ce qui fait qu'un animal est un animal, & qu'il continue à être *le même*.

Outre l'idée de *même* substance, de *même* Animal, nous avons encore celle de *même* personne ; ce qui forme une troisieme espece d'identité.

Le mot de *personne* marque un Etre intelligent, qui par le sentiment interieur de soi-même, lequel est inséparable de la pensée, raisonne, refléchit, & se considere comme étant *le même* en différens tems & en différens lieux. Or par cette *conscience* ou ce sentiment intérieur que j'ai, & que tout le monde a, on est ce qu'on appelle *soi-même*, je suis ce que j'appelle *moi-même*, & c'est là à mon avis, ce qui con-

constitue l'*identité personnelle*, ou ce qui fait que je suis toujours *le même*, & que tout Etre raisonnable est toujours *le même*. Et cette *identité* subsiste autant de tems que j'ai le sentiment interieur d'avoir fait de certaines actions & d'avoir eu de certaines pensées ; car le *moi* qui a fait une action autrefois, est le même *moi* qui s'en ressouvient à-présent.

Ce que j'appelle *moi-même*, c'est donc cet Etre, ce *moi* pensant, quelle que soit sa substance, qui est convaincu de mes actions, qui sent du plaisir & de la douleur, qui est capable de bonheur & de misere, & qui par conséquent est interessé pour *moi*-même aussi long-tems qu'il a le sentiment interieur de soi-même. Et tout ce à quoi se joint le sentiment interieur de cet Etre pensant, constitue avec lui la *même personne, le même moi*. De sorte qu'aussi longtems qu'il se sent joint à cette autre chose, il s'attribue toutes ses actions, comme lui étant particuliéres à lui-même.

Cette identité personnelle est le fondement des peines & des recompenses ; car c'est parce que j'ai un sentiment interieur *du même moi*, que je suis interessé pour *moi-même* : Tellement que si *le moi dormant* n'avoit pas le même sentiment interieur que *le moi veillant*, le *moi veillant*, & le *moi dormant* seroient deux personnes différentes, & il n'y auroit pas moins d'injustice à punir *le moi veillant* pour ce qu'a fait *le moi dormant*, qu'il y en auroit à punir un Jumeau à cause des crimes de son frere, parce que leur exterieur seroit si semblable qu'on ne pourroit pas les distinguer.

Mais direz-vous, supposé que je perde le souvenir de quelques actions de ma vie, ensorte que je n'en aye jamais plus de connoissance, ne suis-je pas la même personne qui ai fait ces actions que j'ai oubliées ? on n'en sauroit douter : Donc l'identité personnelle ne consiste pas dans le sentiment interieur du *même moi*. Je repons en ôtant l'équivoque que fait l'expression *Je* ; il est tout visible qu'elle suppose que l'identité du même homme & de la même personne font une même identité ; ce sont néanmoins deux choses que nous avons vû, qu'il faloit distinguer soigneusement. S'il est possible, & c'est ce qu'on ne sauroit nier, que l'homme puisse avoir des sentimens interieurs qui n'ont aucun rapport l'un à l'autre, il est hors de doute, que ce même homme doit constituer différentes personnes en différens tems. Et il paroit par des déclarations solemnelles, que tout le monde est dans ces sentimens. Les loix humaines ne punissent pas l'homme fou pour les actions qu'a faites l'homme de sens rassis, ni l'homme de sens rassis pour ce qu'a fait l'homme fou ; par où l'on voit qu'elles en font deux personnes. On peut expliquer ce que je dis par ces façons de parler ; *Un tel n'est plus le même. Il est hors de lui-même* ; expressions qui donnent à entendre, que ce *moi* qui constituoit la même personne, n'est plus dans cet homme là.

Peut-etre me fera-t-on encore cette objection. Selon vos principes, un homme qui n'est pas yvre n'est pas la même personne, qu'il étoit dans l'yvresse : Or pourquoi le punit-on lors qu'il n'est plus yvre pour ce qu'il a fait dans l'yvresse ? Je reponds, que cet homme est punissable pour ce qu'il a fait dans l'yvresse, par la même

même raison qu'il est punissable pour ce qu'il a fait dans le sommeil. Les loix humaines punissent par une justice conforme à la maniere dont les juges connoissent les choses ; or dans le cas rapporté, ils ne sauroient distinguer ce qui est réel, d'avec ce qui est dissimulé; ainsi, ils ne peuvent point recevoir l'ignorance pour excuse de ce qu'on a fait dans le vin. Il peut être à la vérité qu'un homme hors d'yvresse a perdu l'idée de ce qu'il a fait étant yvre, mais le crime est averé contre lui, & on ne sauroit prouver, pour sa deffense, le deffaut de sentiment intérieur.

MAIS au grand & redoutable jour du jugement, où les secrets de tous les cœurs seront découverts, on a droit de croire, que personne n'aura à repondre, pour ce qui lui est entierement inconnu, & que chacun y recevra ce qu'il merite, *selon que sa conscience l'accusera ou l'excusera.*

JE conclus donc, que toute substance, & toute maniere d'être, qui commence à exister, doit être la même pendant toute son existence. J'en dis autant des compositions des substances; leur composé doit être le même durant tout le tems que leur union dure. Et ce que j'ai expliqué fait voir, que l'obscurité, qu'il y avoit dans cette matiere, venoit plûtôt des mots mal appliquez, que de l'obscurité de la chose ellemême ; car, quelle que soit la chose qui constitue une *idée spécifique*, si cette idée ne change point de nom, son identité & sa diversité sera si aisée à reconnoitre, qu'on ne pourra avoir de doute sur ce sujet.

CHAPITRE XXVIII.

De quelques autres Rélations.

TOUS les sujets qui renferment des qualitez simples, dans lesquelles on distingue des parties ou des degrez, peuvent être comparez par rapport à ces mêmes qualités simples, comme, *plus blanc*, *plus doux*, *moins*, *davantage*, &c. Ces Rélations qui dépendent ainsi de l'égalité, du *plus* ou du *moins* d'une qualité en différens sujets, peuvent être appellez *Rélations proportionnelles*.

LES circonstances de l'origine d'une chose, donnent lieu à d'autres rélations, p. e. pere, fils, frere, &c. je nomme cette espece de rélations, *Rélations naturelles*.

QUELQUEFOIS le sujet de nôtre considération, est une convention qui oblige quelques personnes à faire de certaines choses, & qui leur en donne le *droit* & le *pouvoir moral*; sous cette idée nous considerons un *Capitaine*, un *Bourgeois*, &c. Toutes ces rélations, qui dépendent de certains accords faits entre les hommes, je les appelle, *Rapports d'institution*, ou *Rélations volontaires*.

IL est une autre sorte de Rélation, & qui consiste dans la conformité & dans l'opposition des actions volontaires de l'homme à une certaine regle; on peut appeller cette espèce de Rélation, *Rélation morale*.

LA conformité ou l'opposition de nos actions à cette regle, est ce qui les rend moralement

ment bonnes & moralement mauvaises; & ce qui détermine le Législateur, à user de sa puissance pour nous faire, ou du bien, ou du mal: Ce bien & ce mal sont appellez *recompense & punition*.

Il y a trois sortes de loix, ou de régles morales, qui toutes trois ont leurs sanctions, 1. *la Loi divine*, 2. *la Loi civile*, 3. *la Loi d'opinion ou de réputation* : En referant les actions à la premiere de ces loix, on juge si elles sont des péchez ou des bonnes actions; en les referant à la seconde, on connoit si elles sont criminelles ou innocentes; & à la troisieme, si elles sont des vertus ou des vices.

J'entens par la *Loi divine*, la Loi que Dieu nous a prescrite pour régle de nos actions, & qu'il nous a fait connoitre par les lumieres de la nature, & par la voie de la Révélation. Que Dieu nous ait donné une telle Loi, il semble qu'on n'en puisse pas douter: 1. Il a le droit de le faire, nous sommes ses Créatures. 2. Il a la Bonté & la Sagesse requise pour diriger nos actions à ce qui est le meilleur. 3. Il a le pouvoir de nous y engager par des recompenses & par des punitions d'un poids infini & d'une durée éternelle. Cette Loi de Dieu est la seule *pierre de touche*, par laquelle on puisse juger de la bonté & de la méchanceté morale de nos actions, & savoir si elles nous attireront de la part du Tout-puissant, ou la félicité, ou la misere.

Les *Loix civiles*, sont les Loix que la Société a établies pour régler les actions des citoyens. Personne ne méprise ces Loix; car la jouissance & la privation de la vie, de la liberté, & des biens, est attachée ou à l'observation, ou au mépris qu'on fait de ces Loix.

IL y a en troisième lieu, la *Loi d'opinion ou de réputation*; on suppose par tout que les mots de *vertu* & de *vice*, signifient des actions bonnes ou mauvaises dans leur nature. Tant qu'ils ont cette signification, la vertu convient avec ce que la Loi de DIEU ordonne, & le vice avec ce qu'elle défend; mais il est constant, que par ces expressions, chaque Nation n'exprime autre chose, que les actions qu'elle repute ou honnêtes ou honteuses. Ainsi dans quelque païs qu'on se trouve, la régle pour juger si une action y est regardée comme une *vertu*, ou comme un *vice*, c'est l'approbation ou le blame dont elle est suivie; car toutes les Sociétez des hommes, & chacune en particulier, sont convenues tacitement, que certaines actions seroient estimées ou méprisées, selon le jugement, les maximes & les coutumes du Païs.

QUE cela soit ainsi, c'est ce qui paroitra à quiconque voudra réfléchir, que cette même action, qui est considerée dans mon païs comme une vertu, qui y remporte l'estime publique, est regardée dans un autre comme un vice, & y est généralement blamée. Il est vrai que la vertu & le vice, se trouve presque par tout conforme aux régles du juste & de l'injuste établies par les Loix de DIEU; & en effet, il n'y a rien qui assure & qui avance le bien général du genre humain, d'une maniere aussi directe & aussi visible, que l'obéissance à ces Loix divines; & au contraire, il n'y a rien qui expose les hommes à plus de maux, à plus de calamitez, que la négligence de ces mêmes Loix. Et à moins que les hommes ne renoncent au bon sens, à la raison & à leur interet, il n'est pas probable, que jamais ils se méprennent assez
uni-

universellement pour faire tomber leur mépris sur des actions bonnes en elles-mêmes, & leur loüange sur des actions mauvaises en leur nature.

Ceux-la paroissent peu versez dans l'histoire du genre humain, qui s'imaginent que l'approbation & le blame, n'ont pas assez de force, pour engager les hommes à se conformer aux opinions & aux maximes de ceux avec qui ils conversent. C'est par les Loix de la coutume, que se gouvernent uniquement la plus grande partie des hommes. Ces Loix touchent bien plus la plûpart des hommes, que la Loi de Dieu, & que les Loix civiles; on ne fait que rarement des réflexions sérieuses sur les punitions que s'attirent les infracteurs des Loix de Dieu, & bien souvent on contrebalance ces réflexions par l'esperance d'une reconciliation future avec Dieu; & pour les chatimens qu'infligent les Loix civiles, on se flatte de pouvoir les éviter; mais quant aux Loix de la coutume, on sait qu'il n'y a point d'homme, qui, s'il en néglige l'observation exacte, puisse éviter la censure & le mépris des autres; or de dix mille personnes, il n'y en a peut-être pas une seule, qui soit assez insensible, pour supporter constamment le mépris & la condamnation de ceux avec qui il est en Société.

La *Morale* ne consiste donc que dans la relation de nos actions à ces Loix, ou à ces régles; or comme ces régles ne sont qu'une collection de différentes idées simples, se conformer à ces régles, ce n'est que disposer ses actions, desorte, que les idées simples qui les composent répondent aux idées simples, dont la Loi exige l'observation: Par où l'on voit, que les *Etres moraux*, de même que les *notions morales*, sont fondées sur les idées simples, & qu'elles s'y terminent toutes. *Par exemple*, sur le *meurtre*, la Réflexion nous fournit les idées de *vouloir*, *délibérer*, *résoudre*, de *malice*, de *vice*, de *perception*, *force mouvante*, &c. La sensation celles d'un *homme*, & de cette action par laquelle on met fin & à sa perception & à son mouvement. Toutes ces idées sont comprises dans le mot de *meurtre*.

Pour avoir des idées justes touchant les actions morales, on doit les considerer, ou comme étant composées de différentes idées simples, & dans ce sens elles sont des idées positives, tout comme l'*action d'un cheval qui boit*, ou *d'un perroquet qui parle*; ou comme étant bonnes, mauvaises, ou indifférentes, & à cet égard elles sont rélatives à une certaine régle, & par cette rélation elles deviennent bonnes, mauvaises ou indifférentes.

Faute de faire cette différence, on se brouille & on s'égare très souvent; *Par exemple*, enlever à un autre homme sans son consentement ce qui lui appartient, c'est ce qu'on appelle *larcin*; mais comme ce mot, dans son usage ordinaire, marque la *turpitude morale* de cette action, on est porté à condamner tout ce qu'on appelle larcin comme une action contraire aux Loix, & à l'équité; cependant, si de crainte qu'un furieux se tue ou se blesse, je lui enleve en secret son épée, quoique proprement l'on puisse donner à cette action le nom de larcin, il est certain pourtant, que si elle est considerée dans sa rélation avec la Loi de Dieu, elle n'est point un péché, elle n'est point une transgression de la Loi de Dieu.

Je n'aurois jamais fait, si je voulois parcourir toutes les especes de rélations. Celles dont j'ai parlé sont les plus considerables, & elles suffisent pour nous faire connoitre, d'où nous viennent les idées des rélations, & sur quoi elles sont fondées.

CHAPITRE XXIX.

Des Idées claires & obscures, distinctes & confuses.

Jusqu'ici j'ai montré l'origine de nos idées, & j'ai parcouru leurs differentes especes. Voici sur ce même sujet de nos idées quelques autres considerations: quelques unes de nos idées sont claires, quelques autres sont obscures; quelques unes sont distinctes, quelques autres sont confuses.

Nos *idées simples sont claires*, lors que leurs objets les présentent à nôtre ame par une sensation ou par une perception bien reglée, ou lors que la mémoire les conserve de maniere, qu'elle les représente très distinctement à l'esprit, toutes les fois qu'il en a besoin.

Nos *idées complexes sont claires*, lors que les idées qui les composent sont claires elles-mêmes, & que leur nombre est certain & déterminé.

Il semble que l'*obscurité des idées simples*, est causée, *ou* par la grossiéreté des organes, *ou* par l'impression légère des objets sur nous, *ou* par la foiblesse de la mémoire, qui ne peut pas retenir les idées telles qu'elle les a reçues.

Une *idée distincte*, est celle dans laquelle l'esprit découvre une différence qui la distingue de toute autre idée : Une *idée confuse* est celle que l'on ne peut pas suffisamment distinguer de quelque autre. Ainsi, l'obscurité est opposée à la clarté, & la confusion à la distinction.

Ce qui rend les idées confuses, ce sont les expressions mêmes qui les désignent. Chaque idée est visiblement ce qu'elle est, & distincte par conséquent de toute autre idée : Ainsi, elle ne peut être confuse, qu'en ce qu'elle peut être désignée par un autre nom aussi-bien que par celui qui l'exprime. Si on me demande, pourquoi les hommes ne désignent pas toujours leurs idées par les termes les plus propres, c'est, repondrai-je, parce qu'ils ne connoissent pas assez bien les differences des choses, differences qui approprient un nom à une chose plûtôt qu'à une autre.

Il n'y a presque que les idées complexes qui puissent devenir confuses ; ainsi l'on tombe dans la confusion,

I. Quand on compose une idée complexe d'un nombre d'idées simples, qui soit, ou trop petit, ou commun à d'autres idées; par là on manque à appercevoir la difference qui fait qu'elle mérite un nom particulier : *p. e.* l'idée du *Léopard* est confuse, si elle ne renferme que l'idée d'une bête tachetée ; car elle n'est pas assez distinguée de celle de la Panthére & de plusieurs autres animaux, qui de-même que le *Léopard* ont la peau semée de taches.

II. Lorsque les idées qui composent une idée complexe, sont confondues entr'elles, desorte, qu'il n'est pas aisé de discerner si nous devons exprimer cet amas d'idées, plûtôt par

le

le nom qu'on lui donne ordinairement que par quelque autre. On ne peut gueres mieux exprimer la confusion qui se trouve alors dans nos idées, que par l'exemple de certains tableaux, qui repréfentent des figures bizarres, héteroclites, qui ne reffemblent à rien, & qui paroiffent être un affemblage de couleurs fans ordre, & jettées au hazard : On a beau nous dire, que ce font les portraits d'un *finge* & d'un *chêne*, nous regardons avec raifon ces figures comme quelque chofe de confus ; car dans l'état où nous les voyons, nous ne faurions connoitre, fi le nom de *chêne* & de *finge* leur convient mieux, que celui de quelque autre chofe que ce foit : Mais lors qu'un miroir cilindrique, placé d'une certaine maniere, raffemble ces traits irréguliers, & les fait paroitre dans une jufte proportion fur une table, alors l'œil apperçoit, qu'en effet ces portraits repréfentent un *finge* & un *chêne*, & que par conféquent ces noms leurs conviennent.

III. ENFIN nos idées complexes font confufes, lorfque nous n'avons pas une idée déterminée & précife des idées qui les compofent. Ainfi un homme, qui, incertain des idées précifes qui entrent dans celles d'*Eglife*, ou d'*Idolatrie*, en exclut aujourd'hui une idée qu'il y fera entrer demain, tant qu'il ne fe fixera point à un compofé précis d'idées, il n'aura jamais que des idées confufes fur l'*Eglife* ou fur l'*Idolatrie*.

LA confufion regarde toujours deux idées, & premiérement celles qui font les plus approchantes l'une de l'autre. Pour donc éviter cette confufion, il faut examiner avec foin quelles font, *par exemple*, les idées qu'il eft dangereux

de

de confondre avec celle de *courage*, & quelles sont celles qu'il est difficile d'en separer ; or l'on trouvera toujours, que ces idées, qu'on confond aisément avec celle de *courage*, sont des idées étrangeres à cette vertu, & qui par conséquent doivent être appellées par un autre nom; mais on les confond avec cette vertu, parce qu'elles ne conservent pas avec elle toute la difference qu'expriment leurs noms différens.

Il faut remarquer que nos idées complexes peuvent être d'un côté claires & distinctes, & de l'autre obscures & confuses ; l'idée d'une figure de mille côtez peut-être si obscure dans l'esprit, & celle du nombre de ses côtez si distincte, qu'on pourra raisonner, former même des démonstrations sur le nombre de 1000. & cependant ne pouvoir pas distinguer une figure de 1000. côtez d'avec une qui n'en a que 999. Il s'est glissé de grandes erreurs dans l'esprit des hommes, & beaucoup de confusion dans leurs discours, pour n'avoir pas fait attention à cette remarque.

CHAPITRE XXX.

Des Idées réelles & chimériques.

En ce qu'on rapporte ses idées aux objets qui les ont fait naitre, & dont elles sont supposées représentatives, on peut les considerer sous cette triple distinction, 1. *Réelles* ou *chimériques*, 2. *Complettes*, ou *incomplettes*, 3. *Vraies* ou *fausses*.

Des Idées réelles & chimériques.

IDE'E *réelle*, c'est une idée qui est conforme ou à son *Archétipe*, ou à quelque Etre réel; *Idée chimérique*, c'est celle qui n'a aucune conformité avec la réalité des Etres auxquels elle se rapporte comme à son Archétipe. Or si nous examinons les differentes especes d'idées dont nous sommes capables, nous trouverons,

I. Que toutes nos idées simples sont réelles. Il est vrai, qu'elles ne sont pas des images, ou des représentations de ce qui existe; mais elles sont, & cela suffit pour établir leur réalité, elles sont les effets constans des puissances que Dieu a données aux choses pour exciter dans nôtre ame telles & telles sensations, & elles nous font très bien distinguer les qualitez qui sont réellement dans les choses.

Nous trouverons, II. Qu'il n'y a que nos idées complexes qui puissent être chimériques. Voici les marques, par où l'on pourra discerner lesquelles de ces idées sont réelles, & lesquelles sont chimériques.

Les modes mixtes & les rélations n'existent que dans l'esprit, ils sont donc des Archétipes, & par conséquent les idées que nous avons de ces modes mixtes & de ces rélations, ne peuvent pas différer de leurs Archétipes; donc ces idées sont réelles. Il y a néanmoins un cas, où l'on peut nommer ces idées chimériques, c'est lors qu'elles renferment des idées inalliables. Et il n'est pas inutile d'observer, qu'afin qu'une idée, quoique réelle, ne soit pas censée chimérique par les autres hommes, il faut la nommer par le nom que l'usage lui a adapté.

Pour *nos idées complexes des substances*, elles sont réelles, quand elles ne renferment que les idées des qualitez simples qui existent réellement

ment ensemble; & elles sont chimériques, lors qu'elles sont composées d'idées représentatives de certaines qualitez qui n'ont jamais été unies ensemble dans la nature. Telle est l'idée du *Centaure*.

CHAPITRE XXXI.

Des Idées complettes & incomplettes.

NOS idées réelles sont *complettes* ou *incomplettes*; *complettes*, lorsqu'elles représentent parfaitement les Archétipes dont l'esprit les suppose représentatives; *incomplettes*, lors qu'elles ne représentent qu'une partie de leur Archétipe.

I. TOUTES *nos idées simples sont complettes*; elles ne sont que des effets de la puissance que DIEU a attachée aux objets afin qu'ils produisent en nous telles ou telles sensations: Donc elles doivent nécessairement quadrer avec ces puissances; donc elles sont complettes.

II. Nos *idées des Modes mixtes* ne se rapportent à aucun Archétipe hors de nous, elles n'ont d'autre Archétipe que le bon plaisir de celui qui les forme; elles sont donc *complettes*, & elles ne peuvent devenir incomplettes qu'en ce seul cas, c'est si l'on prétendoit, qu'elles repondent exactement à celles d'une autre personne; car il peut arriver qu'elles en différent de bien loin, & ainsi qu'elles ne représentent pas leur Archétipe.

III. Nos idées des substances, ont un double rapport dans l'esprit; *ou elles sont rapportées*

tées à l'essence réelle des choses, laquelle est supposée faire devenir ces choses de telle ou de telle espece ; *ou* elles sont regardées comme les représentations des choses, par leurs qualitez sensibles; *nous n'avons point d'idées complettes des substances, ni à l'un ni à l'autre de ces égards.*

Au premier égard, les essences des choses nous sont inconnues; il n'est donc pas possible de se former aucune représentation de ces essences, ni par conséquent d'en avoir une idée complette. Quelqu'un pourroit soupçonner, peut-être, que comme nos idées complexes des substances, ne sont, ainsi que je l'ai montré, que des assemblages d'idées simples de certaines qualitez observées, ou supposées exister ensemble dans un même sujet, il s'ensuit, que ces idées complexes doivent être l'essence réelle des substances: Mais ce soupçon seroit très mal fondé; car si c'étoit là l'essence réelle des substances, les proprietez qu'on découvre dans tel ou tel corps, dépendroient de cette idée complexe, elles en pourroient être déduites, & l'on connoitroit la liaison de ces proprietez avec cette idée complexe, tout comme l'on connoit, que toutes les proprietez du triangle dépendent de l'idée complexe de trois lignes qui renferment un certain espace, & qu'elles en peuvent être déduites.

Il ne nous est pas moins impossible de former une idée complette des substances, par leurs qualitez sensibles; il n'est au pouvoir d'aucun homme, de rassembler dans l'idée d'une substance, ni toutes ses puissances, ni toutes ses qualitez; elles sont trop diverses & en trop grand nombre. La plûpart des idées qui composent nos idées complexes des substances, ne sont font que les puissances des corps les uns sur les autres; or comment s'assurer, que nous connoissons toutes ces puissances, puisque nous ignorons les changemens, qu'ils peuvent recevoir les uns des autres, dans les différentes manieres dont ils peuvent agir l'un sur l'autre? C'est ce qu'il est impossible d'expérimenter sur aucun corps, & moins encore sur tous. Concluons donc, que nous ne pouvons avoir une idée complette de toutes les puissances, & de toutes les qualitez d'aucune substance.

CHAPITRE XXXII.

Des vraies & des fausses Idées.

LA verité & la fausseté selon la rigueur du discours, ne conviennent qu'aux propositions; ainsi quand on appelle les idées vraies ou fausses, c'est toujours conséquemment à une proposition tacite; & en effet, si nos idées ne sont que des appercevances dans nôtre ame, je ne vois pas qu'on puisse les nommer vraies ou fausses, non plus qu'on ne sauroit affirmer d'un simple nom qu'il est vrai ou faux: Je ne vois pas, p. e. que l'idée de *centaure*, entant qu'elle n'est qu'une perception dans mon esprit, renferme plus de verité ou de fausseté, que cette même expression, lors qu'elle est prononcée ou écrite sur le papier. Bien est-il certain, qu'à prendre le mot de *vrai*, dans un sens metaphysique, c. à. d. pour ce qui est réellement tel qu'il est, on peut dire que nos idées sont vraies; cependant il est, peut-être, que même les choses
vraies

vraies en ce sens, ont un rapport secret avec nos idées, lesquelles on suppose être l'exemple de cette espece de réalité, *c. à. d.* que sur ces idées mêmes, on forme une *proposition mentale*.

Ce qui fait donc, que nos idées sont vraies ou fausses, c'est que l'esprit les rapporte à des choses exterieures, & que dans ce rapport il juge tacitement de leur conformité ou de leur opposition à ces choses ; or nos idées deviennent vraies ou fausses, selon que ce jugement lui-même est vrai ou faux. Voici les cas les plus ordinaires, où l'on porte sur ce sujet des jugemens susceptibles de verité ou de fausseté.

I. Lors qu'un homme juge que ses idées sont conformes à celles qu'un autre homme appelle du même nom que lui, comme l'idée de *Justice*, de *Vertu*, &c.

II. Lors qu'on suppose qu'elles conviennent avec la réalité des choses.

Au premier égard, toutes nos idées peuvent être fausses ; mais les idées simples moins que les autres : Il est rare qu'un homme appelle blanc, ce qu'un autre nomme noir ; moins encore est-on sujet à confondre les idées de differens sens, & à nommer du nom d'une couleur, ce qu'un autre désigne par le nom d'une odeur. Les idées complexes sont donc les plus exposées à être fausses ; celles des modes mixtes, le sont néanmoins davantage que celles des substances ; car il est facile de distinguer ces dernieres par leurs qualitez sensibles, au lieu que les premieres sont très incertaines : Il est possible que nous appellerons justice, ce qu'un autre appellera d'un autre nom ; la raison de cela est, que les modes mixtes n'étant que des composez d'idées, lesquels l'esprit fait à son gré, nous

H n'avons

n'avons pour juger de la verité, ou de la fauſſeté de ces idées, que la conformité ou l'oppoſition qui ſe trouve entr'elles & les idées des perſonnes qu'on ſuppoſe employer les noms des modes mixtes dans leur ſignification la plus juſte ; or il eſt très aiſé qu'elles en différent, & par conſéquent qu'elles ſoient fauſſes.

Au ſecond égard, je veux dire, lorſque nous rapportons nos idées à l'exiſtence réelle des choſes, il n'y a que nos idées complexes des ſubſtances qu'on puiſſe nommer fauſſes. Nos idées des modes mixtes, ne ſe rapportent à aucun Archétipe extérieur, elles ſont à elles-mêmes leurs Archétipes, elles ſont donc vraies. Nos idées ſimples ſont vraies auſſi ; car elles répondent aux puiſſances que Dieu a imprimées dans les objets, pour qu'ils excitent en nous telles ou telles perceptions : Et ces idées ne doivent pas être accuſées de fauſſeté, ſur ce que l'eſprit juge quelquefois, qu'elles ſont dans les choſes mêmes ; car Dieu ne les a établies que comme autant de marques par où nous puſſions diſtinguer les choſes, & choiſir celles dont nous avons beſoin. Soit que je juge que l'idée du *jaune* eſt dans le *ſouci* ou dans l'ame même, pour cela elle ne doit pas être cenſée fauſſe ; car la dénomination de jaune, que je donne au ſouci, ne déſigne que cette marque de diſtinction, par où je diſtingue le ſouci des autres choſes.

Nos idées ſimples ne doivent pas être non plus ſoupçonnées de fauſſeté, quand même, en vertu de la ſtructure différente de nos organes, il ſeroit établi que le même objet produit des idées diſſemblables dans l'eſprit de différentes perſonnes ; cela ne pourroit jamais être connu, parce que cet objet agiroit toujours de la même

même maniere ; cependant il est très probable, que les idées produites par les mêmes objets sont fort semblables les unes aux autres. A la vérité, on peut mal appliquer le nom de ces idées. Un homme qui n'entend pas bien le François, donnera peut-être à la couleur de *pourpre* le nom d'*écarlate*; mais cela ne rend point fausses ses idées simples.

Il n'y a donc que nos idées complexes des substances, qui puissent être fausses, & elles peuvent le devenir en différentes manieres: 1. Quand on les prend pour des représentations de l'essence inconnuë des choses. 2. Quand elles réunissent des qualitez simples qui n'existent point ensemble dans aucun Etre réel. Telle est l'idée du *Centaure*. 3. Quand d'un assemblage d'idées simples, lesquelles existent réellement ensemble, on en sépare une seule qui y est essentiellement unie : *Par exemple* ; On aura de l'or une idée très fausse, si l'on sépare sa couleur de ses autres proprietez, qui sont, *l'étenduë, la solidité, la qualité d'être malléable, fixe, fusible*, &c. Cependant si de l'idée complexe de l'or on exclut simplement l'idée de sa *fixation*, alors cette idée qui en restera sera plûtôt incomplette & imparfaite que fausse; car bien qu'elle ne comprenne pas toutes les idées que la nature a unies, cependant elle ne renferme que des qualitez, qui existent réellement ensemble.

En un mot, de quelque façon que l'esprit considere ses idées, soit par rapport à leurs noms, soit par rapport à la réalité de leurs objets, je crois qu'on feroit mieux de les appeller *exactes* & *inexactes* ; *exactes*, quand elles quadrent avec leurs Archétipes ; *inexactes*, quand elles s'en éloignent; mais nos idées, entant qu'elles sont des appercevances dans nôtre esprit, & pourvû qu'elles ne renferment pas des idées inalliables, sont toutes exactes.

CHAPITRE XXXIII.
De la liaison des Idées.

IL n'y a presque personne, qui ne remarque dans les opinions, dans les raisonnemens & dans les actions des autres hommes, quelque endroit bizarre ou extravagant. Chacun a la vuë assez perçante, pour découvrir les moindres défauts d'un autre, & assez de précipitation pour les condamner, s'ils diffèrent des siens, quoi qu'il y ait peut-être dans sa conduite & dans ses opinions des irrégularitez plus grandes, qu'il n'apperçoit pas, & dont il seroit difficile de le convaincre.

On impute communément ce défaut de raison à l'éducation & à la force des préjugez; on le fait souvent avec justice; mais ce ne sont pas là les seules racines du mal, ce n'est pas montrer assez clairement, ni ses causes, ni en quoi il consiste; or comme tout le Genre humain est fort sujet à ce défaut, on ne sauroit prendre assez de soin pour en bien connoitre la nature.

Quelques unes de nos idées ont entr'elles une liaison nécessaire;& c'est une des plus nobles fonctions de l'esprit de discerner ces idées, & de les tenir dans cette union qui leur est naturelle. Mais il y a une autre liaison d'idées, duë uniquement au hazard & à la coutume, & par laquelle des idées, de leur nature inalliables, viennent à se joindre & à se cimenter si fortement dans l'esprit, qu'il est très difficile de les séparer. Quelque grand qu'en soit le nombre, l'une ne se présente pas plûtôt à l'esprit que son associée paroit aussi.

Or comme ces composez d'idées, licentieusement alliées, se font, ou par hazard, ou par une déliberation d'esprit, on voit qu'ils doivent differer infiniment, selon la diversité de l'inclination, de l'éducation, de l'interêt de chaque homme.

Nous contractons par la coutume de certaines manieres de penser, de vouloir & de nous mouvoir. Ces habitudes, à mon avis, ne sont que nos esprits animaux, qui, s'étant une fois tracez des chemins, coulent dans ces mêmes traces, jusqu'à les rendre des routes battues, & où ils se meuvent avec autant d'aisance, que si ce mouvement leur étoit naturel; je ne conçois pas que les habitudes, même celles de penser, puissent avoir quelque autre cause; si je me trompe, ce que je viens de dire servira du moins à expliquer pourquoi, dès qu'on se ressouvient d'une idée, toutes celles qui se sont associées avec elle se présentent aussi; pourquoi, dès qu'on fait de certains mouvemens du corps, tous ceux qui ont coutume de les accompagner s'exercent aussi successivement; & pourquoi, *par exemple*, un certain air se présente à un musicien, dès qu'il l'a commencé.

Ces liaisons téméraires d'idées ont une force si puissante pour mettre du travers dans nôtre esprit, soit par rapport à nos actions morales & naturelles, soit par rapport à nos passions, à nos raisonnemens, & à nos notions mêmes, qu'il n'y a peut-être pas de défaut qu'on doive tâcher de prévenir de meilleure heure. Les idées d'*Esprits* & de *Phantômes*, ont-elles plus de rapport avec les ténébres qu'elles n'en ont avec la lumiere ? Cependant qu'une servante étourdie vienne à inculquer ces idées dans l'esprit d'un enfant, comme si elles étoient inséparables, & il sera peut-être, qu'il ne les pourra jamais plus séparer, & qu'il ne se trouvera jamais dans les ténébres sans être frappé de ces effrayantes idées. Il n'y a aucun rapport entre la douleur qu'on a soufferte, & le lieu où l'on a été malade ; cependant l'idée de ce lieu porte toûjours avec soi une idée de douleur & de déplaisir, on les confond toûjours, on ne peut souffrir l'une non plus que l'autre.

Les habitudes & les défauts d'esprit, contractez de cette maniere, ne sont ni moins forts ni moins fréquens, quoique moins observez. Qu'un homme, ou par l'éducation, ou par quelque autre principe, soit persuadé qu'il n'y a point d'être qui ne soit matiere : Quelles notions aura-t-il au sujet des Esprits purs ? Que dès sa premiere enfance il ait attaché une figure à l'idée de Dieu, quelles absurditez n'admettra-t-il pas au regard de la Divinité ? Qu'il attribuë l'infaillibilité à une seule personne, & que cette personne infaillible exige que l'on consente à une proposition sans l'examiner, & dès lors il avalera sans peine cette absurdité, qu'un corps peut occuper deux lieux à la fois.

Par ces bizarres composez d'idées, se nourrissent ces oppositions irréconciliables entre différentes sectes de Philosophie & de Réligion. J'avouë que l'interêt retient plusieurs personnes dans des opinions qu'ils voyent bien être erronées ; mais il seroit injuste de dire que tous ceux

ceux qui adhérent à ces opinions se trompent de propos délibéré, & rejettent contre leur conscience la vérité qui leur est montrée par des raisons évidentes. Sans doute il y en a qui font ce dont tous se glorifient, c'est de chercher sincerement la vérité.

DONC, ce qui captive & ce qui aveugle les plus sinceres personnes, jusqu'à les faire agir contre le sens commun, c'est que l'habitude, l'éducation, & le préjugé pour le parti, les a fait confondre en une seule idée, des idées inalliables, & qui leur paroissent toujours inséparées & aussi peu séparables, que si en effet elles n'étoient qu'une seule idée ; & aussi elles agissent sur l'esprit comme si elles n'en constituoient qu'une : Cela fait passer le galimatias pour bon sens, les absurditez pour des démonstrations ; & en un mot c'est ce qui est la cause de la plûpart des erreurs, & peut-être de toutes les erreurs des hommes. Que si l'on trouve cette réflexion trop outrée, on m'avouera du moins celle-ci, que ce vice est de tous le plus dangereux ; il empêche de voir & d'examiner, & par conséquent il ne peut remplir l'esprit que de fausses vûes, & les raisonnemens que de conséquences peu justes.

APRES avoir exposé *l'origine, l'étenduë, & les différentes especes de nos idées*, c'est-à-dire, *les moyens & les matériaux de nos connoissances*, il semble, que je devrois montrer l'usage qu'en fait l'esprit, & la connoissance qu'il en peut retirer ; mais parce que nos idées abstraites ont un grand rapport aux termes généraux, & qu'en général nos idées ont une liaison intime avec les mots, je crois, qu'il est impossible de parler clairement de nos connoissances, qui consistent dans des Propositions, sans examiner la nature du langage, sa signification & l'usage qu'on en doit faire ; ce cera le Sujet de mon Troisiéme Livre.

Fin du Second Livre.

LIVRE TROISIEME.
CHAPITRE I.

Des Mots & du Langage en général.

IEU ayant destiné l'homme à être un Animal sociable, non seulement lui a inspiré l'amour de la Societé, & l'a mis dans la necessité de commercer avec ceux de son espèce, mais de plus il l'a doué de la faculté de parler ; (cette faculté est l'ame de la Societé) & pour cet effet la nature lui a donné des organes capables de former des sons articulez, qu'on appelle des mots.

Ce n'étoit pas assez pour former un langage, qu'on prononçat des sons articulez ; certains oiseaux peuvent en faire autant ; il étoit necessaire de plus, que ces sons articulez représentassent aux autres hommes nos conceptions intérieures: Mais cela ne suffisoit pas encore ; la perfection du langage demandoit quelque chose de plus; il faloit éviter la confusion où nous auroit jetté la multiplication des mots, si chaque chose avoit eu un nom particulier : Pour remédier à cet inconvénient, on a inventé des

termes

termes généraux, par lesquels une seule parole exprime tout-à-la-fois plusieurs choses particulieres.

La différence, qui est entre nos idées, est donc le fondement & de la différence qui est entre les noms, & de leur usage si merveilleux; ceux-là sont devenus généraux qui signifient des idées générales, & ceux-là sont restez particuliers qui représentent des idées particulieres. Il y a de certains mots, qui bien qu'ils ne désignent pas immédiatement une idée positive, ne laissent pas de s'y rapporter; ils en désignent l'absence comme *ignorance*, *sterilité*, &c.

C'est une chose à observer, que les mots, qui signifient des actions & des notions toutes opposées à celles des sens, sont néanmoins empruntez des idées sensibles: Les termes d'*imaginer*, de *comprendre*, de *gouter*, de *concevoir*, de *trouble*, de *confusion* &c. & qu'on a appliquez à différentes manieres de penser, sont tous pris des opérations des choses sensibles. Et les mots d'*Esprit*, & d'*Ange*, signifient dans leur premiere origine, l'un le *souffle*, & l'autre un *messager*. Par le peu d'exactitude dans ces expressions, nous pouvons conjecturer quelles étoient les notions de ceux qui les premiers ont parlé les langues, d'où ils tiroient leurs notions, & comment la nature leur a suggeré les principes de leur connoissance.

Mais afin de mieux comprendre la force du langage & l'usage qu'on en doit faire, il est nécessaire de voir, 1. Quelle est la signification immédiate des noms: 2. Et puisque tous les noms, hors les noms propres, sont généraux, & qu'ils ne signifient pas telle ou telle chose particuliere, mais les especes des choses, il sera à pro-

propos d'examiner, ce que c'est que les espèces & les genres des choses, & comment on les forme. Ces considerations feront le sujet des chapitres suivans.

CHAPITRE II.
De la Signification des Mots.

LA grande varieté de nos pensées ne peut pas se manifester aux autres hommes par elle-même. Donc, pour le soulagement & pour l'utilité du Genre humain, il étoit d'une nécessité absolue qu'on inventât des signes exterieurs, par où l'on pût mutuellement se découvrir cette grande diversité d'idées invisibles. Pour cet effet, on a établi, pour signes de ces idées, les sons articulez que chaque homme est capable de former : Il n'y avoit pas de signes qui fussent plus propres à ce dessein que ces sons articulez ; car il n'y en a pas qui soient plus abondans & plus prompts à se faire connoitre. Ce n'est donc pas en conséquence d'aucune liaison naturelle entre les sons & les idées qu'un tel mot exprime une telle idée ; si cela étoit, il n'y auroit parmi tous les hommes qu'un seul langage ; c'est par une institution purement arbitraire, qu'un tel mot est devenu la marque d'une telle idée. Ainsi sans rendre les mots des sons vuides de toute intelligence, on ne sauroit les fixer à des choses inconnues ; & par cette regle, aucun homme n'exprimera jamais par aucun mot, ni les qualitez des choses, ni les conceptions d'un autre homme, lesquelles il ne connoit pas.

LES

Les mots n'expriment donc que les idées de celui qui les emploie. On ne parle que pour être entendu, je veux dire, que pour exciter dans l'esprit de son Auditeur les idées qu'on veut exprimer par ces mots. Un Enfant qui ne connoit de l'*or* que la couleur jaune, n'a envie d'exprimer par le mot d'or que cette couleur; & de là vient que, lors qu'il la remarque dans la queue d'un Paon, il l'appelle du nom d'or: Un autre, qui connoitra que ce métal est d'un certain jaune & d'une certaine pesanteur, exprimera par le mot *or*, l'idée d'un corps jaune & pesant; à ces qualitez de l'or un troisiéme ajoute la fixation, & dès là ce nom marque dans sa bouche, un corps jaune, pesant & fixe.

Quoi-que les mots ne signifient immédiatement que les idées de celui qui parle, cependant on suppose qu'ils marquent, 1. la réalité des choses, 2. les idées de ceux avec qui l'on s'entretient; & sans cette derniere supposition, on ne pourroit pas discourir les uns avec les autres d'une maniere intelligible : Et néanmoins, ce qui est à remarquer, on ne s'arrête pas à examiner si ses idées sont les mêmes que celles de ceux avec qui l'on s'entretient; on le suppose, parce qu'on emploie les mots selon l'usage le plus ordinaire de la langue qu'on parle.

Observons encore, 1. Que l'usage continuel qu'on fait des mots, pour exprimer aux autres ses pensées, forme dans l'esprit, entre de certains sons & leurs idées, une liaison telle, que les mots, une fois prononcez & entendus, excitent leurs idées avec presque autant de promptitude, que si les objets producteurs de ces idées affectoient actuellement les sens. 2. Que

Que faute de bien examiner la signification précise des mots, il arrive souvent, même au plus fort d'une méditation appliquée, qu'on s'arrête plus aux mots qu'aux choses. Plusieurs même, & cela vient de ce qu'on apprend les mots avant que de connoitre les idées qui leur sont liées, plusieurs, dis-je, parlent souvent en Perroquets, c. à. d. ne forment que de vains sons. Ainsi les mots ne peuvent avoir aucun sens, s'ils n'ont pas une liaison constante avec quelque idée, & si en même tems ils ne marquent pas cette liaison. Je nie donc que ceux-là parlent, qui ne joignent point d'idées aux termes qu'ils employent; ils ne font qu'un bruit destitué de toute intelligence.

Puisque c'est par une institution purement arbitraire, que les mots expriment les idées de celui qui parle, c'est le droit de chaque homme d'exprimer ses idées par les expressions qu'il lui plait. Il est bien vrai, qu'on donne tacitement à l'usage l'autorité d'adapter certains sons à de certaines idées, & que par conséquent la signification des mots est tellement limitée, qu'on parleroit improprement & d'une maniere inintelligible, si on n'appliquoit pas aux mots l'idée que l'usage leur a donné: Cependant quelles que soient les suites de cet usage des mots détournez de leur signification ordinaire, il est certain pourtant, qu'ils ne peuvent être signes que des pensées de celui qui s'en sert.

CHA-

CHAPITRE III.

Des Termes Généraux.

TOUTES les choses qui existent, étant singulieres, il semble, que la signification des mots devroit être singuliere aussi; c'est pourtant tout le contraire dans tous les idiomes du monde; car la plûpart des mots sont généraux: ce n'est point là l'effet du hazard, mais celui de la raison & de la nécessité.

IL étoit impossible que chaque chose eut son nom particulier. 1. On ne sauroit avoir sur chaque chose particuliere des idées assez distinctes, pour retenir son nom & la liaison qu'il a avec elle. 2. Un nom approprié à chaque chose seroit fort inutile, à moins qu'on ne suppose, ce que personne ne fera, que tous les hommes ont en effet les idées de toutes les choses. J'ai seul l'idée d'un certain Etre, je lui impose un nom ; mais ce nom est in intelligible à celui qui ne connoît pas cet Etre. 3. Un nom distinct pour chaque Etre ne contribueroit pas beaucoup à l'avancement de nos connoissances; elles sont fondées, il est vrai, sur les existences particulieres, mais elles ne s'étendent que par des conceptions générales sur les choses, pour cet effet rangées en certaines especes & appellées d'un même nom. Ce n'est qu'aux choses particulieres, dont on a occasion de parler souvent, qu'on a donné des noms propres, comme les *personnes*, les *païs*, les *rivieres*, les *montagnes* ; &c. Ainsi les maquignons donnent à leurs chevaux des noms particuliers, parce que souvent ils ont occasion de parler de tel & de tel cheval, lors qu'il n'est pas sous leurs yeux.

Voyons maintenant, comment on forme les *termes généraux*. Les mots deviennent généraux, lors qu'ils sont établis pour signes d'*idées générales*; & les idées deviennent générales, lors qu'on sépare de plusieurs idées particulieres les circonstances du tems, du lieu, & toute autre chose qui les fait exister d'une telle maniere indivisible. C'est ainsi que par abstraction on se forme une idée générale & représentative de plusieurs individu. lesquels sont tous de même *espece*, dès-là qu'ils conviennent avec cette idée abstraite ou générale.

Mais il ne sera pas inutile de suivre, dès leur premiere origine, nos notions & les noms que nous leur avons donnez, & d'observer comment nous étendons nos idées dès nôtre premiere enfance. Les premieres idées que les enfans acquierent sont visiblement particulieres, *mere*, *nourrice*, &c. & les noms qu'ils leurs donnent se bornent aussi aux sons de *mere*, de *nourrice*, &c. Observant ensuite d'autres Etres en grand nombre, qui ressemblent à leurs Peres & Meres par la forme & par d'autres qualitez, ils forment une idée à laquelle tous ces Etres participent également, & ils appellent cette idée, avec les autres, du nom d'homme. En ceci ils ne font rien de nouveau; seulement ils écartent de leur idée sur *Pierre*, sur *Jaques*, sur *Marie*, &c. ce qui est particulier à chacun d'eux, & ne retiennent que ce qui est commun à tous. C'est de cette maniere qu'ils parviennent à un *nom général* & à une *idée générale*.

Par

PAR la même maniere, ils forment des idées plus générales, & des noms plus généraux; car, obfervant *p. e.* que plufieurs chofes, qui different de l'idée de l'*homme*, ont néanmoins avec cette idée des proprietez communes, ils réuniffent ces proprietez en un feul compofé, & forment ainfi une idée plus générale, à laquelle ils donnent auffi un nom plus général: Ecartant de l'idée fur l'homme celle de fa taille & de quelques autres de fes proprietez, & n'en retenant que celles de corps, de vie, de fentiment & de mouvement fpontanée, ils forment l'idée de ce qu'on appelle un *Animal*. Par la même voie ils parviennent à l'idée de *corps*, de *fubftance*, & enfin d'*Etre*, de *chofe* & de tout autre terme général. D'où nous voyons que tout ce miftere des *genres* & des *efpeces*, dont on fait tant de bruit dans l'Ecole, fe reduit à former des ideés abftraites plus ou moins étendues, & à leur donner des noms.

IL paroit de là, 1. Qu'on n'employe le *genre* dans la définition des noms, qu'afin de s'épargner la peine d'énumerer les différentes idées fimples que renferme le prochain terme général. 2. Qu'il n'y a point d'exiftence réelle qui reponde aux idées générales & univerfelles; ces idées font uniquement de la formation de l'efprit.

SUR *la fignification des Termes généraux;* Il eft certain, que ces termes n'expriment pas fimplement une chofe particuliere; fi cela étoit, ils ne feroient pas des termes généraux, mais des noms propres. Ils ne fignifient pas non plus une pluralité de chofes, autrement le nom général d'*homme* exprimeroit la même idée que celui-ci, *les hommes*. Mais étant repréfentatifs d'idées abstraites, ils signifient les *espèces* des choses.

Nous rangeons les choses sous telle ou telle *espèce*, selon qu'elles conviennent avec telle ou telle idée abstraite ; donc l'*essence* de chaque espèce de choses n'est qu'une idée abstraite. On ne nie pas ici, que la nature ait fait plusieurs choses ressemblantes, & ait établi elle-même les fondemens de ces *espèces* ; mais on soutient, que la reduction des choses sous de certaines *classes* ou *espèces*, est l'ouvrage de l'esprit seulement, & que chaque idée abstraite sur quelque *espèce* a une essence particuliere, essence, qui est aussi distincte de celle d'une autre idée abstraite, que l'essence de la pluie est distincte de celle d'un caillou : j'éclaircirai peut-être ma pensée en distinguant les significations differentes du mot *Essence*.

Ce mot marque, 1. *ce qui fait qu'une chose est ce qu'elle est* ; en ce sens, la constitution intérieure, mais inconnue, des substances est leur véritable essence, & c'est ici la propre signification de ce terme ; j'appelle cette espèce d'essence *essence réelle*. 2. Dans l'Ecole, on a exprimé par le mot d'*essence*, la *disposition artificielle du genre & de l'espece*, laquelle on supposoit être fondée dans la nature ; & c'est ce qu'exprime le terme d'essence dans son usage le plus familier : J'appelle cette espece d'essence *essence nominale*. Entre l'*essence nominale* & son expression, il y a une liaison si étroite, qu'on ne peut attribuer le nom d'une certaine *espece* de choses à une chose en particulier, à moins que le nom de cette chose particuliere ne marque qu'elle repond à l'idée abstraite de cette *espece*.

DEUX opinions partagent les Philosophes sur l'*essence* réelle des corps : L'une est, & l'on observera que dans cette opinion le terme d'essence n'a aucune signification précise ; L'une est, dis-je, qu'il y a un certain nombre d'essences sur lesquelles sont formées les choses naturelles, qui deviennent de telle ou de telle *espece*, selon la nature de l'essence à laquelle elles participent. L'autre est, que les parties imperceptibles des corps, ont une constitution réelle, mais inconnue, de laquelle dérivent les qualitez sensibles, qui nous servent à distinguer les choses & à les ranger en certaines *especes* sous des noms généraux. La premiere de ces opinions, ne peut pas s'accorder avec les fréquentes productions des monstres parmi toutes les especes d'animaux ; car deux choses participant à la même essence, comment auroient-elles des proprietez differentes ? Et d'ailleurs cette supposition d'essences, qu'on ne sauroit connoitre, quoi qu'elles fassent le distinctif des *especes* des choses, est de si peu d'usage, & a si peu d'influence pour avancer aucune partie de nos connoissances, que cela seul doit suffire pour la faire rejetter.

IL faut ici remarquer ; Que dans les idées simples, & dans les modes, l'*essence réelle & nominale* ne sont qu'une même chose ; p. e. Une figure, qui renferme quelque espace entre trois lignes, est l'essence du triangle tant réelle que nominale ; car toutes les proprietez du triangle dépendent de cette figure & y sont inséparablement attachées. Mais dans les substances, l'*essence réelle* differe entierement de l'*essence nominale*. P. e. Les proprietez de l'or ne dépendent point de son essence nominale, qui est les qualités que nous découvrons dans ce métal,

comme

comme la couleur, la pesanteur, la fusibilité, la fixation, &c. mais elles émanent de son essence réelle qui est la constitution réelle & interne de ses parties : Nous n'avons pas de nom pour exprimer cette constitution réelle, loin de la connoitre, il nous est impossible d'en former non pas même l'idée.

UNE autre raison qui prouve, que ce qu'on appelle l'essence des choses n'est qu'une idée abstraite, c'est qu'on croit les essences ingénérables & incorruptibles ; ce qui ne peut être vrai de la constitution réelle des choses. Excepté celui qui en est l'Auteur, elles sont toutes également sujettes à être alterées & détruites, jusques dans leur essence & leur constitution réelle. Mais entant que ces essences sont des idées dans l'esprit, elles sont veritablement immuables ; car quelle qu'ait été la destinée d'Alexandre ou de Bucephale, l'idée de leur espece est toujours la même, & le sera invariablement ainsi.

DONC la doctrine de *l'immutabilité des essences* prouve: Que les essences ne sont que des idées abstraites ; Que leur immutabilité n'est fondée que sur leur relation à leurs noms ; & enfin, Qu'elle sera certaine, cette immutabilité, aussi long-tems que le nom d'une essence conservera sa signification.

CHAPITRE IV.

Des Noms des Idées simples.

QUOI-QUE les mots ne désignent immédiatement que les idées de celui qui parle, cependant les noms des idées simples, ceux des modes mixtes, & ceux des substances, ont chacun en particulier quelque chose qui les distingue les uns des autres.

I. Ceux des idées simples & des substances marquent, outre leurs idées abstraites, l'existence réelle de leur Archétipe ; au contraire ceux des modes mixtes ne désignent qu'une idée dans l'esprit.

II. Ceux des idées & des modes simples signifient toujours l'*essence réelle* & *nominale* de l'*espece* dont ils sont représentatifs ; mais ceux des substances ne signifient presque, & peut-être jamai, autre chose que l'*essence* nominale de leur *espece*.

III. Ceux des idées simples ne peuvent pas être définis, mais bien ceux des idées complexes: Je le prouve & par la nature de nos idées & par la signification même des mots. On convient, que *définir* c'est donner à connoitre le sens d'un mot par des termes qui ne soient pas synonimes à ce mot, on expose donc la signification d'un terme, on le définit, lors qu'on représente par d'autres termes l'idée qu'on lui a fixé. Donc les noms des idées simples ne peuvent pas être définis ; car les differens termes d'une définition exprimant diverses idées, ils ne peuvent absolument
ment

ment point représenter une idée qui n'a nulle composition.

POUR n'avoir pas fait d'attention à cette différence entre nos idées, on a inventé ces frivoles définitions dont on a fait tant de bruit; On a défini le *mouvement*, *L'acte d'un Etre qui est en puissance, entant qu'il est en puissance*; pouvoit-on forger un plus grand galimatias? D'autres l'ont défini, *Un passage d'un lieu à un autre*; mais où est la différence des mots de passage & de mouvement? D'autres, *l'application successive des parties de la surface d'un corps aux parties de la surface d'un autre corps*; connoit-on mieux le mouvement par cette définition?

L'ACTE *du transparent entant que transparent*. Cette définition fera-t-elle jamais comprendre à un aveugle le sens du mot de *lumiere*, dont les Peripatéticiens veulent qu'elle soit une explication très intelligible? Et les Cartesiens feront-ils connoitre la lumiere à un homme aveugle depuis sa naissance, en lui disant, que la lumiere est *l'agitation d'un grand nombre de petits globules qui frappent vivement le fond de l'œil*?

LES mots n'étant que des sons, ne peuvent exciter par eux-mêmes que l'idée de leur son; & s'ils excitent en nous de certaines idées, ce n'est que parce que ces idées y ont été attachées par l'usage. Celui par conséquent qui n'a pas reçu l'idée de quelque qualité simple par l'organe qui doit la porter dans l'esprit, ce qui est le seul moien de l'acquerir, ne pourra jamais la connoitre, ni par le nom qu'on lui donne ordinairement, ni par d'autres mots ou d'autres sons, quels que puissent être leurs arrangemens.

Mais les noms des idées complexes peuvent être définis ; car les mots, qui signifient les idées simples, dont les complexes sont composées, peuvent exciter des idées qu'on n'avoit jamais eues. Je pourrois p. e. définir l'arc-en-ciel par sa figure, sa grandeur, sa position, & l'arrangement de ses couleurs, de telle maniere, que je représenterois parfaitement ce phénomene à un homme qui ne l'auroit jamais vû, mais qui en connoitroit les couleurs.

Il y a encore cette différence entre les noms des idées simples, ceux des modes mixtes & ceux des substances. Ceux des modes mixtes désignent des idées purement arbitraires ; ceux des substances se rapportent à un Archétipe, quoi que d'une maniere un peu vague ; & ceux des idées simples sont pris absolument de l'existence des choses, & ne sont nullement arbitraires.

Les noms des modes simples different peu de ceux des idées simples.

CHAPITRE V.

Des Noms des Modes mixtes & de ceux des Rélations.

Les noms des modes mixtes étant généraux ne peuvent désigner que des idées abstraites ; ils ont cependant quelque chose qui les distingue des autres termes généraux, & qui mérite nôtre attention,

1. Les

1. LES essences des différentes especes de modes mixtes qu'ils signifient, sont formées par l'entendement ; en cela ils différent des noms des idées simples. 2. Ces essences sont formées arbitrairement, sans modele, sans rapport à quoi que ce soit qui existe réellement, & à cet égard leurs noms différent des noms des substances.

PAR cette formation des modes mixtes, l'esprit ne donne l'existence à aucune idée nouvelle, il ne fait que rassembler en une les idées qu'il a déja reçûes. Je conçois que dans cette occasion il fait ces trois choses, 1. Il choisit un certain nombre d'idées, 2. Il les joint ensemble, 3. Il les lie par un nom. Trois choses qu'il peut faire, quand même aucun individu de cet espece de modes n'existeroit ; car on auroit pû former, *par exemple*, l'idée de *sacrilege* & d'*adultere*, avant que ces crimes eussent jamais paru : Et l'on ne doit pas douter que les Législateurs n'ayent fait des loix touchant des especes d'actions, qui n'étoient que l'ouvrage de leur Esprit.

MAIS quoique la formation de ces modes soit uniquement de l'esprit, ils ne doivent pas néanmoins leur existence au hazard, & les idées qui les composent ne sont pas alliées sans raison : Imaginez pour se communiquer plus aisément ses pensées, ce qui est le principal but du langage, on ne les a composez que des idées dont l'assemblage revient souvent en conversation. *Par exemple*, on a fait du crime de tuer son Pere, une *espece* d'action différente de celle du crime de tuer un autre homme, & on a désigné ces deux especes de crimes par deux noms différens, afin d'exprimer sans périphrase &

l'atrocité différente de ces crimes, & les chatimens particuliers qu'ils méritent.

L'ESPRIT donc raſſemble les idées qui forment un mode mixte, mais c'eſt le nom même de ce mode, qui les tient liées enſemble, qui lui conſerve, *à ce mode*, ſon eſſence, & qui lui aſſure une durée perpétuelle ; car il arrive rarement qu'un mode mixte, ſoit cenſé conſtituer une eſpece diſtincte, s'il n'a pas un nom particulier.

LES noms des modes mixtes ſignifient toûjours l'eſſence réelle de leurs eſpeces. Ces eſſences ne ſont que des idées complexes & abſtraites, formées ſans rapport à l'exiſtence réelle des choſes ; ainſi les noms des modes mixtes ne peuvent marquer que ces idées abſtraites & complexes : Auſſi n'arrive-t-il jamais qu'on veuille exprimer autre choſe par ces termes. Toutes les proprietez d'un mode mixte dépendent de ſon idée abſtraite ; & par conſequent dans ces modes, l'eſſence réelle & l'eſſence nominale ne ſont qu'une ſeule & même choſe.

AINSI l'on voit qu'il eſt non ſeulement utile, mais même néceſſaire, d'apprendre les noms des modes mixtes avant que de former des modes, autrement on remplira ſa tête d'une foule d'idées complexes, qu'enſuite l'on ſera obligé de négliger & d'oublier, par cela même que l'uſage ne leur a fixé aucun nom, & que par conſéquent on n'en peut pas parler avec les autres d'une maniere intelligible : Avant néanmoins la formation des langues, il étoit néceſſaire qu'on eut l'idée d'une choſe, avant que de lui donner un nom ; & j'avouë que la même regle a lieu à l'égard d'une idée, à laquelle la néceſſité nous oblige d'attacher une nouvelle expreſſion. Il en en est autrement des idées simples & des substances que des modes : Les idées simples & les substances ont une existence réelle dans la nature ; ainsi on acquiert leurs noms avant leur signification, ou tout au contraire, selon ou qu'on les entend nommer, ou qu'elles font impression sur nous.

On peut appliquer aux rélations ce que je viens de dire des modes mixtes, sans y changer que peu de chose; mais parce que chacun peut de lui-même appercevoir ces différences, je m'épargne la peine d'étendre davantage ce chapitre.

CHAPITRE VI.

Des Noms des Substances.

LES noms généraux des substances, de même que les autres termes universels, signifient les *especes* des choses, *c'est-à-dire*, des idées complexes auxquelles plusieurs substances particulieres conviennent ou peuvent convenir ; convenance, soit actuelle, soit possible, qui fait que ces substances sont comprises sous une même conception, & sont appellées du même terme général. Je dis que plusieurs substances peuvent être comprises sous une même conception & sous un même terme général, soit qu'elles conviennent avec une idée complexe, soit qu'elles puissent y convenir : Quoi qu'il n'y ait qu'un Soleil, cependant l'idée que j'en ai, si je la considere par abstraction, constituë une *espece*, aussi bien que s'il y avoit autant de Soleils qu'il y a d'étoiles.

C'est

C'est ce qu'on appelle l'essence d'une *espece*, qui distingue cette *espece* de toute autre; or comme cette essence n'est qu'une idée abstraite, il s'ensuit, que chaque chose contenuë dans cette idée abstraite est essentielle à cette *espece*. J'appelle cette espece d'essence du nom d'*essence nominale* : il ne faut pas la confondre avec l'*essence réelle* qui est la constitution même des substances, de laquelle dépendent toutes leurs qualitez. Cette essence réelle nous est entierement inconnuë.

Le terme d'*essence*, à le prendre dans son usage ordinaire, se rapporte aux *especes*; car si l'on écarte l'idée abstraite, par laquelle on réduit les individus sous de certaines especes, rien alors n'est regardé comme l'essence de ces individus. Donc l'*essence* se rapporte uniquement aux especes, puisqu'on ne peut connoitre l'essence d'une chose, si on ne la range pas sous une *espece*. Donc aucune chose ne peut être rangée sous une espece, si elle ne renferme pas les qualitez que contient cette *espece de choses*; car l'idée abstraite d'une *espece* est son essence véritable. Ainsi, selon ceux qui tiennent que l'idée du corps est l'idée de la *simple étenduë* ou du *pur espace*, la solidité n'est point essentielle au corps; mais selon ceux qui établissent que l'idée du corps renferme la *solidité* & l'*étenduë*, selon ceux-là, dis-je, l'idée de l'*étenduë* & celle de la *solidité* est essentielle au corps.

C'est par l'essence nominale qu'on distingue les substances en differentes especes, car les noms des especes n'expriment que l'essence nominale. Tellement que distinguer les choses en certaines especes, ce n'est que ranger ces choses sous des noms distincts selon les idées abstraites

ſtraites que nous avons de ces choſes, & non pas ſelon leurs eſſences préciſes, diſtinctes & réelles; car ces eſſences nous ſont inconnues. Nous ne connoiſſons les ſubſtances que par l'aſſemblage des proprietez qu'elles ſont obſervées renfermer, car nous ignorons entierement leur conſtitution interieure, conſtitution néanmoins d'où dépendent toutes leurs proprietez. Qui peut ſe vanter de connoitre la fabrique & la méchanique des corps qui lui ſont les plus familiers, comme les *pierres* qu'il foule aux pieds, & le *fer* qu'il manie inceſſamment: Cependant quelle difference, au jugement même de tout le monde, entre les qualitez de ces corps groſſiers & les arrangemens admirables des eſſences incomprehenſibles des *Plantes* & des *Animaux*! La Structure merveilleuſe, qu'a donné à cette grande machine de l'univers, & à toutes ſes parties, l'Etre infiniment puiſſant, ſurpaſſe de plus loin la compréhenſion de l'homme le plus pénétrant, que la machine la plus ſubtile ne ſurpaſſe les conceptions du plus groſſier de tous les hommes. En vain donc, ignorant les conſtitutions réelles des corps, prétendons-nous les reduire à certaines eſpeces, en vertu de leur eſſence réelle.

Quoique les *eſſences nominales* des ſubſtances ſoient l'ouvrage de l'eſprit, elles ne ſont pourtant pas formées ſi arbitrairement que celles des modes mixtes.

Pour former l'eſſence nominale d'une choſe, quelle qu'elle ſoit, il faut, 1. Que les idées qui compoſent cette eſſence puiſſent s'allier, de ſorte qu'elles ne forment qu'une ſeule idée, quelque compoſée qu'elle puiſſe être. A cet égard l'eſprit ſuit uniquement la nature:

quand

quand il forme quelque idée complexe fur les fubftances, il n'allie que les idées qu'il fuppofe exifter néceffairement enfemble. Il faut, 2. Que l'affemblage des idées, qui compofent quelque effence, ne renferme précifément que les idées dont il eft formé ; s'il en renfermoit d'autres, ce ne feroit plus le même affemblage, ni par confequent la même effence. A cet égard, quoi que l'efprit ne réuniffe jamais, dans fes idées complexes fur les fubftances, des qualitez qui n'exiftent, ou qu'il ne fuppofe pas exifter réellement enfemble, cependant le nombre de ces idées dépend beaucoup des diverfes applications, de l'induftrie, de la fantaifie de ceux qui forment ces compofez. La plûpart des hommes fe contentent de faire entrer, dans leur idée complexe des fubftances, ce peu de qualitez fenfibles qu'ils y peuvent découvrir, & en omettent celles qui y font les plus effentielles.

C'est par la forme exterieure qu'on détermine principalement les *efpeces* des corps organizez, qui fe perpétuent par femence, & c'eft la couleur qui regle les *efpeces* des corps bruts ; car, *par exemple*, nous fommes portez à juger, que toutes les qualitez, renfermées dans l'idée complexe de l'or, exiftent réellement dans tous les corps où nous trouvons la couleur de ce métal.

Mais quoi-que l'on fuppofe que les effences nominales des fubftances font copiées d'après nature, il eft certain cependant qu'elles font imparfaites, finon toutes, du moins la plûpart. Etant formées par l'efprit, il eft bien certain que ce font les hommes qui fixent les limites de leurs *efpeces*, & non pas la nature, fi

tant

Des Noms des Substances. 141

tant est que la nature ait jamais posé des limites ou des bornes pour les differentes *especes* des choses.

Il est vrai, qu'il y a un grand nombre de substances, qui se ressemblent par bien des endroits, & que cela nous autorise à les ranger sous de certaines *especes*; cependant comme le but de cette reduction est d'exprimer plusieurs choses particulieres par des noms généraux, je ne vois pas qu'on puisse dire, à la rigueur, que la nature fixe les bornes des *especes* des choses, ou si elle le fait, assurément les bornes que nous donnons aux *especes* des choses, ne sont pas exactement conformes à la nature.

Si c'est l'esprit, qui range les *individus* sous de certaines *especes*, il est bien plus évident que c'est lui, qui forme les classes les plus étendues, qu'on appelle des *Genres*, & qui comprennent differentes *especes*. Pour former ces *genres*, il écarte des *especes* ce qui les distingue les unes des autres, & ainsi ne fait entrer dans cette idée générale que les idées qui sont communes à ces differentes *especes*. P. e. Je forme le genre désigné par le nom de *métal*, en écartant de mon idée sur l'*or*, sur l'*argent*, sur le *cuivre*, &c. les qualitez particulieres à ces corps, & ne retenant que celles qui leur sont communes : De sorte que le *genre* & l'*espece* ne représentent autre chose, l'un, qu'une partie des idées renfermées dans l'*espece*, & l'autre, qu'une partie de ce qui est dans chaque individu. Mais en tout ceci on ne donne l'Etre à aucune chose, on ne forme que des termes plus ou moins étendus, afin d'exprimer un grand nombre de choses, selon qu'elles conviennent avec des conceptions plus ou moins générales, formées elles-mêmes

par

par l'esprit, pour abréger le nombre de ses idées. Et si ces *idées générales* ou *abstraites* sont estimées complettes, ce ne peut être qu'à l'égard de certaines relations qu'on a établies entr'elles & leurs expressions ; car elles ne peuvent pas répondre à l'existence réelle d'aucun Etre.

AINSI la formation des *genres* & des *especes* tend à la veritable fin du langage, c'est de se communiquer ses pensées de la maniere la plus aisée & la plus abrégée. C'est là aussi tout l'usage qu'on fait des *genres* & des *especes*, sans songer aux *essences réelles* & aux *formes substantielles*, qu'on ne peut absolument point connoitre.

CHAPITRE VII.

Des Particules.

LES mots ne servent pas tous à exprimer des idées. Il y en a, qui font non seulement connoitre la liaison qu'on met entre les idées & les propositions, mais qui désignent quelque action particuliere de l'esprit, par rapport à ces mêmes idées dont ont marque la liaison. De ce nombre sont ceux-ci, *cela est*, *cela n'est pas*, ils marquent que l'esprit affirme ou nie quelque chose.

MAIS outre l'affirmation & la négation, l'homme, afin de mieux communiquer ses pensées aux autres, lie non seulement les parties d'une proposition, mais des périodes entieres, avec toutes leurs relations & dependances, & par là fait un discours suivi. Les mots, qui dénotent ces dépendances & ces relations, sont ap-

appellez des *particules*, & du juste emploi qu'on en fait dépendent principalement la clarté, la justesse même & la beauté du Stile: Et leur usage est absolument nécessaire; puisque ce n'est que par leur moyen qu'on peut exprimer, & la dépendance qu'il y a entre nos pensés, & la *liaison*, la *restriction*, la *distinction*, l'*opposition* & l'*emphase* de chaque partie du discours.

On ne peut pas comprendre au juste le vrai sens des particules, si l'on ne connoit avec précision le tour & la situation d'esprit de celui qui s'en sert; car les conceptions dont l'esprit est capable, surpassent de bien loin le nombre des particules. Pour cette raison on ne doit pas être surpris, si la plûpart des particules ont des significations differentes, & quelquefois opposées: Telle est la particule MAIS.

QUELQUEFOIS cette particule est mise à la suite de quelque éloge pour y servir de correctif, & pour faire passer la médisance avec plus d'artifice; *c'est un beau metier que la guerre, mais il est fort dangereux*. MAIS, s'oppose quelquefois à *non seulement*, pour marquer quelque augmentation ou quelque contrarieté: *Il lui a donné non seulement la proprieté de sa terre, mais aussi l'usufruit. J'avois pris ce remede pour me raffraichir, mais il m'a échauffé*. MAIS, sert quelquefois de liaison ou d'interrogation au discours: Mais *revenons à nôtre cause*. Mais *pourquoi avez-vous voulu user de violence?* MAIS, se dit dans des deffenses, & sert d'excuse: *Je lui dois telle somme, mais il m'en doit d'ailleurs une plus grande*.

A toutes ces significations j'en pourrois ajouter plusieurs autres, si c'étoit là mon dessein. Mais cet exemple, sur la seule particule *Mais*, suffit.

suffit pour nous porter à refléchir sur l'usage & la force qu'ont les particules, & sur les pensées qu'on fait connoitre par leur moien. Quelques-unes renferment constamment le sens d'une proposition entiere, comme celles de *oui*, de *non*, *&c.* & quelques autres, lors seulement qu'elles sont placées d'une certaine façon.

CHAPITRE VIII.

Des Termes abstraits & concrets.

L'ESPRIT, comme je l'ai fait voir, a la puissance d'abstraire ses idées : Par là, il distingue les choses en differentes *especes* : Or comme chaque idée abstraite est si distincte de toute autre idée abstraite, qu'elles ne peuvent être les mêmes, l'esprit doit appercevoir immédiatement leurs differences. Par conséquent deux idées générales ne peuvent jamais être affirmées l'une de l'autre : Aussi l'usage ne le permet-il pas. Quoi qu'il soit vrai que *l'homme* est un *Animal*, qu'il est *raisonnable*, &c. cependant il n'y a personne qui ne sente d'abord la fausseté de ces propositions. *L'Humanité est Animalité, Raisonnabilité*, &c. Ce n'est donc que sur les idées concretes que roulent les affirmations ; ce qui est affirmer, qu'une idée abstraite doit être jointe à une idée qui n'est pas abstraite.

TOUTES nos idées simples ont des *noms abstraits & concrets*, ou pour parler en Grammairien, des *noms substantifs & adjectifs* ; *blanc, blancheur ; doux, douceur* ; &c. Il en est de même de nos idées des modes & des rélations; *Juste*, *Justice*; *Egal*, *Egalité*. Pour nos idées des substances, elles n'ont que peu de noms abstraits. Il est vrai que l'Ecole a forgé ceux d'*Animalité*, d'*Humanité*, &c. Mais outre que ces noms & leurs semblables sont en petit nombre en comparaison de la multitude infinie des noms des substances, ils n'ont jamais pu être autorisez par l'usage; ce qui semble démontrer que les hommes reconnoissent ingenument, qu'ils n'ont aucune idée des essences réelles des substances. Ce n'est que la doctrine des formes substantielles, & la confiance témeraire de certaines personnes destituées d'une connoissance qu'ils prétendoient avoir, qui ont fait fabriquer & ensuite introduire les termes d'*Animalité*, d'*Humanité*, &c. Termes qui néanmoins ont été renfermez dans l'Ecole, & qui n'ont jamais pû être de mise parmi les gens raisonnables.

CHAPITRE IX.

De l'Imperfection des Mots.

POUR découvrir la perfection ou l'imperfection des mots, il est nécessaire d'en considerer les deux *usages*. L'un est, d'enrégîtrer ses pensées dans l'esprit. Par là on soulage la mémoire, qui nous fait, pour ainsi dire, parler avec nous-mêmes. Toutes sortes de mots peuvent servir à cette fin, étant des signes arbitraires, on est libre d'employer ceux que l'on veut pour s'exprimer à soi-même ses pensées. Et à ce premier égard ils n'auront jamais d'imperfection,

fection, tant qu'ils feront des signes conftans de la même idée.

L'AUTRE *ufage* des mots, c'eft de communiquer fes idées aux autres hommes. Cet *ufage* eft ou *civil* ou *philofophique*. L'ufage civil, c'eft exprimer fes penfées de forte qu'on fe faffe entendre dans la converfation ordinaire qui roule fur les affaires de la vie civile. L'ufage philofophique, c'eft n'employer que des termes qui donnent des notions précifes des chofes, & qui expriment certaines veritez par des propofitions générales. Ces deux ufages font très differens, l'un n'exige pas la même exactitude que l'autre.

LE but de ceux qui parlent c'eft d'être entendus, *c. à. d.* d'exciter dans l'Auditeur les idées qu'on a fixées aux expreffions qu'on employe. Or fi ces expreffions ont une fignification incertaine & douteufe, & c'eft dans cette fignification douteufe & incertaine que confifte l'imperfection des mots, cette incertitude & ce doute ne procedent pas de leur incapacité à exprimer leurs idées; car pour cet effet ils font tous également parfaits, mais cela procede de l'incertitude & de la confufion même de leurs idées: Confufion & incertitude que doivent par conféquent bien connoitre tous ceux qui veulent parler d'une maniere intelligible, ce qui eft difficile dans les cas fuivans.

I. LORSQUE l'idée qu'exprime un mot eft fort complexe, & par cette raifon les noms des modes mixtes font très fujets à avoir une fignification obfcure & incertaine. Les idées qu'ils expriment étant compofées de plufieurs idées compofées elles-mêmes de plufieurs autres, il n'eft pas facile de former ces idées complexes

plexes & de les retenir exactement. Tels font la plûpart des termes de Morale, ils marquent rarement les mêmes idées à des personnes differentes.

II. Lorsque les idées qu'ils signifient n'ont aucune existence réelle dans la nature, & par conséquent aucun modele fixe, sur quoi on puisse les regler & les redresser. Ce cas regarde encore les noms des modes mixtes, c. à. d. de ces assemblages d'idées que l'esprit a formez à sa fantaisie. Il est vrai que d'ordinaire l'usage détermine le sens de ces mots, autant qu'il est nécessaire pour s'entendre dans la conversation, mais non pas autant que l'exigeroit un discours philosophique; car à-peine y a-t-il une idée complexe dont l'expression n'ait un sens fort vague dans l'usage ordinaire, & ne signifie plusieurs idées differentes.

La maniere dont on apprend ces termes, est en partie la cause de leur signification obscure & douteuse. On apprend aux Enfans les noms des qualitez simples & des substances, en leur montrant ces objets, dont ils répétent souvent les noms, *blanc, doux, lait, sucre,* &c. Mais pour les modes mixtes, on leur en enseigne premierement les noms, & ensuite ils en apprennent les idées, ou par d'autres, ou par eux-mêmes. Or comme la plûpart des hommes ne s'étudient pas à former des notions précises de ces modes, il arrive que les expressions de ces modes ne sont gueres autre chose dans leur bouche que des sons vuides de tout sens. Et parmi ceux qui s'appliquent à se faire des notions précises de ces modes, plusieurs y attachent des termes que l'usage a fixé à d'autres choses, ce qui cause plusieurs disputes.

III. Lors

III. Lors qu'on rapporte la signification d'un mot à un Archétipe difficile à connoître. Les noms des substances sont dans ce cas: Etant supposez marquer l'essence réelle, mais à nous inconnue, des substances qu'ils désignent, il est visible qu'on ne peut appliquer leur signification à quelque chose de déterminé. Comment savoir *p. e.* ce qui est *antimoine* & ce qui ne l'est pas, si ce nom marque l'essence réelle de ce corps, laquelle nous est inconnue?

Mais, dira-t-on, Les noms des substances n'auront-ils pas une signification déterminée, si on ne les fait être signes que des qualitez qu'on voit dans les corps? Je reponds que non; car les substances ayant un grand nombre de qualitez, les uns y observent de certaines qualitez que d'autres n'y apperçoivent pas, quoi que personne ne les découvre toutes; & par là il arrive qu'on a sur la même substance des idées differentes, & qu'ainsi la signification des noms de ces substances est très incertaine. Il paroit donc,

I. Que les noms des idées simples sont les moins sujets à être équivoques. 1. Parce que leurs idées n'étant que de simples appercevances, il est plus aisé d'acquerir & de retenir ces appercevances, que des idées aussi composées que le sont celles des substances & des modes; 2. Parce qu'ils ne se rapportent à aucune autre essence qu'à l'appercevance même, qu'ils signifient immédiatement.

II. Que les noms des modes simples, sur tout les noms des nombres & des figures, sont, après ceux des idées simples, les moins sujets à avoir un sens douteux & incertain.

III. Que les noms des modes mixtes, quand ces modes ne sont composez que d'un petit nombre d'idées familieres, sont assez clairs & assez distincts; mais qu'ils sont incertains & douteux, quand les modes qu'ils expriment contiennent un grand nombre d'idées.

IV. Que les noms des substances, quand on les emploie dans un usage philosophique, sont très exposez à être douteux; car ils sont supposez signifier des idées qui ne représentent ni les essences réelles, ni les justes images des choses.

CHAPITRE X.

De l'Abus des Mots.

NON-SEULEMENT le langage a des imperfections naturelles & inévitables, mais on commet plusieurs abus dans l'usage qu'on fait des mots.

Premier Abus; On emploie les mots sans leur attacher aucune idée déterminée, ou ce qui est pis, on ne les fait représentatifs d'aucune chose que ce soit. Combien n'en ont pas introduit de ce genre les differentes sectes de Philosophie & de Réligion, soit que par là elles eussent envie de se distinguer, ou d'appuier quelque opinion bizarre, ou de cacher quelque endroit foible de leur sistême. De ces termes, qu'on peut nommer *insignificatifs*, sont remplis les livres des *Scholastiques* & des *Métaphisiciens*. D'autres n'attachent aucune idée distincte aux mots que l'usage a appropriez à des idées, dont il nous importe d'avoir des connoiſſances claires. Or les notions de ces perſonnes étant ainſi confuſes & incertaines, leurs diſcours ne peuvent être qu'un jargon inintelligible, & ſur tout lors qu'ils traitent des ſujets de Morale, dont les termes dénotent des aſſemblages de pluſieurs idées, leſquels n'ont aucun fondement dans la nature.

Second Abus; On emploie des mots tantôt dans un ſens & tantôt dans un autre. Ce vice eſt ſi ordinaire, qu'il eſt difficile de trouver un diſcours, quel qu'en ſoit le ſujet, où les mêmes mots déſignent conſtamment le même aſſemblage d'idées. Ce procédé, s'il eſt volontaire, ne peut être attribué qu'à une extrême folie, ou qu'à une malice, que je compare à celle d'un homme qui, dans la liquidation de ſes comptes, déſigneroit par un chiffre, tantôt une certaine collection d'unitez, & tantôt une autre.

Troiſiéme Abus; On affecte l'obſcurité, ſoit en attachant à des mots ſurannez des ſignifications nouvelles, ſoit en introduiſant des termes nouveaux & ambigus ſans les définir, ſoit enfin en alliant les mots d'une maniere qui confonde leur ſens ordinaire. Ce n'eſt pas la Philoſophie Scholaſtique ſeule qui s'eſt diſtinguée par ce vice, d'autres ſectes ne peuvent pas s'en juſtifier entierement. Mais on ne ſauroit croire, combien l'art ſi vanté de la diſpute a augmenté les imperfections naturelles au langage. On a fait ſervir cet art à embrouiller la ſignification des mots, plûtôt qu'à découvrir la nature des choſes. Et en effet quiconque jettera les yeux ſur les écrits de ceux qui ſe ſont diſtinguez dans cette ſcience, remarquera aiſément, que leurs expreſſions repréſentent leur penſée d'une maniere plus obſcure re & moins déterminée, que s'ils s'étoient servis de termes autorisez par l'usage.

Quatriéme Abus; On croit exprimer la réalité des choses. Ce vice regarde, en un certain degré, tous les noms en général, mais particuliérement ceux des substances. Par là les Péripatéticiens ont pris les *formes substantielles*, *l'horreur du vuide*, &c. pour quelque chose de réel. Ceux qui se préoccupent de quelque sistême sont les plus sujets à tomber dans ce défaut, ils se persuadent aisément que les termes, qu'employent ceux de leur secte, répondent parfaitement à la réalité des choses.

Cinquiéme Abus; On attache aux termes une signification qu'ils ne peuvent pas avoir : Ainsi quand on affirme ou qu'on nie quelque chose touchant les noms généraux des substances, connues uniquement par leur essence nominale, on suppose tacitement, que ces mots signifient l'essence réelle d'une certaine espece de substance : *Par exemple,* Quand on affirme que *l'or est malléable*, on croit exprimer quelque chose de plus que cette simple proposition, *ce que j'appelle or est malléable*, quoi qu'en effet ces mots n'expriment autre chose, on veut insinuer de plus que ce qui a l'essence réelle de l'or est malléable ; *c'est-à-dire,* que la *Malléabilité* est inséparable de l'essence réelle de l'or & qu'elle en dépend. C'est là un abus des mots manifeste ; on ne connoit point l'essence réelle des corps, cela a été prouvé : Sur quel fondement donc peut-on supposer, que l'or, dans son essence réelle, est malléable. Mais l'esprit, dans l'ignorance où il étoit de l'essence réelle des corps, a cru y remédier & étendre ses connoissances, en supposant que les noms des substances, lesquels n'en expriment que l'essence nominale, en exprimoient l'essence réelle : Mais par là on augmente l'imperfection des mots, bien loin de la diminuer ; car on les fait être signes d'un *je ne sai quoi*, dont nous n'avons point d'idée, cela ne peut qu'embrouiller leur signification.

On ne croit pas que les *especes* des substances soient changées, bien que diverses personnes fassent entrer des qualitez différentes dans l'idée qu'ils forment de ces especes : Mais au contraire on tient, que si l'on ne fait pas entrer dans la composition d'un mode mixte le nombre précis des idées qui le composent, on constituë une autre *espece* de mode, comme il paroit par la distinction qu'on fait du *meurtre en Parricide*, *meurtre commis sans dessein*, ou *par dessein*, *duel*, &c. La raison de ceci est, que les modes mixtes ne se rapportent à aucun Archétipe qui soit hors de nous, car ils sont à eux-mêmes leurs Archétipes ; mais les substances se rapportent à un Archétipe exterieur & supposé immuable. *Par exemple*, Quoi qu'un homme renferme dans l'idée complexe de l'or ce qu'un autre en exclut, & qu'un troisieme y fasse entrer ce qu'un quatriéme n'y sauroit souffrir, pour tout cela on ne croit pas l'essence de l'or ou alterée, ou changée ; car on la rapporte à un Archétipe réel, immuable, & dont dépendent toutes les proprietez de ce métal. Mais, supposer que les noms des substances sont représentatifs d'un *je ne sai quoi* qui est en elles, cela ne peut que nous jetter dans des difficultez insurmontables ; cette supposition est fondée sur l'opinion que toutes les choses, contenues sous le nom de la même *espece*, ont aussi la même constitution interieure & réelle : fausse opinion qui est

est bâtie sur ces deux fondemens très foibles, 1. Qu'il y a certaines essences déterminées, selon lesquelles la nature forme toutes les choses particulieres, en les distinguant en differentes especes; 2. Que nous avons l'idée de ces essences: Cette opinion l'insinue, car ses adhérens recherchent, *p. e.* si tel ou tel Etre a l'essence réelle de ce que nous appellons l'Homme.

Sixieme Abus; COMME on a attaché de certaines idées à de certains termes, on s'imagine, qu'entre ces termes & ces idées il y a une liaison si nécessaire, que ces termes expriment au juste ces idées ; comme s'il étoit assuré, que celui qui parle, & celui qui écoute, ont attaché précisément les mêmes idées aux mêmes expressions. Ainsi encore, on se met peu en peine de connoitre le sens que d'autres ont attaché à leurs expressions, on suppose qu'elles marquent l'assemblage précis des idées qu'on y a fixé soi-même, & cette supposition est la cause de bien des disputes inutiles. Le terme de *vie* est très familier à tout le monde ; il se trouveroit peu de personnes qui ne prissent pour un affront la priere qu'on leur feroit, d'expliquer le sens de cette expression : Mais s'il arrive qu'on mette en question, si une telle chose est *en vie* ou non, alors il sera aisé de voir qu'une idée déterminée n'accompagne pas toujours l'usage de ce mot. Cet abus dont je parle est plus général que les précédens, bien qu'on y fasse moins d'attention.

Septieme Abus; LES discours figurez. Il est vrai, qu'il semble qu'on doive les excuser dans les discours qu'on adresse au Peuple, & dans ceux où l'on cherche à plaire plûtôt qu'à instruire.

ſtruire. Mais par tout où la vérité eſt intereſſée, il faut avouer, qu'excepté l'ordre & la netteté, tout l'art de la Rhétorique, toutes les Alluſions, toutes les diſpoſitions artificielles qu'on fait des mots ſelon les regles que l'Eloquence a inventées, tous ces ornemens, dis-je, ne ſervent qu'à inſinuer de fauſſes idées, qu'à émouvoir les paſſions, qu'à ſéduire le jugement. Par conſequent tous ces traits de Rhétorique doivent être évitez dans les diſcours deſtinez à inſtruire. Ils n'y peuvent être conſiderez que comme de pures ſupercheries, & comme de grands défauts & du langage, & de celui qui les met en œuvre.

J'AJOUTERAI ici quelques reflexions ſur le but que nous devons nous propoſer en parlant aux autres hommes, c'eſt, I. *De leur manifeſter nos penſées*: Nous manquons à ce but, 1. En nous ſervant de termes auxquels nous n'avons attaché aucune idée déterminée, 2. En attachant à des termes uſitez des idées qu'ils n'expriment point dans leur uſage arrêté, 3. En leur faiſant ſignifier tantôt une idée, tantôt une autre. II. *De leur faire connoitre nos penſées avec toute la promtitude & toute la facilité poſſible*: Nous péchons à cet égard, quand nous manquons de mots pour exprimer nos idées. Cette diſette d'expreſſions a pour cauſe, ou la pauvreté de la langue qu'on parle, ou l'ignorance où l'on eſt de ſes termes. III. *De donner aux autres la connoiſſance des choſes*; ce à quoi nous ne ſaurions parvenir, lorſque nos idées ne s'accordent pas avec la réalité des choſes.

DONC pour me recueillir : Produire des mots ſans y attacher d'idée, c'eſt former des ſons deſtituez de toute intelligence : Avoir des idées complexes & manquer de termes pour les exprimer, c'est pécher contre la promtitude de l'expreſſion : Faire ſignifier aux mots tantôt une idée, tantôt une autre, c'eſt le moyen de n'être pas entendu : Appliquer les mots à d'autres idées qu'à celles que l'uſage leur a adapté, c'eſt ne donner aucun ſens à ſes paroles, c'eſt parler jargon : Enfin, avoir ſur les ſubſtances des idées qui ſoient incompatibles avec l'exiſtence des choſes, c'eſt être deſtitué des matériaux néceſſaires, pour arriver à une connoiſſance certaine, & avoir l'eſprit plein de chimeres.

C'est par le langage que les hommes s'entrecommuniquent leurs découvertes, leurs raiſonnemens, leurs connoiſſances. Ceux donc qui en font un mauvais uſage bouchent & rompent autant qu'en eux eſt, les canaux par où la connoiſſance ſe repand parmi les hommes pour leur bien & pour leur avantage : Mais auſſi ils n'en bouchent & ils n'en rompent que les canaux, car il eſt hors de leur pouvoir d'en corrompre les ſources. Elles ſont dans les choſes elles-mêmes. Donc uſer de certains termes, ſans y fixer de ſens déterminé, c'eſt ſe tromper ſoi-même, c'eſt tromper les autres. De telles gens, ſi tant eſt qu'ils en uſent ainſi de propos délibéré, ne doivent-ils pas être regardez comme des ennemis de la vérité & de la connoiſſance ?

En effet, Qu'on jette les yeux ſur les livres de controverſe, & on y verra que les termes obſcurs, équivoques, indéterminez, ne produiſent que des diſputes ſur les mots ſans jamais convaincre & éclairer l'eſprit ; & cela doit arrriver ainſi ; car ſi celui qui parle & celui qui écoute ne conviennent pas du sens d'un terme, leur dispute ne roule plus sur les choses, elle ne peut être que sur les mots. Et je souhaiterois bien, qu'on voulût examiner avec attention, si la plûpart des disputes qui partagent les hommes ne roulent pas sur les mots, & si elles ne s'évanouiroient pas supposé que l'on fut soigneux de définir les termes qu'on employe, & attentif à ne leur faire signifier que l'idée particuliere qu'ils désignent.

CHAPITRE XI.

Remedes contre les Imperfections & les Abus du Langage.

I. ON ne devroit jamais employer de terme sans y attacher quelque idée. Cette regle ne paroitra pas inutile à quiconque se rappellera, combien de fois il a vû employez des mots, comme ceux d'*instinct*, de *sympathie*, d'*antipathie*, &c. d'une maniere qui prouve, que ceux qui s'en servent n'ont dans l'esprit aucune idée précise.

II. Ces idées qu'on attache aux mots devroient toujours être déterminées. Les idées complexes ont cette qualité, lors qu'on connoit les idées particuliéres qui les composent ; & si ces idées particulieres en renferment d'autres plus particulieres, qu'on les distingue encore, jusqu'à-ce qu'on soit parvenu à leurs idées simples. Pour les idées des substances, il ne suffit pas

pas qu'elles soient distinctes, il est requis de plus qu'elles soient conformes à l'existence réelle des choses.

III. Autant qu'il est possible, on devroit fixer aux mots les idées qu'ils signifient dans l'usage ordinaire. Aucun homme n'étant le maître absolu des langues, de celles, sur tout, qui sont déja formées, personne ne peut avoir, ni le droit de détourner l'usage des mots, ni celui de leur faire signifier l'idée qu'il veut. On doit adapter son langage à celui qui fait la regle de la communication qui est entre les hommes. Et si la nécessité oblige de faire signifier à quelque mot une idée que l'usage ne lui a pas assignée, on est obligé d'en donner avis : par conséquent,

IV. Lors que l'usage a negligé de certains mots, ensorte qu'ils n'ont qu'une signification vague, incertaine, ou lors qu'on les emploie dans un sens particulier, ou enfin lors qu'ils sont équivoques & sujets à être mal interprétez ; dans tous ces cas, dis-je, il est nécessaire de les définir & ensuite de fixer leur sens.

Il y a des mots, qu'on ne peut pas définir, parce qu'ils signifient des qualitez simples. On doit en faire connoitre le sens, ou par des termes synonimes, ou en nommant le sujet où se trouvent ces qualitez, ou en présentant aux sens de celui à qui on veut les faire connoitre le sujet qui les renferme. Mais les modes mixtes, on peut les définir avec la derniere justesse, en faisant le dénombrement des idées qui les composent. Il importe extrêmement que les définitions des modes mixtes, qui regardent les sujets de morale, soient exactes ; car ce n'est n'est que par leur définition qu'on peut en représenter le sens ; mais aussi on peut le faire d'une maniere si précise, qu'on ne laisse aucun lieu, ni au doute, ni à la chicane.

Pour faire connoitre ce que signifient les noms des substances, il faut très souvent recourir aux deux voies dont je viens de faire mention, c'est de montrer les substances qu'ils expriment, & de les définir ; or elles ne sauroient mieux être définies que par leurs qualitez distinctives : Dans les Animaux, c'est la figure ; dans les corps inanimez, c'est la couleur ; & dans quelques-uns, c'est la figure & la couleur tout ensemble. Cependant le meilleur & peut-être l'unique moien pour donner à connoitre les qualitez d'une substance, c'est de les montrer ; des paroles n'imprimeront jamais dans l'esprit une idée aussi parfaite de la figure d'un *cheval* ou d'un *singe*, que la vuë de ces Animaux ; & aucune description de l'or ne nous donnera jamais une idée juste de la couleur & de la pesanteur particuliere de l'or, ce n'est que par une fréquente habitude à considerer ce métal que l'on peut se représenter ces deux qualitez.

Mais comme la plûpart des qualitez simples, qui composent nos idées spécifiques des substances, consistent en des puissances lesquelles nos sens ne peuvent pas découvrir immédiatement ; je pense, qu'on représente mieux une partie de la signification des noms des substances, en faisant l'énumeration de leurs qualitez, qu'en présentant aux sens la substance où elles sont. Celui à qui on aura dit que l'or est *ductile, fusible, fixe, & peut-être dissous dans l'eau l'eau régale*, aura, par cette description, une idée plus parfaite de ce métal, que s'il avoit vû simplement une piéce d'or, par où il n'en auroit observé que les qualitez les plus ordinaires.

Il seroit à souhaiter qu'on représentât par de petites tailles-douces la signification des termes qui expriment des choses que l'on distingue par la figure extérieure. Selon moi un Dictionnaire, fait sur ce plan, enseigneroit plus facilement la juste signification d'un grand nombre de termes, & sur tout de ceux des pays ou des siécles fort éloignez, & fixeroit de plus justes idées d'un grand nombre de choses, dont nous lisons les noms dans les anciens Autheurs Grecs & Latins, que tous les vastes & laborieux commentaires des plus savans Critiques. Les Naturalistes ont fort bien compris l'avantage de cette Méthode; & quiconque les a consultez avouera ingénument, qu'il a eu une idée plus claire de l'*ache* & de la *patience*, en voyant la figure de ces herbes, que par une longue définition. De même, on auroit une idée plus distincte de ce qu'on appelle *strigilis* & *sistrum*, dont on rend la signification dans quelques Dictionnaires par les mots d'*étrille* & de *cimbale*, si l'on voyoit à la marge des petites figures de ces instrumens, tels qu'ils étoient en usage parmi les Anciens.

V. Lors qu'on parle ou qu'on écrit pour instruire, ou pour convaincre quelqu'un, on devroit employer constamment le même terme dans le même sens. Si l'on s'étoit conformé à cette regle, ce qu'aucun homme sincere n'oseroit refuser, combien de dissertations,

tions, qui n'auroient jamais paru? Combien de controverses, qui s'en seroient allées en fumée? Combien de grands volumes remplis de mots ambigus, pris tantôt dans un sens, tantôt dans un autre, qui seroient reduits à de très petits abregez? Et combien d'ouvrages de Philosophie, pour ne parler que de ceux-ci, qui pourroient être renfermez, de même que les Ouvrages des Poëtes, dans une coquille de noix.

Fin du Troisieme Livre.

LIVRE QUATRIEME.

CHAPITRE I.

De la Connoissance en général.

'ESPRIT ne peut avoir pour objet de ses pensées & de ses raisonnemens que ses idées propres. Il est donc évident, que c'est sur nos idées que doivent rouler toutes nos connoissances ; & il semble que *connoître*, ne soit qu'*appercevoir ou le rapport ou l'opposition de quelques-unes de nos idées* : Ainsi connoitre que le blanc n'est pas noir, ce sera appercevoir l'opposition qu'il y a entre le blanc & le noir, & connoitre que les trois angles d'un triangle sont égaux à deux droits, ce sera appercevoir le rapport nécessaire de deux angles droits aux trois angles d'un triangle. Sur ces principes, on a une connoissance certaine quand on apperçoit le rapport de ses idées. Sans cette perception nos pensées ne peuvent être que *créance*, que *conjecture*, qu'*imagination*, mais jamais connoissance certaine.

L   Afin

AFIN qu'on puisse connoitre plus au juste ce que c'est qu'appercevoir le rapport ou l'opposition de ses idées, il faut distinguer quatre especes d'opposition & de rapport. Rapport & opposition d'*identité* & de *diversité*, de *rélation*, de *co-existence*, d'*existence réelle*.

LE premier acte de l'esprit est d'appercevoir ses idées, & quand il les a apperceues, de connoitre ce que chacune est, & par cette connoissance, de découvrir leur difference, c. à. d. de juger que l'une n'est pas l'autre. Par cet acte, l'esprit apperçoit non seulement que chaque idée est ce qu'elle est, mais de plus que les idées qui different entr'elles ne peuvent pas être les mêmes. L'esprit porte ce jugement sans peine, sans déduction de preuves; c'est là le droit de sa puissance d'appercevoir ses idées & de les distinguer. Les *Logiciens* ont crû que l'esprit n'exerçoit cet acte que par le secours de ces regles générales, *ce qui est, est*: *Il est impossible qu'une chose soit, & ne soit pas en même tems*. Mais ils l'ont cru sans raison: Y a-t-il quelque *maxime*, quelque *axiome*, qui puisse nous apprendre que le rond n'est pas quarré, avec plus de certitude que fait la perception immédiate de l'incompatibilité des idées de *rond* & de *quarré*?

IL y a une seconde espece de perception, & que j'appelle *rélative*, qui regarde le rapport ou l'opposition qu'on découvre entre quelques-unes de ses idées, suivant qu'on les compare par differentes faces.

IL y a 3o. perception du rapport & de l'opposition de ses idées, entant que considerées comme représentatives des qualitez qui co-existent dans les corps; ceci se rapporte principalecipalement aux substances. *Par exemple*, Quand j'affirme que l'or est fixe, je n'assure autre chose sinon que la fixation de ce corps, ou la proprieté qu'il a de demeurer dans le feu sans y être consumé, co-existe toujours avec les autres qualitez qui composent nôtre idée complexe sur l'or, ce sont une certaine *pesanteur* & *couleur*, la *fusibilité*, &c.

ENFIN, il y a perception du rapport & de l'opposition de quelques-unes de ses idées à l'existence réelle des choses. Ce sont là les quatre especes de rapports & d'oppositions que l'esprit découvre entre ces idées, & que je suppose renfermer toutes nos connoissances, tant celles que nous avons, que celles que nous pouvons avoir : du moins ne conçois-je pas qu'on puisse rien connoitre sur une idée, ni en rien affirmer, sinon, 1. Qu'elle est la même qu'elle étoit autrefois, & qu'elle differe de toute autre ; 2. Qu'elle a telles & telles rélations avec une autre ; 3. Qu'elle est représentative de qualitez qui co-existent ou qui ne co-existent pas dans un même sujet ; 4. Que son Archétipe existe réellement hors de nous.

COMME l'esprit connoit la vérité en deux manieres differentes, il y a aussi deux differentes especes de connoissance, l'une *actuelle*, l'autre *habituelle*. *Connoissance actuelle*, c'est consentir à une proposition ou la nier, parce qu'on en apperçoit actuellement ou la vérité ou la fausseté. *Connoissance habituelle*, c'est tenir une proposition pour vraie ou pour fausse, parce qu'on est assuré d'en avoir eu les preuves autrefois.

Or cette connoissance habituelle est de deux espèces ; Dans l'une, en même tems qu'on se rappelle une proposition, on découvre aussi les rapports de toutes les idées qui la composent : Dans l'autre, on ne rappelle pas ces preuves, mais on se souvient de les avoir connues autrefois. De cette seconde manière un homme peut connoitre que les *trois angles d'un triangle sont égaux à deux droits* ; car peut-être que les preuves sur lesquelles il a cru cette proposition veritable se sont échapées de son esprit : Il ne consent plus à cette proposition, en conséquence des preuves qui l'établissent, mais en conséquence de la certitude où il est de les avoir apperçues autrefois. L'immutabilité des mêmes rapports entre les mêmes choses immuables, est à-présent la seule raison qui lui prouve, que si les trois angles d'un triangle ont été une fois égaux à deux droits, ils le seront toujours de même.

CHAPITRE II.

Des Degrez de nôtre Connoissance.

La connoissance consistant dans la perception du rapport & de l'opposition de ses idées, on peut, ce semble, conclurre que nôtre connoissance doit être claire & obscure, selon la clarté & l'obscurité de cette perception.

Le plus haut degré de connoissance est, lorsque l'esprit apperçoit immédiatement le rapport & l'opposition de quelques idées. J'appelle cette perception du nom de *connoissance immediate* ou *de simple vuë* : Par elle on connoit que le blanc n'est pas noir, que deux sont moins que trois, &c. Cette connoissance immédiate a une force irresistible ; semblable à l'éclat d'un beau Soleil, elle se fait voir immédiatement dès que l'esprit y tourne la vuë : C'est d'elle que dépendent la certitude & la clarté de toutes nos autres connoissances.

Le second degré de connoissance est, lors que ne pouvant pas arranger ses idées, de sorte qu'on en découvre immédiatement les rapports & les oppositions, on est obligé de chercher ces oppositions & ces rapports, par l'entremise d'une troisieme idée ; c'est ce qu'on appelle *connoitre par raisonnement* : De cette maniere on connoit, *p. e.* qu'il y a un rapport d'égalité entre les trois angles d'un triangle & deux angles droits ; car nous n'aurions jamais eu connoissance de ce rapport par une vuë immédiate, ou en comparant ces angles par nos yeux. Ces idées moiennes, qui découvrent les rapports de deux idées, sont appelées des *preuves* : La perception claire de ces rapports, laquelle on découvre par ces preuves, est appellée *démonstration* : Et la promtitude d'esprit à inventer des preuves & à s'en servir à propos, est, à mon avis, ce qu'on nomme *Sagacité*.

Entre la connoissance par simple vuë, & la connoissance par démonstration, il y a ces deux differences : I. Bien que la derniere soit certaine, cependant elle n'est pas aussi évidente que la premiere ; car afin de découvrir des rapports qu'on n'apperçoit pas immédiatement, il faut de l'application, & ce n'est que par une progression de degrez insensibles, qu'on peut arriver à cette découverte. II. La connoissance par démonstration est toujours précédée de quelque doute, mais la connoissance immédiate l'exclut entierement. Tout homme qui jouït de la faculté de la perception dans un degré assez considerable pour avoir des idées distinctes, n'a pas de meilleure raison pour douter des veritez qu'il connoit immédiatement, qu'il n'en auroit pour mettre en question si ce papier & cette encre ne sont pas de même couleur.

Afin qu'une démonstration soit juste, il faut, qu'à chaque pas qu'on fait, on apperçoive immédiatement le rapport & l'opposition entre ses idées, & l'idée moienne la plus prochaine, dont on se sert comme de preuve ; autrement cette preuve auroit besoin d'une autre preuve, & on n'arriveroit jamais à la connoissance ; car sans une perception immediate nos pensées ne sont que doute & conjecture. Donc chaque pas, chaque degré dans la démonstration, doit être apperçu immédiatement. Donc une telle perception, tant qu'on se souvient de l'avoir euë, produit une certitude immédiate. Mais en vuë de découvrir cette certitude dans chaque pas qu'on fait dans une démonstration, il faut user d'une méthode très exacte, & être bien assuré qu'on a parcouru toutes les parties du sujet qu'on veut démontrer; or comme il est difficile que l'esprit retienne toutes ces parties dans de longues discussions, on voit que la démonstration le cede à la connoissance immédiate ; aussi arrive-t-il souvent qu'on embrasse les faussetez pour des démonstrations.

C'est une opinion généralement reçue que les Mathematiques seules sont capables de démonstration. Mais pourquoi ce privilege seroit-il particulier aux idées des nombres, de l'étenl'étenduë & de la figure? On parvient à la démonstration, toutes les fois que, par une troisieme idée, on apperçoit immédiatement le rapport & l'opposition de deux idées ; Or cette perception immédiate, se termine-t-elle aux idées des figures, des nombres, de l'étenduë & de leurs modifications ? Il est bien vrai, & c'est peut-être ce qui a fait supposer que les sujets de Mathématique étoient seuls capables de démonstration, il est vrai, dis-je, que ces sujets sont plus faciles à démontrer que ceux qui regardent d'autres matieres. La différence & l'égalité entre les nombres, les figures, & l'étenduë, est très facile à distinguer ; & si même il est difficile d'appercevoir de la différence entre deux corps & deux figures d'une grosseur presque égale, cependant on a trouvé les moyens pour mesurer au juste l'égalité ou la différence de deux angles, de deux figures, & de deux corps dissemblables ; les modifications des figures ont néanmoins cet avantage sur celles de l'étenduë, qu'on peut les tracer par des marques durables. Pour les modifications des nombres, elles sont infiniment distinctes ; & d'ailleurs on peut les tracer de même que celles des figures. Cette facilité de distinction n'a pas lieu à l'égard des idées dont les différences se réglent par des degrez, comme sont les idées des qualitez sensibles. Ces idées ne sont que des appercevances excitées par la grosseur, par la figure & le mouvement des parties insensibles de la matiere ; Donc la diversité de degrez dans ces idées dépend de la co-opération diverse de toutes ces causes ensemble, ou de quelques-unes seulement : Donc on ne peut avoir de régles pour juger de la différence précise de deux degrez approchans,

comme

comme seroit de blancheur ; car on ignore l'action qui est nécessaire aux parties imperceptibles de la matiere, pour qu'elles produisent une telle blancheur précise. Nous n'avons que les sens pour juger des degrez de nos idées simples ; or ils ne peuvent pas nous faire distinguer deux degrez approchans, *par exemple*, de blancheur. Mais lors que les corps excitent en nous des appercevances aussi distinctes que l'est, *par exemple*, le *bleu*, & le *rouge*, alors, dis-je, ces idées sont aussi capables de démonstration que celles des nombres & de l'étenduë : Et ce que je viens de dire des couleurs est vrai à l'égard de toutes les qualitez sensibles.

AINSI, *connoitre immédiatement* & *connoitre par démonstration*, ce sont les seuls moyens pour arriver à la certitude, si tant est qu'il s'agisse d'idées abstraites & générales ; car la perception de cette espece d'idées n'est pas la seule dont l'esprit soit capable, il en a une autre, & qui regarde l'existence des Etres finis & corporels. Cette autre perception passe sous le nom de connoissance ; &, en effet, elle va plus loin que la probabilité, bien qu'elle n'ait pas toute la certitude de la connoissance, ou immédiate, ou démonstrative.

Nous avons des idées qu'ont excité en nous les objets extérieurs, cela est incontestable. Nous en avons une connoissance immédiate : Mais de cela seul que nous avons ces idées, pouvons-nous inférer qu'il y a hors de nous des objets tels qu'elles les représentent ; c'est ce que plusieurs personnes mettent en question, parce, disent-ils, qu'il n'est pas impossible qu'on ait les idées de choses qui n'existérent jamais, & qui n'affectérent jamais les sens ; néanmoins je
suis

suis persuadé que, touchant l'existence des objets exterieurs, nous avons un degré de certitude qui s'éleve au dessus du doute; car il n'y a personne qui ne soit invinciblement convaincu, que la perception qu'il a du Soleil, lors qu'il le voit en effet, est très différente de celle qu'il en a, lors qu'il le voit en songe.

J'ADMETS donc ces trois différentes especes des connoissances, *connoissance immédiate, connoissance démonstrative & connoissance sensitive*; cette derniere est fondée sur ce que nous avons le sentiment interieur des idées qu'ont excité en nous les objets exterieurs.

MAIS, dira-t-on, si nôtre connoissance n'a de fondement que dans nos idées, ne s'ensuit-il pas, qu'elle doit leur être conforme, que par conséquent elle doit être claire ou obscure, distincte ou confuse, suivant qu'il y aura de clarté ou d'obscurité dans les idées? Je réponds que la connoissance n'étant que la perception du rapport & de l'opposition de quelques idées, elle doit être claire ou obscure, distincte ou confuse, selon qu'il y a de clarté ou d'obscurité dans cette perception, & non pas selon que les idées elles-mêmes sont claires ou obscures. Un homme peut avoir une idée claire des trois angles d'un triangle, & de deux angles droits, & cependant ne connoitre que fort confusément que les trois angles du triangle sont égaux à deux droits. Mais il est à remarquer, que des idées obscures & confuses ne peuvent jamais produire une connoissance claire & distincte; c'est que l'esprit ne peut pas appercevoir si elles conviennent ou si elles ne conviennent pas entr'elles, ou pour m'exprimer en d'autres termes, quand on n'a pas attaché des idées précises

aux

aux mots dont on se sert, on ne sauroit former des propositions de la certitude desquelles on puisse être assuré.

CHAPITRE III.
De l'étenduë de nos Connoissances.

DES principes que je viens de poser sur la connoissance il s'ensuit,

I. QUE nôtre connoissance ne s'étend point au delà de nos idées.

II. QU'IL nous est impossible de rien connoitre, si nous n'appercevons pas quelque rapport & quelque liaison entre quelques idées, ou immédiatement, ou par démonstration, ou par sensation.

III. QU'IL est au dessus de nôtre portée d'avoir une connoissance de simple vuë sur tout ce que nous souhaiterions de connoitre touchant nos idées ; c'est qu'il nous est impossible d'appercevoir immédiatement tous leurs rapports. J'ai une idée claire de deux différens corps ; cependant, à cause de leur figure dissemblable, je ne puis, ni les comparer au juste, ni par conséquent découvrir immédiatement leurs grosseurs différentes.

IV. QUE la connoissance par démonstration ne peut pas s'étendre aussi loin que nos idées ; car il est impossible de trouver toûjours une troisiéme idée, par laquelle on puisse, dans toutes les parties d'une discussion, découvrir immédiatement les rapports & les oppositions de deux idées différentes.

V. QUE

V. Que la connoissance par sensation est moins étenduë que les deux autres ; car elle n'a d'autre objet que l'existence des choses qui affectent actuellement les sens.

VI. Que par conséquent nos connoissances n'ont pas autant d'étenduë que la réalité des choses & que le nombre de nos idées. Quoique nous aions, *par exemple*, les idées d'un *quarré*, d'un *cercle*, & d'*égalité*, il sera, peut-être, que nous ne pourrons jamais découvrir la *quadrature du cercle*. De même, nous avons les idées de la matiere & de la pensée ; mais quoique je prouve dans le *Chap* X. de ce *Livre* IV. que la matiere ne peut pas être le premier Etre pensant, parce que de sa nature elle est visiblement destituée de sentiment, peut-être néanmoins qu'il nous sera éternellement impossible de connoitre si Dieu n'a point donné à quelques amas de matiere, disposez d'une certaine façon, la puissance de penser.

On ne peut affirmer aucune chose sur ses idées, ni en rien nier, qui ne se rapporte ou à leur identité & diversité, ou à leurs rélations, ou à la co-existence des qualitez des corps qu'elles représentent, ou à l'existence réelle de ces mêmes qualitez. Voions jusqu'où s'étendent nos connoissances dans chacun de ces articles.

I. Sur l'*identité* & la *diversité* de nos idées, nôtre connoissance s'étend aussi loin que nos idées mêmes. Nous n'en saurions avoir aucune, sans appercevoir immédiatement qu'elle est ce qu'elle est, & que par conséquent elle differe de toute autre.

II. Sur leurs *rélations*, & c'est ici le plus vaste champ où nôtre connoissance peut s'exercer, sur cet article, dis-je, il est difficile de déterminer

miner jusqu'où nos connoissances peuvent s'étendre; car les progrès, qu'on peut y faire, dépendent de la sagacité des hommes à inventer des preuves qui manifestent le rapport ou l'opposition de nos idées. Ceux qui ignorent l'Algebre ne sauroient s'imaginer quels Problemes étonnans on peut résoudre par cette science. Et je n'oserois pas nier, que quelque esprit pénétrant ne puisse encore inventer des moiens de perfectionner les autres parties de nôtre connoissance.

Ici, je ne puis pas m'empêcher d'observer, que ce n'est pas seulement les sujets de Mathématique que l'on peut démontrer. Je suis très convaincu qu'on pourroit démontrer les sujets de Morale, *c'est-à-dire*, cette partie de nos connoissances, qui doit être l'objet le plus important de nôtre étude, si les préjugez, si les passions & un vil interêt ne s'opposoient pas à un travail de cette nature, à nous aussi utile que nécessaire. L'idée d'un Etre suprême, infini en bonté & en sagesse, qui nous a formé de rien, de qui nous dépendons, cette seule idée, dis-je, étant rapportée à nous-mêmes, qui sommes des Créatures revêtues des facultez de concevoir & de raisonner, suffiroit pour établir des fondemens de nos devoirs si solides, & des régles de nôtre conduite si justes, que par là on pourroit placer la Morale au rang des Sciences capables de démonstration: Et en effet, pourquoi, touchant les véritables régles du *juste* & de *l'injuste*, ne pourroit-on pas déduire des conséquences aussi nécessaires que le sont les conséquences des Mathématiques; si on ne l'a pas fait, c'est qu'on ne s'y est pas appliqué avec le même desinteressement & la même attention d'esprit, avec laquelle

quelle on s'eſt attaché à diſcuter les Sujets des Mathématiques. *Il ne peut y avoir d'injuſtice, là où il n'y a point de proprieté*; cette propoſition n'eſt-elle pas auſſi évidente qu'aucune démonſtration d'Euclide? Le mot de *proprieté* marque le droit à quelque choſe, celui d'*injuſtice* marque la violation de ce droit; or ces idées étant ainſi déterminées, & cès noms leur étant attachez, ne puis-je pas m'aſſurer de la vérité de cette maxime de droit, auſſi bien que de la vérité de cet axiome de Mathématique, *les trois angles d'un triangle ſont égaux à deux droits.* Autre propoſition d'une égale certitude; *Nul Gouvernement n'accorde une abſolue liberté*: L'idée de *Gouvernement* marque qu'une Societé a établi de certaines loix, ſur leſquelles doivent regler leurs actions ceux qui la compoſent; l'idée d'une *liberté* abſolue déſigne le droit de faire ce qu'on veut; donc cette propoſition n'eſt-elle pas auſſi certaine qu'aucune des Mathématiques?

CE qui a fait croire les ſujets de Mathématiques plus capables de démonſtration que ceux de Morale, c'eſt 1. Qu'on peut tracer les premiers par des marques qui étant ſenſibles ont avec eux un rapport plus proche que tous les mots & tous les ſons imaginables: Un triangle tiré ſur le papier eſt une copie très exacte de l'idée que nous en avons, & elle n'eſt point ſujette à l'incertitude de la ſignification des mots. Mais les ſujets de morale ne peuvent pas être repréſentez par des marques ſenſibles; on ne peut les faire connoitre que par des mots. Il eſt vrai que ces mots ſont les mêmes tant qu'ils demeurent écrits ſur le papier, mais leurs idées peuvent varier dans le même homme; & d'autre côté, il eſt rare qu'elles ſoient les mêmes en differentes personnes. 2. Les sujets des Mathématiques sont plus capables d'une démonstration aisée & facile que ceux de morale, parce qu'ils ne sont pas aussi composez que ces derniers. Les sujets de Morale, à cause du grand nombre d'idées qui les composent, sont exposez à deux inconvéniens très facheux. L'*un*, qu'on ne convient que rarement des idées précises que représentent les termes de Morale; par là ces mots deviennent ambigus, ou sujets à ne pas représenter constamment la même idée, soit qu'on s'entretienne avec d'autres personnes, soit qu'on médite en soi-même. L'*autre*, qu'il est impossible de retenir assez bien l'assemblage de ces idées, pour examiner tous leurs rapports & toutes leurs oppositions: Cet inconvénient est bien dangereux, quand il faut faire de longues déductions de raisonnement, & qu'il faut recourir à l'entremise de plusieurs idées complexes, afin de connoitre si deux idées très éloignées conviennent, ou ne conviennent pas entr'elles.

On remédieroit néanmoins à une partie de ces inconveniens, si on manifestoit par des définitions l'assemblage des idées simples que renferme chaque terme, & si l'on désignoit invariablement le même assemblage par la même expression.

III. Nous avons une troisiéme source de connoissance, dans la perception de la co-existence de certaines qualitez dans un même sujet. De cette perception, laquelle néanmoins est fort bornée, nous vient la plus importante partie de nos connoissances sur les corps; & de fait, nos idées des substances n'étant, comme j'ai fait voir, que des assemblages de certaines qualitez simples, lesquelles nous observvons exifter dans un même fujet, quand nous voulons connoitre plus particuliérement telle ou telle fubftance, que pouvons-nous faire que rechercher fes propriétez, fes puiffances, ou, ce qui vient au même, que rechercher fi quelques autres puiffances, quelques autres propriétez, exiftent avec celles qui compofent l'idée complexe que nous en avons actuellement. Il nous eft impoffible, par nos idées, de découvrir quelles font les proprietez, les puiffances qui ont entr'elles une union & une incompatibilité manifefte ; ces puiffances n'étant que des fecondes qualitez, lefquelles émanent des qualitez premieres, qui font les parties infenfibles de la matiere, & peut-être quelque chofe qui eft encore plus éloigné de nôtre compréhenfion, comment peut-on connoitre que deux puiffances, deux qualitez ont entr'elles une union ou une oppofition néceffaire ?

Mais fuppofé qu'on connut les qualitez premieres, cependant on ignore leur liaifon avec les qualitez fecondes qu'elles produifent. Nous fommes fi éloignez de connoitre la groffeur, la configuration, & le mouvement néceffaire aux parties d'un corps, pour exciter en nous le fentiment de la couleur jaune, du gout de douceur, du fon aigu, qu'il nous eft même impoffible de concevoir comment aucune groffeur, aucune configuration & aucun mouvement, peuvent produire le fentiment d'une certaine couleur, d'un certain gout & d'une certaine fenteur.

L'Experience eft donc le feul moyen pour connoitre quelles font les qualitez fimples qui co-exiftent dans un fujet. A la verité, quelques-unes des qualitez premieres ont entr'elles une liaifon néceffaire, la *figure* p. e. fuppofé

l'étendue,

l'étendue, & la *communication du mouvement par l'impulsion* suppose la *solidité*, mais on ne sauroit se convaincre de la co-exiftence des qualitez indépendantes les unes des autres, qu'autant que l'experience nous en apprend. On sait, parce qu'on l'a éprouvé, que l'or est fixe, qu'il est fusible, malléable, de couleur jaune, fort pesant, &c. mais ces qualitez ne dépendent pas les unes des autres; on ne sauroit donc prouver que là où il s'en trouve quatre, la cinquieme doive s'y rencontrer auſſi; cela eſt fort probable, il eſt vrai, mais le plus haut degré de probabilité n'emporte jamais de certitude, ſans quoi il ne peut y avoir de connoiſſance. Je conclus donc qu'on ne peut être aſſuré de la co-exiſtence des qualitez indépendantes les unes des autres, qu'autant qu'on l'apperçoit; Or on ne peut l'appercevoir dans les ſujets particuliers que par les ſens, & dans les ſujets généraux que par la liaiſon des idées.

QUANT à l'incompatibilité des qualitez premieres ou originelles dans un même ſujet, nous connoiſſons, avec certitude, qu'un ſujet ne peut avoir de chaque eſpece des qualitez premieres & originelles qu'une ſeule à la fois, ou pour m'exprimer en d'autres termes, nous concevons très clairement qu'un même ſujet ne peut pas renfermer diverſes choſes de même eſpece; une certaine figure ne peut pas ſubſiſter avec une autre figure, & une étendue particuliere exclut toute autre étendue. Ce que je dis des qualitez des corps leſquelles ſont de même eſpece, je le dis auſſi des idées ſenſibles particulieres à chaque ſens; aucun corps ne peut exciter en même tems deux odeurs differentes ou deux couleurs contraires.

POUR

Pour ce qui regarde la puissance des corps, sujet qui fait une grande partie de nos recherches, & qui n'est pas une branche peu considerable de nos connoissances, sur cette matiere, dis-je, je doute que nôtre savoir ait des bornes plus étendues que nôtre experience ; car la texture & le mouvement des parties des corps, ce en quoi consiste leur puissance, nous est entierement caché. Nous devons nous en tenir sur cet article à ce que nous en savons par l'experience. Et qu'il seroit à souhaiter qu'on eut porté la *Philosophie expérimentale* plus loin qu'on n'a fait ! Nous voyons combien les travaux généreux de quelques personnes ont ajouté de lumiéres à nos connoissances Physiques : Si tous les Philosophes, & sur tout les *Chymistes*, qui prétendent perfectionner cette partie de nos connoissances, avoient été aussi exacts dans leurs observations & aussi sinceres dans leurs rapports que devroient l'être des gens qui se disent Philosophes, nous connoitrions beaucoup mieux les corps & leurs puissances & opérations.

IV. La derniere source de connoissance, c'est la perception de l'existence réelle des choses ; or je tiens que sur nôtre existence nous avons une *connoissance immédiate*, sur l'existence de Dieu une *connoissance démonstrative*, & sur l'existence des objets qui agissent sur nos sens une *connoissance sensitive*.

Par ce que j'ai dit, on voit qu'on peut reduire les causes de nôtre ignorance à ces trois principales, 1. le *manque d'idées*, 2. *l'impossibilité de découvrir les rapports de celles que nous avons*, 3. *le défaut d'attention & de travail*.

Nous ignorons donc un grand nombre de choses, parce que nous n'en avons point d'idées.

Nos sens, & le sentiment interieur de nôtre esprit sur ses opérations, sont les seuls canaux par où nous recevons des idées simples : or quel rapport de ces canaux étroits à la vaste étendue des Etres ! Il n'y a personne qui ne sente invinciblement qu'on feroit des découvertes plus considerables dans la nature, si on pouvoit la découvrir d'une maniere plus parfaite. J'ose dire, qu'entre ce que nos facultez nous découvrent dans le monde des esprits & dans celui des corps, & ce qu'une obscurité impénétrable nous cache & des uns & des autres, il n'y a point de proportion. Ce que nous en connoissons par les yeux & par la pensée, n'est qu'un point, n'est presque rien, en comparaison de ce qui échape à nos connoissances.

Nous manquons d'un bon nombre d'idées que nous pourrions avoir ; & c'est là une autre cause très considerable de nôtre ignorance, & par où nous ignorons des veritez dont nous sommes capables : *p. e.* Nous avons des idées de grosseur, de mouvement, de configuration ; mais n'ayant nulle idée de la grosseur, du mouvement, de la configuration de la plûpart des corps, nous ignorons leurs differentes puissances, leurs diverses productions & la varieté presque infinie avec laquelle ils produisent ces effets que nous admirons tous les jours. Cette méchanique nous est cachée en de certains corps, parce qu'ils sont trop éloignez de nous, & en d'autres, parce qu'ils sont trop petits.

Quand je considere l'extreme distance qu'il y a entre les parties de ce monde qui sont exposées à nôtre vue, quand je pese les raisons que j'ai pour croire que ce que nous voyons n'est qu'une très petite partie de l'univers, quand
je

je tâche de découvrir la fabrique des grandes masses de matiere qui composent cette prodigieuse machine d'Etres corporels, leur étendue, leur mouvement, la maniere dont se perpétue ce mouvement; l'influence qu'ont ces grands corps les uns sur les autres; quand ensuite je ramene mon esprit à la contemplation de ce coin de l'univers, où nous sommes renfermez, que je contemple le tourbillon de nôtre Soleil, ces grands Corps qui se meuvent autour de lui, leurs Végétaux, leurs Animaux, differens à l'infini de ceux qui vivent sur nôtre petite boule, & dont nous ne pouvons rien connoitre pendant que nous sommes confinez dans cette terre, pas même la figure & les parties extérieures; car il n'y a aucune voie naturelle qui puisse nous les faire connoitre; quand, dis-je, je réfléchis sur tous ces grands objets, mon esprit se perd, se dissipe, s'éblouït, s'avoue renfermé à leur égard dans un vaste abime d'ignorance.

Si la plus grande partie des corps échapent à nos connoissances, parce qu'ils sont trop éloignez de nous, il y en a d'autres que leur extreme petitesse ne nous cache pas moins; tels sont les corpuscules impalpables de la matiere, & qui sont néanmoins ses parties actives, & les grands moiens par où la nature produit les operations & les qualitez sensibles des corps. Nôtre ignorance, qui à cet égard est insurmontable, nous empêchera toujours de découvrir tout ce que nous souhaiterions de connoitre des qualitez secondes des corps. Si nous connoissions la méchanique de la *Rhubarbe* & de l'*Opium*, nous pourrions expliquer les raisons pourquoi la *Rhubarbe* purge & l'*Opium* endort, tout de même qu'un Horloger explique le ressort d'une montre qu'il a faite. La raison pourquoi l'*eau régale* ne peut pas diffoudre l'*argent*, ou pourquoi l'*or* ne fe diffout point dans l'*eau forte*, feroit peut-être auffi facile à connoitre, que l'eft à un ferrurier la raifon pourquoi une clé ouvre une certaine ferrure & non pas une autre. Mais tant que nos fens ne nous découvriront pas la méchanique des corps, nous devons nous refoudre de bon cœur à ignorer leurs proprietez, la maniere dont ils operent, & nous devons nous contenter d'être certains d'un petit nombre de chofes que nous avons aprifes par l'experience; de favoir au-refte fi ces mêmes expériences réuffiront une autre fois, c'eft ce dont nous n'avons aucune connoiffance certaine. Ainfi quelque loin que l'induftrie humaine puiffe porter la *Philofophie experimentale*, je fuis néanmoins tenté de croire, que fur ces matieres nous ne parviendrons jamais à une connoiffance de fcience certaine; car nous n'avons point d'idée des corps, pas même de ceux qui font les plus près de nous & en nôtre difpofition.

Nôtre ignorance n'eft pas moins grande, peut-être même elle l'eft davantage à l'égard de la nature des efprits. Tant s'en faut que nous connoiffions leur nombre, qui eft probablement infini, qu'au contraire nous fommes à leur égard dans une parfaite ignorance, ignorance parfaite qui nous cache fous une obfcurité impénétrable prefque tout le monde intellectuel, plus beau certainement & plus grand que le monde matériel. Hors quelque peu d'idées fuperficielles, que nous formons des efprits en réfléchiffant fur le nôtre, & lefquelles nous appliquons, dans un dégré auffi parfait qu'il nous eft poffible, au Pere des efprits, qui leur a donné l'existence, & qui nous a fait nous & tout ce qui existe, nous ne pouvons avoir aucune connoissance de ces Etres, pas même de leur existence, si ce n'est par la Revélation. Taxer de témérité ceux qui par leurs lumieres seules ne craignent point de regler les états, les conditions, les facultez ou puissances par où ces Esprits different & entr'eux & d'avec nous ; est-ce donc une injustice ?

La seconde cause de nôtre ignorance, c'est l'impossibilité de découvrir les rapports qui sont entre nos idées ; car sans la perception de ces rapports, nous ne pouvons pas avoir de connoissance certaine & générale. Sur les idées dont nous n'appercevons pas les rapports, nous ne pouvons rien affirmer que ce que nous en apprenons par quelques observations & par l'experience. Ainsi la méchanique des corps n'ayant aucune liaison avec les idées qu'elle produit, nous ne pouvons avoir connoissance des operations de cette méchanique que par l'experience seule, & par conséquent nous ne pouvons rien connoitre sur ces operations, si ce n'est, qu'elles sont des effets produits par l'institution incompréhensible d'un Agent infiniment sage. Ce que j'affirme des operations des corps, je le dis aussi des operations de nôtre esprit sur nôtre corps ; par la consideration de nôtre Ame & de nôtre corps nous n'aurions jamais pû comprendre, qu'une pensée pût produire des mouvemens dans le corps.

La troisiéme cause d'ignorance, c'est qu'on n'est ni assez attentif à ses idées, ni assez laborieux à chercher des idées moyennes, qui puissent découvrir les rapports de deux autres idées. Ainsi plusieurs ignorent les Mathématiques, parce qu'ils qu'ils ne se sont jamais appliquez à examiner & à comparer les sujets de cette science.

Je ne parlerai pas ici de l'étendue de nos connoissances universelles, je dois traiter ce sujet au long dans les chapitres de la *connoissance réelle* & de la *connoissance générale*.

CHAPITRE IV.

De la Réalité de nos Connoissances.

Je ne doute pas, que mon lecteur ne soupçonne que jusqu'ici je n'ai travaillé qu'à bâtir un château en l'air, & qu'il ne soit tenté de m'objecter en cette maniere. Si nos connoissances ne sont fondées que sur la perception du rapport & de l'opposition de nos idées, quelle difference y aura-t-il entre les visions d'un Entousiaste & les raisonnemens les plus justes, entre le bon sens & les imaginations déreglées d'un cerveau échauffé ? L'homme fou & l'homme sage n'apperçoivent-ils pas le rapport, celui-ci de ces idées, & l'autre de ses imaginations ? Ne parlent-ils pas conséquemment à ce qu'ils appellent leurs idées ? Mais de quel usage peut être une pareille connoissance ? quels secours en peut retirer un homme qui travaille à pénétrer jusqu'à la réalité des choses ?

Je reponds, que si la connoissance que nous avons par nos idées se terminoit à ces idées mêmes, nos pensées les plus sérieuses ne pourroient pas être d'un plus grand poids que les visions d'un Entousiaste, & les rêveries d'un cerveau déreglé, quand même nous serions persuadez.

dez qu'elles s'étendent à quelque chose de plus ; mais avant que finir j'espere démontrer, 1. Qu'être assuré d'une chose, par la connoissance qu'on a de ses idées, n'est pas une simple imagination ; 2. Que la certitude des véritez générales n'a de fondement que dans la connoissance de ses idées.

L'Esprit ne connoit pas les choses par elles-mêmes, il ne les connoit que par leurs idées; & ainsi nôtre connoissance est réelle, lorsque nos idées sont conformes à la réalité des choses. Mais comment s'assurer que nos idées conviennent avec la réalité des choses? Nous en sommes assurez, I. à l'égard de nos idées simples ; car,

L'Esprit n'a pas la puissance de les créer ; elles sont les effets des choses qui agissant sur nôtre ame, par les voies naturelles, y excitent les perceptions que nôtre Créateur a voulu qu'elles y excitassent : Donc nos idées simples ne sont pas des fictions, mais elles sont des productions naturelles & réglées des choses qui existent hors de nous, & qui agissent sur nos sens : Donc nos idées simples ont avec nôtre état présent toute la convenance requise, qui est de nous représenter les choses sous des apparences, qui nous fassent juger des effets qu'elles peuvent exciter en nous ; or cette conformité de nos idées simples avec l'existence des choses suffit pour avoir à cet égard une connoissance très réelle.

II. Nos idées complexes, hors celles des substances, étant des Archétipes de nôtre formation, & n'étant rapportées à d'autre Archétipe qu'à elles-mêmes, elles ne sauroient manquer d'avoir avec leurs Archétipes, toute la convenance requise pour qu'une connoissance soit réelle ;

elle; car tout ce qui ne doit repréſenter que ſoi-même ne peut pas être capable d'une fauſſe repréſentation. Ici nos idées ſont des Archétipes, & on ne conſidére les choſes que dans leurs rapports à ces idées, ou à ces archétipes. Un Mathématicien, *par exemple*, examine la nature & les proprietez d'un *rectangle*, d'un *cercle*, entant que ce *rectangle* & ce *cercle* ſont des idées qu'il a dans l'eſprit; car peut-être n'a-t-il jamais trouvé de figure qui répondit préciſément à celles qu'il ſe repréſente, cependant la connoiſſance qu'il a de ce *cercle*, de ce *rectangle*, eſt non-ſeulement certaine, mais elle eſt réelle, parce que dans cette rencontre, il ne conſidere pas ce *rectangle*, ce *cercle*, entant qu'ils exiſtent réellement, mais entant qu'ils conviennent avec les archétipes de ſon eſprit. Et s'il eſt vrai du *triangle*, entant qu'on le conſidere en idée, que ſes trois angles ſont égaux à deux droits, la même choſe ſera certaine, en quelque endroit du monde que le triangle exiſte; car tout ce qui eſt véritable touchant les figures qui n'ont qu'une exiſtence idéale, eſt véritable auſſi, dès qu'elles viennent à exiſter dans la nature des choſes.

De ces principes il s'enſuit, que les ſujets de Morale ſont capables d'une certitude auſſi réelle que les ſujets de Mathématique. La *certitude* n'eſt que la perception du rapport ou de l'oppoſition de quelques-unes de nos idées, & la *démonſtration*, c'eſt la perception de ce rapport & de cette oppoſition par l'entremiſe de quelques autres idées. Donc les idées ſur les ſujets de Morale étant à elles-mêmes leurs archétipes, & étant par conſéquent complettes, il s'enſuit, que la perception de leurs rapports doit produire une connoiſſance auſſi réelle, que
l'eſt

l'est la connoissance sur les sujets des Mathématiques ; car enfin, nôtre connoissance est certaine lorsque nos idées sont claires, & elle est réelle lorsque ces mêmes idées repondent à leurs archétipes.

Mais, dira-t-on, si la réalité de nos connoissances sur les sujets de morale consiste dans la perception du rapport de nos idées, & que ce soit l'esprit qui forme ces idées, quelles notions extravagantes n'auront pas les hommes sur la justice & la temperance ? quelle confusion n'y aura-t-il pas de vertu & de vice ? Je réponds, qu'il n'y aura pas plus de confusion, ni dans les choses elles-mêmes, ni dans les raisonnemens sur leur sujet, qu'il n'y en auroit dans les proprietez des figures & dans leurs rélations, si quelque homme s'avisoit de faire un *triangle à quatre coins*, & un *trapeze à trois angles droits*, c'est-à-dire, s'il s'avisoit de changer le nom de ces figures, & qu'il appellat d'un certain nom ce qu'ordinairement on appelle d'un autre. A la vérité, ce changement de nom troublera d'abord celui qui l'ignore, mais dès qu'on verra les figures tirées, alors les démonstrations de quelques-unes de leurs proprietez paroitront justes & claires. Il en est de même des connoissances de morale : Il a plû à quelqu'un de donner le nom de *justice*, à l'action d'enlever aux autres, & sans leur consentement, les biens dont ils jouïssent à juste titre ; il est donc bien certain qu'on se tromperoit, si ignorant l'idée que cet homme a attachée au nom de justice, on y joignoit l'idée qu'on y a fixé soi-même : mais considérez l'idée de cet homme, indépendemment du nom qu'il lui a donné, & telle qu'elle est dans son esprit, & vous trouverez

verez alors, que tout ce qui convient à l'*injuſtice*, quadre exactement avec l'action qu'il lui a plu d'appeller du nom de *juſtice*.

Mais il faut bien remarquer, que dès que Dieu ou les Légiſlateurs ont défini certains termes de morale, quelque vertu, quelque vice, dès-lors ils ont établi l'eſſence de ce vice & de cette vertu; & par cette raiſon il eſt extrêmement dangereux de donner à ces termes un ſens different de celui qu'ils leur ont attaché: Mais pour le reſte, employer les termes de morale d'une maniere contraire à l'uſage, ce n'eſt pecher que contre la proprieté du Stile.

Pour celles de nos idées complexes qu'on rapporte à des archétipes qui exiſtent hors de nous, elles peuvent differer de ces archétipes; & par cette raiſon, il peut bien être que les connoiſſances que nous avons des corps s'écartent de la réalité. Voici cependant une régle certaine pour ſavoir ſi ces connoiſſances ſont ou chimériques ou réelles: C'eſt que nos connoiſſances ſur les corps ſont réelles, lorſque les qualitez ſimples qui compoſent leurs idées complexes exiſtent véritablement dans la nature: Quand, dis-je, nos idées ſur les corps ont ce caractére, elles ſont réelles, bien que peut-être elles n'en ſoient pas des copies fort exactes.

Ainſi donc nôtre connoiſſance eſt certaine, lorſque nous appercevons le rapport ou l'oppoſition de quelques-unes de nos idées; & elle eſt certaine & réelle tout enſemble, lorſque nous ſommes aſſurez que nos idées répondent à la réalité des choſes.

CHAPITRE V.

De la Verité en général.

LE terme de *vérité* marque dans son sens le plus propre, que les signes représentatifs des choses sont joints ou separez, selon que les choses elles-mêmes conviennent ou ne conviennent pas entr'elles, & celui de proposition désigne simplement que les signes des choses sont ou joints ou separez. Il est donc visible que la vérité ne peut convenir qu'aux *propositions*. Or comme elles sont toutes, ou *verbales*, ou *mentales*, elles s'expriment aussi par deux genres de signes, les *idées* & les *mots*.

IL est difficile de traiter des propositions mentales, sans parler des verbales, 1. Parce-que le langage dont on est obligé de se servir pour raisonner des premieres les rend inévitablement verbales ; 2. Parce-que les hommes, dans le tems même qu'ils méditent, substituent ordinairement des mots à leurs idées, & sur tout lorsqu'elles sont fort composées, comme celles de *vitriol*, de *force*, de *gloire*, &c. & qu'ils en veulent former des propositions ; la raison de cela est, qu'on peut refléchir avec beaucoup plus de facilité sur les noms de ces idées, comme étant plus clairs, plus distincts même, & beaucoup plus propres à se présenter plus promtement à l'esprit que les idées elles-mêmes. Pour les idées simples, on peut en former des propositions mentales, sans refléchir sur leurs noms, comme le *blanc*, le *rouge*, &c.

Nous

Nous sommes donc capables de former des propositions de deux especes, des *propositions mentales*, & des *propositions verbales*; des *propositions mentales*, lorsque nous allions ou separons nos idées, suivant que nous jugeons qu'elles conviennent ou qu'elles ne conviennent pas entr'elles; des *propositions verbales*, quand nous allions ou separons des mots par des périodes, ou affirmatives, ou négatives.

La *vérité*, aussi bien que la connoissance, peut être distinguée très commodément en *verbale* & *réelle*: *Verbale*, quand on joint les termes, suivant que nous jugeons que leurs idées conviennent ou ne conviennent pas entr'elles, & sans examiner si elles co-existent dans la nature ou non: *Réelle*, quand on joint les mots, suivant que leurs idées conviennent en effet entr'elles, & qu'on est assuré qu'elles peuvent exister dans la nature.

Ainsi la *vérité* consiste à marquer par des paroles, & d'une maniere précise & exacte, le rapport ou l'opposition de nos idées, & la *fausseté* à ne marquer pas cette opposition & ce rapport tels qu'il sont effectivement. La vérité est *réelle*, lorsque les idées d'une proposition repondent à leurs archétipes; & nous sommes assurez d'être en possession de cette vérité réelle, si nous connoissons parfaitement les idées exprimées par une proposition, & que nous soyons assurez que les termes de cette proposition marquent le rapport réel & l'opposition réelle des idées qu'ils désignent.

CHA-

CHAPITRE VI.

Des Propositions universelles, de leur Vérité & de leur Certitude.

LES hommes s'étant habituez à substituer des mots à leurs idées, il est absolument nécessaire, dans un discours qui traite de la connoissance, d'examiner la nature des mots & des propositions; Sans cet examen, il est difficile de discourir sur la connoissance humaine d'une maniere intelligible.

Or les veritez générales étant, comme elles sont, & avec raison, l'objet le plus ordinaire de nos recherches, comme il nous est impossible de faire connoitre ces véritez aux autres hommes d'une maniere précise, & que nous avons de la peine à les comprendre nous-mêmes, si elles ne sont pas exprimées par des mots, il ne sera pas inutile d'examiner la vérité & la certitude des propositions générales. Mais, pour éviter toute illusion, il sera nécessaire d'observer qu'il y a une double certitude, *certitude de vérité, & certitude de connoissance*. *Certitude de vérité*, c'est lorsque les termes d'une proposition sont arrangez de maniere qu'ils expriment, avec la derniere exactitude, le rapport ou l'opposition réelle qui est entre les idées qu'ils désignent: *Certitude de connoissance*, c'est quand on apperçoit le rapport ou l'opposition de nos idées, entant qu'exprimées par quelque proposition; c'est ce qu'ordinairement nous appellons connoitre la vérité d'une proposition, ou en être certains.

Cela posé, je dis, que puisque nous ne pouvons être certains de la vérité d'une proposition générale, si nous ne connoissons l'étendue & les bornes précises de l'*espece* signifiée par son expression, il est visible, que pour arriver à la certitude d'une proposition générale, je parle de la *certitude de vérité*, il est nécessaire de connoitre chaque *espece* avec sa constitution & ses bornes. Cette connoissance n'est pas difficile à acquérir à l'égard des idées simples & des modes; leurs essences réelles étant les mêmes que leurs essences nominales, on peut savoir très certainement jusqu'où s'étendent les *especes* de ces modes, de ces idées; ou, pour m'exprimer en d'autres termes, l'on peut certainement savoir quelles sont les choses qui sont comprises sous chaque terme. On voit sans difficulté que ce ne peut être que celles qui ont une exacte conformité avec les idées que signifient ces termes. Cette même facilité n'a pas lieu à l'égard des substances; comme leur essence réelle, qui est distincte de leur essence nominale, est celle que l'on suppose constituer & limiter chacune de leurs *especes*, il est bien clair, que les termes généraux des substances ne peuvent avoir aucune signification précise; car nous ne connoissons point cette essence réelle & constitutrice des especes des corps. Donc, il nous est impossible de déterminer ce qui entre ou ce qui n'entre pas dans telle ou telle *espece* de corps: Donc, nous ignorons ce qu'on peut certainement affirmer ou nier de cette *espece* : Et par conséquent on ne sauroit être certain de la vérité des propositions générales sur les *especes* des substances, car on ignore l'essence réelle & constitutrice de ces *especes*. Comment se convaincre *p. e.* que telle ou telle proprieté appartient à l'or, si nous ignorons ce qui est or ou ce qui ne l'est pas, *c. a. d.* ce qui a l'essence de l'or, ou ce qui ne l'a pas.

D'AUTRE coté, ce qui me détermine à croire, que sur les substances nous ne pourrons jamais former de propositions généralement certaines, c'est que de toutes les qualitez simples qui composent nos idées complexes des substances, il n'y en a que très peu qui aient entr'elles une liaison & une incompatibilité manifeste. On regarde *p. e.* comme universellement certaine cette proposition, *Tout or est fixe.* Mais sans raison : Si le mot Or doit désigner son essence réelle, alors nous ne pouvons pas affirmer qu'une telle espece de choses soit généralement de l'or; car nous ignorons l'essence réelle de ce métal : Et quand ce mot Or seroit supposé signifier une espece de choses, déterminée par son essence nominale, que cette essence nominale fut *p. e.* une idée composée d'un corps jaune, pesant, fixe, fusible, *&c.* cependant on ne pourroit avoir aucune certitude touchant cette proposition universelle; car on ne sauroit affirmer ou nier que la fixation de l'or ait une liaison ou une incompatibilité nécessaire avec quelqu'une des proprietez que je viens de nommer, ou avec toutes prises ensemble. Mais cette proposition n'est-elle pas universellement certaine : *tout or est malléable ?* Je prens l'affirmative, si la qualité d'être malleable fait partie de l'idée complexe que désigne le mot Or, mais alors on ne dit rien par cette proposition, si ce n'est qu'une chose renferme la qualité d'être malléable; espece de vérité & de certitude qui est semblable à cette affirmation, *Un Centaure est un animal à quatre pieds.*

Je suis perfuadé que de toutes les puiffances, & de toutes les fecondes qualitez des fubftances, hors celles qui affectent le même fens & lefquelles s'excluent néceffairement, on n'en fauroit nommer deux, dont on puiffe certainement connoitre ou la liaifon ou l'incompatibilité néceffaire : Peut-on connoitre l'odorat, ou la faveur d'un corps, par la figure, ou par la couleur ? Il ne faut donc plus s'étonner, fi touchant les fubftances, il n'y a que très peu de propofitions générales, de la vérité defquelles on puiffe s'affurer. La connoiffance que nous avons fur leurs proprietez ne s'étend gueres au delà de ce que nos fens peuvent nous en apprendre. Des perfonnes curieufes, appliquées à faire des obfervations, pourront peut-être par la force de leur génie pénétrer dans la nature des fubftances plus avant qu'on n'a fait jufqu'ici, & par le moyen des vrai-femblances déduites de quelques obfervations, former de juftes conjectures fur ce que l'experience n'a pas encore appris: Mais ce ne fera toujours que conjecture, ce qui, ne produifant qu'une fimple opinion, ne peut s'élever jufqu'à la certitude néceffaire pour avoir une connoiffance affurée.

Pour conclurre : Les propofitions générales, de quelque efpece qu'elles puiffent être, ne font capables de certitude que lors qu'on peut découvrir le rapport & l'oppofition des idées qu'elles expriment: Et nous favons que ces propofitions font ou vraies ou fauffes, lorfque nous appercevons que les idées qui les compofent conviennent ou ne conviennent pas précifément, felon que les differens termes de la propofition le font entendre. D'où nous pouvons conclurre, qu'une certitude générale ne peut

peut avoir de fondement que dans nos idées : C'eſt en vain que par l'expérience, & par des obſervations, on la chercheroit dans les choſes qui ſont hors de nous ; à cet égard, elle ne s'étend qu'à des choſes particulieres.

CHAPITRE VII.

Des Maximes.

IL y a des propoſitions qui, ſous le nom de maximes & d'axiomes, ont paſſé pour les principes des ſciences, & qui, à cauſe de leur évidence immédiate, ont été ſuppoſées innées. Il ne ſera pas inutile de rechercher la raiſon de leur grande évidence, & d'examiner l'influence qu'elles ont ſur les autres véritez.

La connoiſſance conſiſte, comme j'ai dit, dans la perception du rapport ou de l'oppoſition de deux ou de pluſieurs idées. Nôtre connoiſſance eſt donc évidente d'elle-même, lors que, ſans l'entremiſe d'aucune autre idée, nous appercevons ce rapport ou cette oppoſition. Cela étant, je vai démontrer qu'une infinité de propoſitions ne ſont pas moins évidentes par elles-mêmes, que celles à qui l'on a donné le nom de maximes ou d'axiomes.

L'IDENTITÉ & la diverſité nous fourniſſent autant de propoſitions évidentes par elles-mêmes que nous avons d'idées. Le premier acte de l'eſprit, c'eſt celui d'appercevoir ſes idées, & de les diſtinguer les unes des autres. Or chacun ſent intérieurement qu'il connoit ſes idées, & le tems auquel chacune d'elles eſt préfente à fon entendement, mais qu'il les connoit d'une maniere fi nette, fi précife, qu'il peut les diftinguer toutes, lors qu'il en a plus d'une. L'efprit porte ces jugemens fans aucune héfitation. Il eft forcé d'y confentir dès qu'il peut les comprendre, *c. à. d.* dès qu'il en a des idées claires. Ces deux propofitions, *p. e. Un cercle eft un cercle, le bleu n'eft pas noir,* font-elles moins évidentes par elles-mêmes que ces deux axiomes généraux, *Ce qui eft, eft; il eft impoffible qu'une chofe foit & ne foit pas en même tems?* Et aucune confideration fur ces deux axiomes, qu'on fuppofe être les fondemens de nos autres connoiffances, pourra-t-elle jamais rien ajouter à l'évidence & à la certitude qui nous démontre que ces deux propofitions, *le bleu n'eft pas rouge, un cercle eft un cercle,* font veritables & évidentes par elles-mêmes?

Sur la co-exiftence des chofes, nôtre connoiffance immédiate ne s'étend pas fort loin, & ainfi on ne peut former, à cet égard, qu'un très petit nombre de propofitions qui foient évidentes par elles-mêmes. Il y en a pourtant quelques-unes. L'idée du corps, *p. e.* emporte l'idée de remplir un lieu égal au contenu de fa furface; je crois donc que c'eft une propofition évidente par elle-même, *Que deux corps ne fauroient être à la fois dans le même lieu.*

Quant aux rélations des manieres d'être ou des modes, je fai que les Mathématiciens ont formé plufieurs axiomes, fur la feule rélation d'égalité, comme celui-ci, *fi de chofes égales, on en ôte des chofes égales, le refte fera égal;* mais quoi-que cette propofition foit reçue pour un axiome, je ne la crois pas plus évidente par elle-même que celle-ci, *un & un font égaux à deux,* ou bien celle-ci, *si on ôte deux doits de chaque main, le nombre de ceux qui resteront sera égal.* Ces deux propositions, & mille autres qu'on pourroit former sur les nombres, ont un degré d'évidence qui l'emporte, peut-être, sur celui qui est dans ces axiomes de Mathématique tant vantez.

Pour ce qui regarde l'existence réelle, comme l'existence d'aucun Etre, hors la nôtre propre qui suppose celle de l'Etre Eternel, n'emporte aucune conséquence pour l'existence d'aucun autre Etre, bien loin d'avoir sur cette matiere une connoissance de simple vuë, nous n'en avons pas même une connoissance démonstrative.

Examinons présentement l'influence que ces maximes si célébres peuvent avoir sur les autres parties de nos connoissances. Les *Scolastiques* ont posé pour principe, que tout bon raisonnement doit découler de * véritez, qu'on connoit avant tout raisonnement, & qu'on ne doit jamais mettre en question. Leur sentiment expliqué en termes clairs revient à celui-ci, si je ne me trompe, 1. Les axiomes sont les premieres véritez que l'esprit connoisse. 2. Les autres parties de nos connoissances dépendent de ces axiomes.

Mais premierement l'expérience nous fait bien voir, que ces véritez ne sont pas les premieres que connoisse l'esprit. Il n'y a point d'enfant, qui avant de savoir, *qu'il est impossible qu'une même chose soit & ne soit pas en même tems,* ne connoisse avec certitude qu'un étranger n'est pas sa mere. Et combien l'esprit n'a-t-il pas

---

* *Ex præcognitis & præconcessis.*

connu de véritez touchant les nombres, & cela avec une entiere certitude, avant que de songer à les appliquer à des maximes générales? Tout cela est incontestable, & il n'est pas difficile d'en voir la raison. On ne consent à aucun axiome que parce qu'on découvre le rapport de ses idées, il s'ensuit donc que les premieres veritez évidentes que l'esprit connoisse doivent regarder les idées qui sont dans l'esprit avant toute autre; or qui ne sait que l'on connoit les idées particulieres avant les universelles, & que nos connoissances, quelque générales qu'elles soient, ont commencé par des choses particulieres? Les idées abstraites ne se présentent aux enfans, & à ceux qui ne sont pas accoutumez à penser de cette maniere, ni aussi-tôt, ni aussi facilement que les idées particulieres. Si ces idées générales paroissent aisées à former à des personnes agées, cela vient du grand usage que ces personnes se sont fait de raisonner par ces idées.

On a donc connu un grand nombre de véritez particulieres, & qui sont évidentes par elles-mêmes, avant que d'avoir seulement songé à ces maximes générales: Donc ces maximes ne peuvent pas être les premiers principes d'où nous déduisons toutes nos autres connoissances. Je suis persuadé que cette vérité, *un & deux sont égaux à trois*, est aussi évidente, & même est plus aisée à découvrir que celle-ci, *le tout est égal à ses parties*: Et je crois qu'après avoir découvert que le tout est égal à ses parties, on n'en est pas mieux convaincu de l'égalité qu'il y a entre le nombre de trois & ceux d'un & de deux: Que dis-je, l'idée des nombres trois & des nombres un & deux, n'est ni si obscure, ni

si difsi difficile à découvrir que celle du tout & de ses parties. Concluons donc, ou que nos connoissances ne dépendent pas ni de certaines véritez qu'on connoisse avant tout raisonnement, ni de ces maximes générales qu'on nomme principes, ou que ces propositions, *un & un font deux*, & celle-ci *deux & deux font quatre*, & plusieurs autres touchant les nombres, sont autant de principes ou de maximes générales.

On grossira très considerablement le nombre des propositions évidentes par elles-mêmes, & qui doivent par conséquent servir de principes pour nos autres connoissances, si aux véritez touchant les nombres, on ajoute cette grande multitude d'idées innées, qui souvent ne parviennent jamais à la connoissance des hommes, & de plus toutes les propositions évidentes par elles-mêmes qu'on forme en differens tems; car enfin, pour qu'une proposition puisse passer pour *un principe*, *un axiome*, il suffit qu'elle soit connuë par sa propre évidence, & qu'elle ne reçoive & même ne puisse recevoir de quelque autre ni lumiere, ni preuve. Il est sur tout nécessaire que les propositions les plus particulieres & les plus simples ne reçoivent aucun jour des propositions générales ou composées; car enfin les plus simples & les moins abstraites, étant les plus familieres, sont apperçuës & plûtôt, & plus aisément.

Ces maximes générales ne sont-elles donc d'aucune utilité? Je répons, qu'elles servent dans les disputes à fermer la bouche aux chicaneurs, mais elles contribuent bien peu à nous découvrir des véritez inconnues. Il y en a même qui sont purement verbales, & qui n'apprennent que le rapport de certains noms; telle est celle-ci, *le tout eſt égal à ſes parties*, elle ne contient rien de plus que ce qu'emporte la ſignification de *tout* & de *parties*.

Neanmoins, je ne déſaprouve pas la méthode des Mathématiciens, qui établiſſent dès l'entrée de leurs cours cette maxime là, & quelques autres ſemblables. Par là, ils accoutument leurs Ecoliers à appliquer ces maximes à tous les cas particuliers; non pas qu'à conſiderer de près ces propoſitions, elles paroiſſent plus claires que les exemples particuliers qu'on confirme par elles; mais c'eſt qu'étant plus familieres à l'eſprit, il ſuffit de les nommer pour convaincre l'entendement.

Ces principes établis, on peut aſſurer que lors qu'on a une idée claire & diſtincte ſur une propoſition, ces maximes ſont fort peu néceſſaires, ou plûtôt ne ſont d'aucun uſage, pour en établir la vérité. Le ſecours de ces maximes a-t-il jamais découvert à aucun homme la vérité ou la fauſſeté d'une propoſition évidente par elle-même? Celui à qui il faut une preuve pour s'aſſurer que *deux ſont égaux à deux*, que le *blanc n'eſt pas noir*, pourra-t-il admettre ſans preuve ces propoſitions-ci, *ce qui eſt, eſt; il eſt impoſſible que la même choſe ſoit & ne ſoit pas?*

Mais ſi ces maximes nous ſont de très peu d'uſage, quand nos idées ſont déterminées, elles ſont très dangereuſes, lorſque nous avons des idées incertaines, vagues, confuſes: Du mauvais uſage que l'on en fait, pour établir des propoſitions dont les idées ſont indéterminées, s'enſuivent pluſieurs erreurs, pluſieurs mépriſes, dans leſquelles on ſe confirme par leur authorité.

CHA-

CHAPITRE VIII.

Des Propositions frivoles.

IL y a des propositions générales, qui n'ajoutent rien à nôtre connoissance, bien qu'elles soient certaines ; telles sont

I. LES propositions purement identiques, *c. à. d.* celles où un terme est affirmé de lui-même, comme celle-ci, *l'huitre est une huitre.* Que pouvons-nous apprendre de ces propositions, soit que nous les formions nous-mêmes, soit qu'on nous les propose ?

II. CELLES où l'on affirme le tout de quelqu'une de ses parties, comme si l'on affirmoit à un homme qui connoit tous les métaux, que le plomb est du métal. Il est bien vrai qu'à une personne qui connoit la signification du mot de métal, mais qui ignore celle de plomb, on expliqueroit d'une maniere bien plus abrégée le sens du mot de plomb, en lui disant que c'est du métal, qu'en lui contant une par une les qualitez qui en font l'idée complexe.

II. CELLES où l'on affirme qu'une qualité simple, qui fait partie d'une idée complexe, entre en effet dans la composition de cette idée ; telle est cette proposition, *Tout or est fusible.* Tout le monde sait que la qualité d'être fusible, fait partie de l'idée complexe de l'or ; qu'apprend-on donc à un homme, en lui disant ce qu'on suppose qu'il sait déja ? car enfin, quand on parle à quelqu'un, on doit supposer qu'il entend la signification des termes, ou on doit les lui expliquer,

LES propositions générales sur les substances sont pour la plûpart frivoles, si elles sont certaines; & si elles disent quelque chose de nouveau, elles sont tellement incertaines, qu'il est impossible de s'assurer de leur vérité réelle, quelques grands que soient les secours que des expériences constantes & l'analogie même puissent fournir, pour faire des conjectures; Par cette raison on ne doit pas être surpris, si quelquefois l'on tombe sur des discours fort clairs, fort suivis, & qui pourtant se reduisent à rien. On a fixé aux termes des substances, de même qu'à tous les autres, une certaine intelligence; étant donc joints par des propositions, ou affirmatives, ou négatives, ils peuvent représenter quelque vérité, selon que leurs définitions le permettent, & ces propositions peuvent être déduites l'une de l'autre avec autant de clarté que celles qui fournissent à l'esprit les véritez les plus réelles; mais on peut faire toutes ces déductions, sans connoitre la nature & la réalité des substances. Celui qui aura appris les mots, *Substance*, *Homme*, *Animal*, *Forme*, *Ame*, *Végétable*, *Sensitif*, &c. avec leurs significations, pourra former sur l'ame un grand nombre de propositions indubitables, & cependant ignorer ce qu'elle est dans son Etre. On peut remarquer, dans les écrits des Métaphysiciens, des Théologiens scolastiques, & de quelques Naturalistes, une infinité de propositions & de raisonnemens semblables touchant la nature de DIEU, celle des *esprits* & des *corps*, & après tout, n'être pas plus savant sur ces questions qu'on étoit avant cette lecture.

UNE autre maniere de se jouer des mots, & qui est plus dangereuse que les précédentes, c'est quand on se sert de termes vagues & indéterminez,

terminez. Ces termes, au lieu de nous communiquer la vérité que nous y cherchons, nous en écartent de bien loin. Si on me demande ce qui a donné lieu à ce deffaut, c'est, repondrai-je, qu'on a voulu cacher l'ignorance & l'opiniatreté sous l'obscurité & l'embarras des termes, vice dans lequel on peut croire que sont tombez plusieurs personnes, ou par inadvertance, ou par quelque mauvaise habitude.

En un mot, voici deux marques pour reconnoitre les propositions purement verbales, I. Toute proposition qui affirme deux termes abstraits, l'un de l'autre, ne peut être que verbale. Aucune idée abstraite ne peut être la même qu'une autre; il s'ensuit donc, que toutes les fois que son nom, qui est abstrait, est affirmé de quelque autre nom abstrait, il ne peut signifier autre chose, si ce n'est que son idée doit ou peut être appellée de cet autre nom, ou que ces deux noms ne signifient que la même chose.

II. Toute proposition, où l'on affirme d'une idée complexe une partie de cette même idée, est nécessairement verbale, comme dans ces exemples, *L'or est un métal*, *l'or est pesant*; par conséquent, toute proposition dans laquelle le terme le plus général, qu'on appelle *genre*, est affirmé de ceux qui lui sont subordonnez, ou qui ont moins d'étendue que lui & qu'on appelle *especes*, *individus*, ne peut qu'être verbale. Si par ces deux regles nous examinons les discours écrits ou prononcez, nous trouverons, peut-être, qu'il y a beaucoup plus de propositions qu'on ne se l'imagine d'ordinaire, qui ne roulent que sur la signification des mots, & qui ne marquent rien, sinon la maniere dont on les emploie.

CHA-

CHAPITRE IX.

De la Connoissance que nous avons de nôtre Existence.

JUSQU'ICI nous n'avons consideré que les essences des choses. Mais comme ces essences ne sont que des idées abstraites, elles ne peuvent donner la connoissance d'aucun Etre réel. L'ordre, que nous nous sommes prescrit, veut que présentement nous passions à l'examen, soit de la connoissance qu'on a de l'existence des choses, soit de la maniere dont on y parvient.

ON est assuré, ainsi qu'il a été dit ci-dessus, de sa propre existence, par une connoissance de simple vuë ou immédiate ; de l'existence de DIEU, par démonstration ; & de celle des autres choses, par sensation. Je dis qu'on a une connoissance immédiate de sa propre existence. Il est tellement certain qu'on existe, qu'il n'y a pas besoin de le prouver, & même on ne sauroit le faire. Je pense, je raisonne, je sens du plaisir, de la douleur, &c. aucune de ces choses peut-elle être plus assurée que mon existence. Je revoque en doute l'existence de toutes les choses, mais ce doute ne me persuade-t-il pas que j'existe ? Me permet-il d'en douter ? Or si je connois que je doute, ne dois-je pas être persuadé de l'existence de cette chose qui doute, aussi bien que de cette pensée qu'on appelle doute ? Nous avons donc, par l'experience, une connoissance immédiate, une perception intérieure, mais infaillible, de nôtre existence. Chaque acte, & de sensation, & de raisonnement, & de pensée, nous assure de nôtre existence : Donc nous parvenons sur cet article au plus haut degré de certitude qu'on puisse imaginer.

CHAPITRE X.

De la Connoissance que nous avons de l'Existence de DIEU.

QUOI-QUE DIEU n'ait gravé aucun principe inné de lui-même dans l'esprit des hommes, il est pourtant certain, qu'à leur égard *il ne s'est pas laissé sans témoignage.* Enrichis des facultez & d'appercevoir, & de sentir, & de raisonner, ils ne peuvent pas manquer de preuves pour son existence, tant qu'ils ont la puissance de refléchir sur eux-mêmes. Et ils peuvent le connoitre, autant qu'il leur est nécessaire pour atteindre & au but pour lequel ils existent, & à la félicité qui est le plus grand de leurs interets. C'est donc une bien criante injustice de se plaindre de son ignorance sur cette grande vérité. Mais quoi-que l'existence de DIEU soit une de ces véritez qu'on découvre le plus aisément, néanmoins il faut que l'esprit s'applique à la démontrer par de justes raisonnemens, & qu'il déduise toutes ses preuves de quelque partie incontestable de ses connoissances, autrement l'on sera sur cette vérité dans une ignorance aussi crasse qu'on l'est sur ces propositions des Mathématiques, qui se démontrent aisément, mais qu'on ignore, faute d'y avoir appliqué son esprit.

POUR

Pour montrer, que nous sommes capables de connoitre, mais avec science certaine, qu'il y a un Dieu, & pour faire voir en même tems la maniere dont nous parvenons à cette vérité, nous n'avons qu'à réfléchir sur nous-mêmes, & sur la connoissance indubitable que nous avons de nôtre existence. Nous connoissons invinciblement que nous existons, que nous sommes quelque chose, que le pur néant n'est pas plus capable de produire un Etre réel qu'il ne peut être égal à deux angles droits : Donc, il est d'une évidence mathématique que quelque chose a existé de toute éternité ; car tout ce qui n'existe pas de toute éternité a un commencement ; or tout ce qui a un commencement doit avoir été produit par quelque chose qui l'ait précedé.

Il est de la même évidence, que tout Etre qui tient son existence de quelque autre, doit aussi tenir de cet autre toutes les qualitez, toutes les puissances qu'il contient dans son Etre; c'est à lui seul qu'il lui en est redevable, car il ne peut les avoir reçûes d'une autre cause. Par conséquent la source éternelle de tous les Etres est aussi la source de toutes les puissances qui existent, & par conséquent encore cet Etre éternel doit être plus puissant que tous les autres.

Outre cela, l'homme trouve en lui-même les facultez d'appercevoir & de connoitre ; il est donc certain, non-seulement, qu'il y a des Etres qui existent dans le monde, mais de plus qu'il y en a quelques-uns qui apperçoivent & qui connoissent. Donc un Etre revêtu des facultez de la perception & de la connoissance existe de toute éternité. Il faut prendre ce parti, ou dire, qu'il y avoit un tems où il n'y avoit aucun Etre
revêtu

revêtu de connoissance; mais comment soutenir cette proposition veritablement absurde, puis qu'elle ne peut pas montrer l'origine de la connoissance ? car il est aussi impossible qu'une chose aveugle, sans perception, sans connoissance, produise un Etre intelligent, qu'il est impossible qu'un triangle fasse trois angles qui soient plus grands que deux droits.

C'est ainsi qu'en refléchissant sur ce que nous sentons invinciblement en nous-mêmes, nous parvenons à la connoissance de cette vérité également certaine & indubitable, *Il y a un Etre Eternel, Très-puissant, & Très-intelligent.* Et n'importe de quel nom on l'appelle, que ce soit de celui de Dieu, ou de quelque autre. Il suffit que son existence soit établie sur des preuves incontestables, & qu'en considerant l'idée qu'on en a, on puisse déduire toutes les qualitez qu'on doit lui attribuer.

De ce que je viens de dire, il me paroit évident, que l'assurance où nous sommes de l'existence de Dieu est plus certaine que celle où nous sommes de l'existence des choses que les sens ne nous ont pas découvert immédiatement. Et même je ne crois pas de me tromper si j'ajoute, que nous sommes plus assurez de l'existence de Dieu que de l'existence d'aucune chose exterieure. Quand je dis être assurez, je parle d'une assurance que nous ne pouvons manquer d'avoir, pourvû que nous en recherchions les preuves, avec un soin égal à celui avec lequel nous nous appliquons à la recherche de quelques autres véritez.

Donc tout homme raisonnable doit avouer, qu'il y a quelque chose qui existe de toute éternité. L'ordre demande que j'examine presentement

tement quelle doit être cette chose. Nous ne connoissons, & ne pouvons concevoir, que deux genres d'Etres ; *les uns* sont purement matériels, & destituez de tout sentiment, de toute perception, comme l'extrémité des cheveux, les rognures des ongles ; *les autres* ont du sentiment & de la perception : nous nous reconnoissons dans cette classe d'Etres. J'appellerai, dans la suite, ces deux genres d'Etres, *Etres pensants & Etres non-pensants.* Ces termes me paroissent plus propres, pour le dessein que j'ai présentement, que ceux d'*Etres matériels & d'Etres immatériels.*

Je dis donc que l'Etre Eternel est visiblement un *Etre pensant ;* car il est aussi impossible de concevoir que la matiere, qui est *non pensante,* produise un Etre revétu de la pensée, qu'il est impossible de comprendre que le néant puisse donner l'existence à la matiere. La matiere ne renferme point en elle-même la puissance de produire quelque chose ; car suposé qu'une portion de matiere existe de toute éternité, & que toutes ses parties soient dans un repos parfait, s'il n'y a point d'autre Etre dans la nature, ces parties resteront visiblement dans cet état, toujours dans un repos éternel, toujours dans une entiere inaction ; car par elles-mêmes, il nous est impossible de concevoir qu'elles puissent jamais, ni se donner le mouvement, ni produire aucune chose. Donc puisque la matiere ne peut produire aucune chose par ses propres forces, pas même le mouvement, il faut ou que ce mouvement lui soit éternel, ou qu'un Etre plus puissant le lui ait imprimé. Mais quand même on suposeroit que le mouvement lui est éternellement essentiel, cependant il sera toujours impossible que
la

la matiere, cette matiere, ce mouvement, qui ne pensent absolument point, produisent jamais la pensée. Il n'est pas moins au dessus de la capacité de la matiere & du mouvement de produire la connoissance, qu'il n'est au dessus des forces du néant de donner l'existence à la matiere. Divisez la matiere en autant de parties qu'il vous plaira; donnez-lui les mouvemens & les formes que vous voudrez, elle n'agira pas autrement sur les corps, dont la grosseur lui est proportionnée, qu'elle ne faisoit auparavant. Les plus petites parties des corps se heurtent, se poussent, se resistent les unes aux autres comme les plus grandes, c'est là tout ce qu'elles peuvent faire.

Par conséquent, s'il n'y avoit pas quelque chose d'Eternel, la matiere n'auroit jamais pû exister. Si la matiere étoit éternelle, mais destituée de mouvement, le mouvement n'auroit jamais pû commencer. Et s'il n'y avoit d'autre Etre éternel que la matiere, quand même elle seroit muë de toute éternité, il n'y auroit jamais pû y avoir de pensée; car la matiere, qu'on la suppose *ou mobile, ou immobile*, ne peut être conçue renfermer originellement en elle le sentiment, la perception, la connoissance; car si on pouvoit la concevoir en cette maniere, alors la connoissance, le sentiment & la perception en seroient des proprietez éternellement inséparables, d'elle, dis-je, & de chacune de ses parties. Le premier de tous les Etres, l'Etre éternel, doit donc être une substance pensante; il doit donc renfermer, du moins, toutes les perfections qui peuvent exister dans la suite. Donc la matiere ne peut pas être le Premier de tous les Etres, l'Etre Eternel.

Il nous fera facile de parvenir à la connoissance de DIEU, si une fois nous sommes convaincus de l'existence nécessaire d'un Esprit éternel. L'existence de cet Etre une fois posée, il s'ensuivra : Que s'il a créé des Etres intelligens, il a aussi donné l'existence aux parties les moins considerables de cet univers, je veux dire aux corps inanimez; que tous les Etres intelligens, qui ont commencé à exister, doivent dépendre de lui, & n'avoir de connoissance & de puissance qu'autant qu'il leur en a donné : Par là on établira sa Toute-science, sa Puissance & sa Providence, attributs desquels, par des conséquences nécessaires, on peut déduire toutes ses autres perfections.

CHAPITRE XI.

De la Connoissance que nous avons de l'existence des autres choses.

NOUS sommes convaincus de nôtre existence par connoissance immédiate, de l'existence de DIEU par démonstration, mais celle des autres choses ne nous est connuë que par sensation; car hors l'existence de DIEU, qui est démontrée nécessaire dès-là que nous existons, il n'y a aucune liaison que ce soit, entre l'existence d'aucune chose particuliere, & l'existence des autres choses, où les idées que la mémoire nous en conserve. On ne peut donc se convaincre que telles ou telles choses existent, qu'autant qu'elles agissent sur l'ame; car on ne démontreroit pas mieux l'existence d'une chose

chose par son idée, qu'on ne démontreroit l'existence d'un homme par son portrait, ou la vérité d'une histoire par les rêveries d'un songe.

Ce n'est donc que par la reception actuelle des idées, qui nous viennent de dehors, que nous sommes assurez de l'existence des choses qui ont produit en nous ces idées ; car peut-être ignorons-nous la maniére dont se fait cette impression, ou peut-être est-il qu'on n'y fait aucune reflexion. Mais soit qu'on ignore ce *comment*, soit qu'on n'y fasse pas d'attention, cela ne diminue rien ni de la certitude des sens, ni de la réalité des idées que nous recevons par leur moyen ; car bien que la connoissance qu'on a par sensation ne soit pas aussi certaine que celle qu'on a par simple vue, & par démonstration ; cependant elle merite le nom de connoissance, si néanmoins nos organes, que je suppose n'être pas dérangez, nous instruisent, avec exactitude dans leur témoignage, touchant l'existence des objets extérieurs. Mais outre le témoignage de nos sens, lesquels nous assurent de leur fidélité dans leur rapport de la maniere la plus forte, nous avons d'autres preuves, qui concourent à rendre certaines leurs dépositions.

I. Il est certain que les idées des choses, qui sont hors de nous, sont produites en nous par des causes exterieures & qui affectent nos sens; cela se prouve, parce que ceux qui sont privez des organes d'un sens ne peuvent plus avoir les idées de ce sens. Ce fait ne peut pas être revoqué en doute, & par conséquent il est démontré, que les idées particulieres à un sens ne viennent que par son canal. Il n'y a point
d'autre

d'autre voie, par où elles pourroient être introduites dans nôtre ame.

II. Souvent on ne sauroit s'empêcher d'avoir les idées de certaines choses : Ayant p. e. les yeux fermez, je puis à plaisir me rappeller l'idée du Soleil, que des sensations précédentes avoient laissées dans mon esprit ; mais si je les tourne en effet vers cet Astre, je ne puis que je ne sois frappé des sensations qu'il produit en moi. Donc il y a une difference manifeste entre les sensations que la mémoire conserve, & celles que la force nous oblige de recevoir : Donc il y a quelque cause exterieure, qui par son action irresistible produit en moi ces idées que je suis forcé de recevoir, bon-gré mal-gré que j'en aie.

III. Ajoutez, que plusieurs sensations sont produites avec douleur, bien-que leur souvenir ne cause aucune incommodité. Un sentiment desagréable de chaleur, de froideur, n'est suivi d'aucune impression facheuse lors qu'on le rappelle dans la mémoire, quoi-qu'il fut très incommode lors qu'on l'a senti effectivement ; or si ces sentimens de douleur, sans être produits par aucune cause réellement existante, n'étoient que des fantômes de l'imagination lesquels viennent troubler l'ame, ou ils n'incommoderoient jamais, ou ils incommoderoient constamment toutes les fois qu'on y pense.

IV. Nos sens, en plusieurs occasions, se rendent mutuellement témoignage de la certitude de leurs rapports. Celui qui soupçonne, que le feu qu'il voit n'a point de chaleur, pourra éclaircir ses doutes en s'en approchant d'assez près, & j'espere qu'alors il conclurra, sans une

grande

grande suite de raisonnement, que le feu n'est pas une pure idée, un pur fantôme.

Si après tout ce que je viens de dire, il se trouve quelqu'un encore assez sceptique pour se défier du témoignage de ses sens, pour revoquer en doute l'existence de toutes les choses, & pour s'imaginer qu'on n'en sauroit connoitre aucune; qu'il sache que la certitude, que nous avons de l'existence des choses par les sens, est aussi grande que nôtre nature peut le permettre, & que nôtre condition le requiert. Nos organes ne sont pas proportionnez, ni à la vaste étendue de tous les Etres, ni à une compréhension de toutes choses, qui soit claire & exemte de doute; mais ils sont proportionnez à nos besoins dans cette vie; or à quiconque veut y refléchir, il est indubitable qu'ils nous servent assez bien pour cette fin; ils nous font connoitre, & d'une maniere très certaine, les choses qui nous sont ou avantageuses, ou nuisibles. Quiconque aura éprouvé la douleur que lui a causé la flamme, doutera-t-il que cette flamme existe hors de lui? Or cette connoissance, exemte de doute, suffit pour qu'on puisse là-dessus se regler; car personne ne peut souhaiter des regles de ses actions plus certaines que le sont ses actions elles-mêmes. Donc la connoissance qu'on tire des sens est aussi grande qu'on peut la désirer. Elle est aussi certaine que le plaisir & la douleur, c. à. d. que nôtre bonheur & nôtre misere, les seules choses dont la connoissance & l'existence nous interessent.

Ainsi nous sommes assurez, que lorsque nos sens introduisent quelque idée dans nôtre esprit, il y a dans ce même instant quelque chose qui existe hors de nous; mais nous ne pouvons avoir une telle certitude, qu'autant que nos sens sont actuellement agitez par quelque objet ; car de ce que j'ai vû un homme il n'y a qu'un instant, il ne s'enfuit pas qu'il existe dans ce moment précis. J'infere encore des principes posez, que les choses qui autrefois ont affecté nos sens ont aussi existé : Nous sommes certains de cette existence passée, aussi longtems que nous en avons un souvenir assuré. Je viens à l'existence des esprits.

L'Idée de ces Etres prouve à la vérité l'existence de Dieu, mais non pas celle d'aucun esprit fini, ou d'aucun autre Etre spirituel. La Révélation, & d'autres preuves, nous assurent de l'existence des esprits finis; mais nos sens ne pouvant pas les découvrir, il nous est impossible de déterminer la nature de chacun d'eux; & l'idée que nous en avons, ne prouve pas ni qu'ils existent, ni qu'ils y repondent, non plus que l'idée des *Fées* & des *Centaures* ne démontre pas que les Etres qu'elles représentent existent veritablement.

De ce que je viens de dire, soit dans ce chapitre, soit dans les précédens, il est clair qu'il y a des propositions de deux sortes. *Les unes* affirment que nos idées sont représentatives de quelque chose qui existe hors de nous, ou bien elles le nient, comme dans ces exemples, *il y a des Anges qui existent, il n'y a point de Centaures*: La connoissance que nous avons de ces propositions ne regarde que les choses particulieres, & ce n'est que par les sens que nous pouvons l'acquerir ; car, excepté Dieu, nous ne pouvons connoitre aucune chose exterieure que par les sens. *Les autres* expriment, ou le rapport, ou l'opposition de nos idées abstraites, & la dependance

dance où elles font les unes à l'égard des autres: Ces propositions peuvent être certaines & universelles. Ayant l'idée *p. e.* de DIEU & de *moi-même*, de *crainte* & d'*obéïssance*, je ne puis m'empécher de consentir à cette proposition, *je dois craindre Dieu & lui obéir*. Et cette proposition sera véritable à l'égard de tous les hommes que j'aurai renfermé, par abstraction, dans cette *espece* d'Etres, dont je suis un sujet particulier. Mais quelque certaine que soit cette proposition, elle ne prouve point l'existence du Genre humain, elle prouve seulement, que tous les Hommes seront obligez au même devoir que moi, dès qu'ils existeront.

DANS les propositions de la premiere espece, nôtre connoissance nait des idées qu'ont excité dans nôtre ame les objets exterieurs. Dans les propositions de la seconde espece, la connoissance est la suite des idées qui sont dans l'esprit; car c'est par elles uniquement qu'on forme ces propositions générales & certaines, dont la plûpart sont nommées *véritez éternelles*, quoi qu'en effet elles le soient toutes. Non pas qu'elles soient toutes, ou quelques-unes d'entr'elles, gravées dans l'esprit, ou qu'elles y aient été formées en propositions, avant que d'avoir acquis les idées qui les composent, & avant que d'avoir appris les rapports de ces idées; mais parce qu'il est impossible qu'un homme, enrichi des facultez & des idées que nous avons, ne connoisse invinciblement la vérité de ces propositions, dès qu'il refléchira sur leurs idées. Car les noms étant supposez signifier toujours les mêmes idées, & les mêmes idées aiant constamment le même rapport entr'elles, il est visible que des propositions, qui formées sur des véritez abstraites, sont une fois véritables, doivent être nécessairement des *véritez éternelles*.

CHAPITRE XII.

Des moiens d'augmenter nos Connoissances.

LES Scolastiques aiant établi, que les axiomes sont les fondemens de toutes nos connoissances, & que chaque science est bâtie sur de certaines véritez, qui étant connues avant tout raisonnement sont l'unique source où l'on puise toutes ses connoissances, & le seul moien de les porter plus avant; on a cru dans l'Ecole, qu'avant d'entrer dans l'examen d'une matiere, il étoit nécessaire de poser certaines propositions, comme autant de principes, sur lesquels on alloit établir toute la connoissance qu'on pouvoit avoir sur cette matiere.

Ce qui vrai-semblablement a donné cours à cette méthode, a été le grand succès qu'elle a eu dans les Mathématiques, dans ces sciences à qui nulle autre ne peut se comparer, ni pour la certitude, ni pour l'évidence : Mais on reconnoitra aisément, si on considere la chose de plus près, que ce n'est pas à l'influence de ces principes que les Mathématiques doivent leurs grands progrès, & la connoissance réelle que personne ne leur conteste. Cette connoissance réelle, ces grands progrès, sont dus, soit aux idées claires & précises qu'on a sur ces matieres, soit à ce qu'on découvre immédiatement le rapport, ou d'égalité, ou d'inégalité, entre quelques
idées

idées des Mathematiques, & par ce rapport celui de quelques autres idées. Un Enfant ne peut-il connoitre, que tout son corps est plus grand que son petit doit, qu'en vertu de cette maxime, *le tout est plus grand que sa partie?* Ici je prie mes Lecteurs de se rappeller ce que j'ai dit, lorsque j'ai traité la question, *si la plus grande partie des hommes ne connoissent pas plûtôt, mais avec une pleine évidence, les choses particulieres que les véritez abstraites & générales.* Ces vérités abstraites, ou éternelles, ne sont que des comparaisons entre ses idées les plus générales, idées que l'esprit a formées, & auxquelles il a fixé des noms, uniquement afin d'avancer avec plus de facilité dans ses deductions; Mais ce n'est pas par ces idées que peut avoir commencé la connoissance; car elle est toute fondée sur des choses & des idées particulieres. Et si on raisonne dans la suite sur ces véritez générales, sans faire attention à leurs idées, c'est que l'esprit, afin de décharger la mémoire d'un tas embarrassant d'idées particulieres, a rangé ces idées sous des notions générales, & qui les représentent toutes en même tems.

LE grand secret pour augmenter nos connoissances, ce n'est pas non plus de recevoir aveuglément certains principes & par une *foi implicite*. C'est là s'écarter de la vérité, plûtôt que s'en approcher. Mais le grand moien pour faire des progrès vers la vérité, c'est d'acquérir des idées aussi claires, aussi complettes qu'on peut les avoir, & ensuite de leur assigner des noms particuliers & d'une signification constante; alors par la simple consideration de ses idées, & en les comparant entr'elles, on parviendra à une connoissance plus certaine, plus évidente, qu'en épousant de certains principes & soumettant ainsi son jugement à la discrétion des autres.

Tout homme, qui veut se conduire suivant les avis de la raison, doit regler ses recherches sur la nature des idées qu'il examine & des veritez qu'il tache de découvrir. Les véritez générales & certaines ne sont fondées que sur les differens rapports de nos idées abstraites; par conséquent, s'appliquer avec une bonne méthode & une grande sagacité d'esprit à trouver tous ces rapports, c'est le seul moien de découvrir, si ce que l'on peut former en propositions générales est véritablement certain, ou non. Et du reste, on peut avec succès apprendre les degrez, par où l'on doit avancer dans les recherches de cette nature, des Mathématiciens, des Mathématiciens, dis-je, qui par des principes clairs & faciles, arrivent enfin par des degrez insensibles, & par une enchainure liée de raisonnemens, jusqu'à la démonstration de certaines véritez, qui paroissoient d'abord au dessus de la capacité humaine. Et je ne balance point à dire, qu'on pourroit porter plus avant ses connoissances générales, & même avec plus de lumiere qu'on ne sauroit l'imaginer, si suivant cette méthode, on vouloit examiner toutes les idées dont on connoit l'essence nominale & l'essence réelle. C'est ce qui m'a fait dire avec tant de confiance, au *Chap.* III. de ce *Livre*, *Que la Morale est capable de démonstration aussi-bien que les Mathématiques*. Les idées de Morale sont des essences réelles, on en connoit les rapports & les oppositions, pourquoi donc, toutes les fois qu'on découvre ces oppositions & ces rapports, ne serions-nous pas assurez de véritez certaines & générales?

A.

A l'égard des substances, nous devons tenir une route toute opposée. En contemplant leurs idées abstraites, qui ne sont que des essences nominales, il n'est pas possible de porter fort loin nos connoissances sur ce qu'elles sont dans leurs essences réelles. Les expériences seules doivent nous apprendre ce que la raison ne sauroit nous découvrir; & de fait ce n'est que par ce moien que nous pouvons connoitre que certaines qualitez simples co-existent dans un même sujet, que *p. e.* ce corps qui est *jaune*, *pesant*, *fusible*, & que j'appelle *or*, est un *corps fixe*: Mais de quelle maniere que réüssisse cette experience, dans le corps particulier que j'examine, je ne suis pas certain qu'elle réüssira de même sur tous les corps *jaunes*, *pesans*, & *fusibles*; car, la *fixation* de l'or n'a aucune liaison avec les autres qualitez de ce métal. J'avoue cependant qu'un observateur judicieux est incomparablement plus capable de pénétrer dans la nature des corps & dans leurs proprietez inconnuës, que ceux qui ne se sont jamais appliquez à faire des experiences; mais que par là il puisse parvenir à la connoissance, ou à la certitude, c'est ce que je nie. Ce ne sera jamais qu'opinion, que conjecture, que vrai-semblance. Par cette raison, je soupçonne que la *Physique* est incapable de devenir une science certaine. Des experiences & des observations qu'on a faites, on peut tirer de très grands secours pour les commoditez de la vie civile, de la santé même; mais on me permettra de douter, que par nos facultez nous puissions connoitre parfaitement la nature des corps.

Puis donc que nos facultez ne peuvent pas nous découvrir l'essence réelle des corps, mais puis qu'elles nous découvrent assez de la nature de Dieu & de celle de nous-mêmes, pour nous instruire de nos devoirs & de nos plus grands interets, avouons-le, nous qui voulons être des créatures raisonnables, que nous ne devrions faire usage de nos facultez que pour les choses avec qui elles ont le plus de rapport. Nous devrions suivre les directions de la nature, & nous laisser conduire là où il semble qu'elle veut nous mener. Y a-t-il rien de plus raisonnable que de conclurre, que nôtre occupation principale, dans ce monde, consiste à rechercher les véritez dont la découverte est proportionnée à nôtre nature, & d'où dépend ce qui nous interesse le plus, je veux dire nôtre sort pendant toute l'Eternité. J'infere donc, que tous les hommes, quels qu'ils soient, sont obligez de faire de la morale leur occupation la plus sérieuse, puisqu'ils sont tous interessez à rechercher le souverain bien, & qu'ils ont pour cet effet tous les secours nécessaires. Comme d'autre part, les arts & les métiers de toute espece sont le partage des particuliers, & ce à quoi ils doivent employer leurs talens, pour les commoditez de la vie civile, & pour leur propre subsistance.

Nous n'avons que ces deux moiens d'étendre nos connoissances. *Le premier* est d'acquerir autant qu'on le peut des idées claires & distinctes ; car nos connoissances ne pouvant pas s'étendre au delà de nos idées, c'est en vain qu'on prétendroit connoitre avec certitude des choses, dont on n'a que des idées ou imparfaites, ou obscures, ou confuses. *Le second*, c'est de trouver des idées moyennes qui manifestent le rapport

rapport ou l'opposition des idées, qu'on ne peut pas comparer immédiatement.

Que ces deux moyens soient les seuls que nous ayons pour perfectionner nos connoissances, & même celles qui regardent d'autres objets que les modifications de la quantité; c'est ce dont on peut s'assurer, en reflechissant sur les connoissances qu'on acquiert dans les Mathématiques. Peut-on connoitre absolument rien, ni des angles, ni des autres figures, si on n'en a pas une idée claire? Celui qui se tourmenteroit à former quelque démonstration sur l'*angle droit* & le *scalene*, avant que d'avoir des idées distinctes de ces figures, perdroit & sa peine & son tems.

CHAPITRE XIII.

Autres Considerations sur nos Connoissances.

Entre la vuë & la connoissance il y a plusieurs rapports, dont le plus considerable est que ces deux facultez ne sont ni entierement volontaires, ni entierement nécessaires. Car de même que celui qui ouvre les yeux en plein jour, ne peut pas s'empêcher de voir des objets, & de les discerner, de même aussi il n'est pas au pouvoir d'un homme, qui a l'usage des sens, de ne pas recevoir quelque idée par leur moyen; & s'il a de la mémoire, il ne sauroit ne pas en retenir quelques-unes; & s'il n'est pas privé de la faculté de les distinguer, il ne sauroit s'empêcher d'en appercevoir le rapport & l'opposition. De même encore que quoi-que nous ne soyons pas les maîtres d'appercevoir les objets autrement que nous ne faisons, de juger blanc, *par exemple*, un corps qui nous paroit jaune, cependant il est en nôtre pouvoir de tourner nos yeux vers un objet plûtôt que vers un autre, & de le considerer avec plus ou moins d'attention ; de même aussi, nous pouvons tourner nos reflexions vers un sujet plûtôt que vers un autre, nous pouvons y refléchir avec un esprit plus ou moins attentif ; mais dès qu'une fois nous le connoissons, il ne dépend plus de nous de déterminer la connoissance que nous en pouvons avoir. Nous sommes forcez de le connoitre selon les idées que nous en avons eues. *Par exemple.* Ayant comparé les nombres de deux & de trois avec celui de cinq, puis-je m'empêcher de connoitre que deux & trois sont égaux à cinq ? *Autre exemple* ; J'ai l'idée d'un Etre intelligent, qui est foible, fragile, & qui dépend d'un autre Etre qui lui a donné l'existence ; l'idée que j'ai de cet Etre, qui lui a donné l'existence, est l'idée d'un Etre Eternel, d'un Etre Tout-puissant, infiniment bon, & parfaitement sage ; avec ces idées là, je ne puis non-plus refuser mon acquiescement à cette vérité, l'*homme doit honorer DIEU, le servir & lui obéir*, que je ne puis m'empêcher d'être assuré que le Soleil luit, lorsque je le vois actuellement. Mais, quelques certaines que soient ces véritez, & quelque grande qu'en soit l'évidence, un homme les ignorera éternellement, s'il ne se donne la peine d'y refléchir avec quelque attention.

CHAPITRE XIV.

Du Jugement.

CE n'est pas simplement, pour que nous raisonnassions sur des véritez spéculatives, que le Créateur nous a douez de diverses facultez, mais encore afin de nous en servir pour la conduite de la vie. Dans quelle triste condition l'homme ne se verroit-il pas reduit, s'il ne vouloit se gouverner que sur ce qu'il connoit très certainement ? S'abandonnant à une molle oisiveté, il se verroit bientôt réduit à périr misérablement. Ce seroit là, sans doute, le sort d'un homme, qui ne voudroit manger qu'après avoir eu des preuves certaines qu'une telle viande le nourrira, ou qui n'oseroit entreprendre aucune action qu'après s'être assuré du succès.

DIEU n'a mis dans une lumiere éclatante qu'un certain nombre de véritez. Sans doute afin de nous donner des avant-gouts de ce que peuvent comprendre des Créatures purement spirituelles, & de nous exciter par là à désirer, à chercher un meilleur état. Mais pour la plus grande partie de nos actions, il ne nous a accordé que des apparences de probabilité, mais néanmoins conformes à l'état de médiocrité & d'épreuve, où nous sommes dans ce monde.

LA premiere faculté que DIEU a accordée aux hommes, pour les éclairer au défaut de la connoissance, c'est le *jugement*; *c'est-à-dire*, cette action de l'esprit, par laquelle il suppose, mais sans avoir de certitude démonstrative, que certai-

certaines idées conviennent ou ne conviennent pas entr'elles. L'esprit a souvent recours à cette maniere de connoître. Quelquefois c'est par nécessité ; car dans plusieurs occasions on ne peut avoir de connoissance certaine. Mais souvent c'est par négligence, par manque d'habileté, ou par la précipitation avec laquelle on juge des choses mêmes qu'on peut connoitre par démonstration.

CETTE faculté dont je parle, est nommée *jugement*, lorsqu'elle s'exerce immédiatement sur les choses. Et quand on l'employe à découvrir des véritez exprimées par des paroles, on l'appelle communément *assentiment*, ou *dissentiment*. C'est donc par le secours de deux facultez, qu'on découvre la vérité ou la fausseté ; 1. Par *la connoissance*, ce qui est appercevoir certainement le rapport ou l'opposition de quelques-unes de nos idées ; 2. Par *le jugement*, qui consiste à joindre, ou à séparer des idées, suivant qu'on présume qu'elles conviennent ou qu'elles ne conviennent pas ; car dans le jugement, il n'y a point de perception immédiate.

LE jugement est droit, lorsqu'on unit, ou qu'on sépare les idées selon la réalité des choses.

CHAPITRE XV.

De la Probabilité.

LA Probabilité n'est autre chose que le rapport ou l'opposition qu'on découvre entre deux ou plusieurs idées, mais par l'entremise de preuves, dont la connexion, ou n'est pas certaine & immuable,

muable, ou du moins n'est pas apperçue comme telle, mais néanmoins suffit, soit parce que d'ordinaire elle est immuable & certaine, soit parce qu'on l'apperçoit telle le plus souvent, suffit, dis-je, pour porter l'esprit à juger qu'une proposition est vraie, ou fausse, plûtôt que sa contraire.

Dans la probabilité ou la vrai-semblance, il y a donc un grand nombre de degrez, depuis ce qui approche le plus de la certitude & de la démonstration, jusqu'à l'*improbable*, & à ce qui touche le plus près de l'impossible. Et par conséquent, il doit y avoir plusieurs degrez d'assentiment, depuis la connoissance certaine & (ce qui en approche le plus) depuis une pleine assurance, jusqu'à la *conjecture*, au *doute*, & au *desespoir de connoitre*.

Toute proposition est donc probable, lorsqu'à l'aide de quelques raisonnemens & de quelques preuves, on peut la faire passer pour véritable. Et à cette action de l'esprit, par laquelle on reçoit comme vraie une proposition de cette nature, on donne le nom de *créance*, d'*assentiment*, d'*opinion*. Ainsi la probabilité étant destinée à suppléer à nos connoissances certaines, elle ne peut avoir d'autre objet que les matieres incapables de certitude, mais que des motifs nous sollicitent à recevoir comme véritables. Je pense qu'on peut rapporter tous les fondemens du *probable* à ces deux.

Le *premier*, est la convenance d'une chose avec nos connoissances, nos experiences & nos observations. Le *second*, c'est le témoignage des autres hommes, quand il est appuyé sur ce qu'ils connoissent & sur ce qu'ils ont éprouvé. Il faut considerer sur le témoignage des autres hommes,

hommes, 1. le nombre des témoins, 2. leur intégrité, 3. leur soin à s'informer du fait en question, 4. leur dessein, sur tout quand on l'apprend dans quelque livre, 5. la maniere dont ils se soutiennent dans toutes les parties & dans toutes les circonstances de leur rélation, *enfin* les témoignages contraires.

Avant que donner, ou refuser, son consentement à quelque proposition probable, on devroit, pour agir raisonnablement, examiner tous les fondemens de probabilité, & voir jusqu'où & comment ils peuvent établir cette proposition, ou la renverser. Et après avoir duëment pesé les raisons pour & contre, on devroit la recevoir pour véritable, ou la croire fausse, avec un assentiment proportionné aux raisons qu'on a eues, pour l'embrasser, ou pour la rejetter.

CHAPITRE XVI.

Des Degrez d'Assentiment.

EN ce que les fondemens de probabilité, établis dans le *Chap.* précedent, sont les principes, en conséquence desquels, nous consentons à une opinion probable, en cela même, ils doivent regler & limiter les degrez de nôtre consentement. Aucun fondement de probabilité ne doit incliner l'esprit d'un homme, qui recherche la vérité, au delà de la vrai-semblance qu'il y a découvert, au moins dans le premier jugement qu'il en a porté, & dans la premiere recherche qu'il en a faite. Je dis dans la premiere

miere recherche qu'il en a faite, & dans le premier jugement qu'il en a porté ; car en plusieurs rencontres il est ou difficile, ou impossible, à ceux-là même qui ont la mémoire la plus tenace, de retenir les preuves qui les ont engagez, & néanmoins après un mûr examen, à embrasser tel ou tel sentiment. On peut donc être assuré qu'un fait est plus vrai-semblable qu'un autre, sur ce que la mémoire nous rend certains qu'une fois nous avons épluché la matiere avec toute l'exactitude possible, & reconnu que le parti que nous embrassons comme étant le plus vrai-semblable, nous paroissoit effectiment tel. Après, dis-je, ces précautions, on peut, pour le reste de sa vie, être surement convaincu sur le témoignage de la mémoire, qu'une telle opinion mérite tel ou tel degré d'assentiment. Si on n'avoit pas ce privilege, ou l'on tomberoit inévitablement dans le scepticisme, ou l'on changeroit d'opinion à l'ouïe de chaque raisonnement, duquel, faute de mémoire, on ne découvriroit pas le foible dans l'instant même.

Il est vrai que souvent les hommes s'obstinent dans l'erreur, pour adhérer trop opiniatrément à leurs jugemens passez ; mais ce défaut ne consiste pas dans la mémoire, mais dans la précipitation téméraire avec laquelle on a jugé. Et la vérité est, qu'en fait de vrai-semblance il n'y a rien de moins raisonnable que cette opiniatreté ; car peut-être qu'il n'est personne qui ait le loisir, la patience & les autres moyens nécessaires, pour rassembler les preuves de ses opinions, ensorte qu'il puisse conclurre, avec assurance, qu'il connoit parfaitement toutes ces preuves, qu'on n'en peut avancer aucune qui soit capable de l'inſtruire. Les neceſſitez preſſantes & indiſpenſables de cette vie nous forcent à nous déterminer inceſſamment, elles ne nous permettent pas d'examiner la matiere à fond. Et d'ailleurs il eſt à remarquer, que celles de nos actions qui regardent la conduite de la vie, & ſur leſquelles par conſéquent il eſt néceſſaire de ſe déterminer promtement, ſont de nature qu'elles dépendent pour la plûpart de ces déciſions du jugement, ſur leſquelles on ne peut avoir de connoiſſance certaine.

LES propoſitions que quelques fondemens de probabilité nous ſollicitent à recevoir, ſont de deux ſortes : *Les unes* regardent l'exiſtence particuliere de quelque Etre, ou quelque matiere de fait : *Les autres* regardent les choſes que nos ſens ne peuvent découvrir, & qui par là ſont incapables d'être prouvées par aucun témoignage humain. Voici ce que j'ai à dire des premieres.

I. LORS qu'un fait eſt rapporté d'une maniere uniforme par tous ceux qui le racontent, & qu'il convient de plus avec nos obſervations conſtantes, & avec celles des autres hommes, alors nous le recevons avec une aſſurance égale à celle que nous avons par une connoiſſance certaine. Ainſi, ſur le rapport des François, je ne doute non-plus qu'il ait gelé en France l'hyver paſſé, que je ne doute de la vérité de cette propoſition, *ſept & quatre font onze*. Donc le premier & le plus haut degré de probabilité, c'eſt lors qu'un fait eſt conforme à nos obſervations, & de plus que nous connoiſſons, autant qu'une choſe de cette nature peut être connue, que ce fait eſt appuyé du témoignage général de tous les hommes dans tous
les

les tems, Les faits capables d'une certitude de cette espece regardent, ou les constitutions & les proprietez des corps, ou les productions regulières de certains effets par leurs causes naturelles. Nous nommons les preuves de ces faits, *des argumens pris de la nature même des choses*. Sur cet article, nôtre créance s'élève jusqu'à l'*assurance*.

II. Le premier degré de probabilité, après celui dont je viens de parler, c'est lorsque je trouve par ma propre experience, & par le rapport unanime de tous les hommes, qu'une chose attestée par des temoins irreprochables est communément telle qu'ils la rapportent : Ainsi l'experience & l'histoire m'apprenant, que la plûpart des hommes preferent & ont toujours preferé leur interêt particulier à celui du public, je crois qu'il est probable, que *Tibere* a donné dans ce vice, comme tous les historiens de sa vie l'en ont accusé. En ce cas-ci, nôtre assentiment va jusqu'à un degré, qu'on peut appeller *confiance*.

III. Nous ne pouvons refuser nôtre consentement à des faits indifferens, comme celuici, *un oiseau a volé du coté du midi*, ni à ceux qui sont unanimément attestez par des temoins d'une authorité non suspecte, tels que sont les deux suivans. *Il y a en Italie une ville nommée Rome, où vivoit il y a environ* 1740. *ans un homme qu'on appelloit Jules-Cesar*. On ne sauroit douter de ces faits & d'autres semblables, nonplus que de l'existence & des actions des personnes qu'on voit tous les jours.

La probabilité, quand elle est établie sur de pareils fondemens, porte avec elle un degré d'évidence si lumineux, qu'il nous est aussi impossible de croire ou de ne croire pas, que de connoitre ou de ne pas connoitre ce qu'une démonstration claire nous fait voir. Ainsi la difficulté de se fier au témoignage des autres, c'est lors que leurs témoignages, ou se contredisent, ou sont contredits, soit par des témoignages opposez, soit par l'experience, soit par le cours ordinaire de la nature. Dans ces sortes de cas, la diligence, l'attention & l'exactitude sont absolument nécessaires, soit pour former un jugement droit, soit afin de proportionner son consentement aux preuves & aux vrai-semblances qui établissent le fait en question. Et comme pour juger de la validité de ces preuves, de ces vrai-semblances, il faut faire un grand nombre de reflexions sur les observations opposées, les circonstances, les rapports, les desseins, les négligences, &c. de ceux qui rapportent quelque fait, on voit qu'il est impossible de regler les degrez de consentement pour des faits de cette nature. Tout ce qu'on peut ici dire de certain & de général, c'est que les preuves d'un fait, selon qu'elles paroissent, apres un mûr examen, l'établir plus ou moins, doivent produire dans l'esprit ces differens degrez d'assentiment que nous appellons, *créance, conjecture, doute, incertitude, défiance de connoitre*.

IL y a sur cette matiere une regle généralement approuvée; c'est qu'un témoignage s'affoiblit à mesure qu'il s'éloigne de sa source; car les preuves d'un fait connu par tradition ne peuvent que perdre de leur force à chaque degré d'éloignement. Il est pourtant des personnes, qui établissent des regles tout opposées. Chez eux les opinions acquiérent de nouvelles forces à mesure qu'elles vieillissent. Par là, des propositions

tions évidemment fausses dans leur premiere origne, ou tout au moins douteuses, viennent à être adoptées comme des véritez autentiques. Par là, un fait qui est incertain dans la bouche de ses premiers auditeurs, devient vénérable en vieillissant, & ainsi il est cité pour incontestable.

Un fait, avancé par un seul temoin, doit se soutenir ou se détruire, selon qu'il y a de force ou de foiblesse dans ce témoignage. Que cent Auteurs divers le citent dans la suite, tant s'en faut qu'ils y donnent de la force, qu'au contraire ils l'affoiblissent; car il est certain que les passions, l'inadvertance & l'interêt même, une fausse interpretation du sens de l'Auteur, & mille bisarreries par où l'esprit est souvent determiné, peuvent porter un homme à citer à faux les sentimens d'un autre.

Je viens présentement à la seconde espece de probabilité. J'ai dit qu'elle regardoit ce qui ne tombe pas sous les sens, & par conséquent ce qui ne peut pas être attesté par des temoins. Telles sont les choses qui regardent, 1. l'existence, la nature & les operations des Etres finis & immateriels qui sont hors de nous, comme sont les Esprits & les Anges. Telles sont encore les choses qui regardent l'existence de ces Etres materiels qui sont cachez à nos sens, ou à cause de leur extrême petitesse, ou à cause de leur éloignement prodigieux, comme sont les plantes & les animaux qu'il y a dans les Planetes, & dans les autres lieux habitez de l'Univers.

II. Telles sont encore les choses qui regardent la maniere d'operer de la plûpart des ouvrages de la nature. Les effets de ces operations sont sensibles, mais leurs causes sont inconnues. Nous voyons que les Animaux sont engendrez, qu'ils aſſouviſſent leur faim, qu'ils ſe meuvent, mais les cauſes de ces effets & de pluſieurs autres dans les corps naturels, nous n'en pouvons former que des conjectures. L'analogie eſt le ſeul ſecours que nous aions à cet effet. C'eſt ſur quoi ſont fondez tous les principes de la vrai-ſemblance. Aiant obſervé, p. e. que le frottement violent de deux corps produit de la chaleur & ſouvent du feu, nous ſommes fondez à croire, que la *chaleur* & le *feu* conſiſte dans une agitation violente des parties imperceptibles d'une matiere brulante. Mais comme j'ai dit, ce n'eſt là qu'une conjecture. Néanmoins cette eſpece de probabilité, & qui dans le fond eſt le meilleur guide pour faire des experiences, & pour former des hypotheſes raiſonnables, ne laiſſe pas d'avoir ſes uſages & ſon influence. Un raiſonnement circonſpect, fondé ſur l'analogie, découvre ſouvent des véritez & des conſéquences très utiles, qui ſans cela demeureroient éternellement dans les ténébres.

Quoi-que l'experience & la vuë du cours ordinaire des choſes influe beaucoup ſur nôtre conſentement, il y a pourtant un cas, où l'*extraordinaire* de quelques faits, rapportez néanmoins par des temoins dignes de foi, ne doit pas les faire rejetter comme faux; car lors que ces évenemens ſurnaturels conviennent avec les fins de celui qui a le pouvoir de changer le cours de la nature, alors plus ils ſont au delà de nos obſervations, ou même plus ils y ſont oppoſez, & plus ils ont de force pour obtenir nôtre créance. Tel eſt le cas des *miracles*. Une fois atteſtez comme certains, ils s'attirent par eux-mêmes la créance des hommes, & donnent à d'autres veritez

tez toute l'autorité nécessaire pour que l'on y consente.

Il y a des propositions qui s'emparent du plus haut degré d'assentiment, quoi-que pourtant elles ne soient fondées que sur un simple témoignage, & de plus que la chose établie sur ce témoignage ne convienne, ni avec l'experience, ni avec le cours ordinaire des choses. La raison de cette assurance au dessus de tout doute, & de cette évidence au dessus de toute contestation, est fondée sur ce que ce témoignage vient d'un Etre qui ne sait ni ne veut tromper, c'est Dieu lui-même. Ce témoignage se nomme *révélation*, & l'assentiment qu'on y donne s'appelle *foi*. La foi a autant de certitude que nôtre connoissance ; car nous ne pouvons non plus douter qu'une révélation de Dieu soit véritable, que nous ne pouvons douter de nôtre propre existence. Mais avant que d'admettre un fait comme de révélation divine, on doit bien s'assurer qu'il est véritablement tel, & on en doit bien comprendre le vrai sens; autrement, on s'emportera à toutes les extravagances du fanatisme, & on sera gouverné uniquement par des principes d'erreur & d'illusion.

CHAPITRE XVII.

De la Raison.

On entend plusieurs choses par le terme de *raison*. Quelquefois des principes évidens & véritables ; quelquefois des consequences séquences claires & justes déduites de ces principes ; quelquefois la cause même & particulierement la *cause finale*. Ce n'est à aucun de ces égards que je veux presentement traiter de la raison. Je vai en parler, entant que ce terme signifie cette faculté, par où l'on suppose que l'homme est distingué des Brutes, & par où il est évident qu'il les surpasse de bien loin.

La raison nous est d'un usage absolu, tant pour étendre nos connoissances, que pour regler nôtre assentiment ; car elle nous est necessaire, & pour la démonstration, & pour la vraisemblance. D'ailleurs, elle aide à toutes nos facultez intellectuelles, elle leur est même nécessaire, & à le bien prendre elle en constitue deux, savoir la *sagacité* & l'*induction*, ou la faculté d'inferer, ou de tirer des conséquences. Par la premiere de ces facultez on trouve des idées moiennes, & par la seconde on arrange ces idées de maniere qu'on puisse, en découvrant toutes les parties d'une déduction, & l'endroit par où ces parties s'unissent, qu'on puisse, dis-je, amener au jour la vérité en question. Ce que nous appellons *inferer*, n'est donc autre chose qu'appercevoir la liaison qui est entre les idées que renferme chaque degré d'une déduction, & par cette appercevance découvrir si deux idées ont entr'elles ou un raport ou une opposition nécessaire. Lorsqu'on est assuré que la liaison de deux idées est certaine, comme il arrive dans la démonstration, alors on parvient à la connoissance. Mais si cette liaison n'est que probable, on ne connoit que par opinion ; & dans ce cas, on doit regler son assentiment sur la force des divers degrez de vrai-semblance. Mais qu'on con-

connoiffe, foit par démonftration, foit par opinion, la faculté qui trouve, & qui ménage à propos, les moyens néceffaires pour découvrir, ou la certitude, ou la plus grande vrai-femblance, on l'appelle *raifon*. Dans la raifon, on peut donc remarquer ces quatre degrez : 1. *Découvrir des idées moyennes, ou des preuves*. 2. *Ranger ces preuves dans un ordre qui en faffe voir la liaifon*. 3. *Appercevoir cette liaifon*. 4. *Tirer une jufte conclufion du tout*.

Sur le fujet de la raifon, il y a une chofe que je fouhaiterois fort qu'on voulut approfondir, qui eft, fi le fillogifme eft, comme on le croit communément, le feul moyen par où la raifon puiffe fe perfectionner, & arriver à la connoiffance du vrai. J'en doute, voici pourquoi :

I. C'est que le fillogifme n'aide la raifon que dans un des quatre degrez, en quoi j'ai dit qu'elle confiftoit : Ce degré, c'eft le fecond, qui confifte à montrer la liaifon qui eft entre les idées d'une propofition ; & même à cet égard le fillogifme ne peut pas être de grand ufage ; car fans y recourir, on apperçoit cette liaifon auffi facilement, & peut-être mieux, que par fon moyen. Combien de perfonnes incapables de former un fillogifme, & qui ne laiffent pas de raifonner d'une maniere précife ? Et à ceux mêmes qui favent former des fillogifmes, leur arrive-t-il fouvent, lors qu'ils raifonnent en eux-mêmes, de réduire leurs penfées à une certaine forme d'argumentation ?

II. Parce que les fillogifmes font fufceptibles de faux, auffi-bien que les manieres de raifonner les plus triviales. En effet, l'experience apprend que ces méthodes artificielles font plus propres à furprendre l'efprit & à l'embrouiller,

qu'à

qu'à l'inſtruire & à l'éclairer. Si donc il eſt certain que dans le ſillogiſme on peut envelopper des raiſonnemens faux, captieux, équivoques, &c. il eſt clair auſſi, qu'on doit découvrir ces défauts par quelque autre moyen que par le ſillogiſme.

Si pourtant les perſonnes accoutumées à ces formes d'argumenter, trouvent que par là ils aident à la raiſon pour découvrir le vrai, ma penſée eſt qu'ils ſont obligez de s'en ſervir. Mon unique deſſein, c'eſt de leur prouver qu'ils ne devroient pas donner à ces formes plus de poids qu'elles n'en méritent, ni ſe figurer que ſans elles les hommes ne feroient que très peu ou point d'uſage de la faculté de raiſonner.

Le ſillogiſme n'eſt-il dont d'aucun uſage ? Je réponds qu'il ſert à découvrir le faux d'une propoſition, caché ſous l'éclat brillant de quelque figure de Rhétorique, qu'il ſert à faire paroître un raiſonnement abſurde dans toute ſa difformité naturelle, il le dépouille du faux éclat dont il ſe couvre, & de la beauté de l'expreſſion qui en impoſe d'abord : Mais il n'y a que ceux qui ont étudié à fond les modes, les figures du ſillogiſme, & les differentes manieres dont trois propoſitions peuvent être jointes enſemble, qui puiſſent découvrir la foibleſſe ou la fauſſeté d'un pareil raiſonnement, par la forme artificielle qu'on lui donne. Pour ceux qui ne connoiſſent rien à ces formes, ils ne ſeront jamais convaincus, par la force d'aucun ſillogiſme que ce ſoit, qu'une concluſion découle certainement de ſes *prémiſſes*. Ce n'eſt point par ces *régles* qu'on apprend à raiſonner. L'homme renferme en lui la faculté d'appercevoir ſi deux idées ont entr'elles ou un rapport ou une oppoſition

position nécessaire, & il peut les ranger dans un certain jour, dans un certain ordre, sans toutes ces *répétitions* embarrassantes. Sans le secours du sillogisme, on découvrira à coup sûr la fausseté d'un raisonnement, si d'abord on le dépouille des idées superflues, qui mêlées & confondues avec celles dont dépend la force de la conséquence, semblent faire voir une liaison où il n'y en a point, & ensuite, si on place ces idées nues dans leur ordre naturel : car l'esprit venant alors à considerer ces idées dans une telle position, il appercevra aisément, & sans le secours du sillogisme, ou le rapport ou l'opposition qui est entr'elles.

Mais quel que soit le secours du sillogisme pour arriver à la connoissance ou à la démonstration, il est néanmoins vrai qu'il est d'un bien petit usage, ou plûtôt, qu'il n'est absolument d'aucun usage pour faire connoitre les degrez de vrai-semblance, par où une proposition l'emporte sur une autre. L'on ne consent à une proposition, plûtôt qu'à sa contraire, qu'en vertu de la supériorité de ses preuves ; or rien n'est moins propre à déterminer cette supériorité que le sillogisme ; comme il ne peut embrasser qu'une seule preuve vrai-semblable, il se donne carriere, il pousse cette preuve, jusqu'à-ce qu'il ait fait perdre de vuë la chose en question.

Ainsi donc, j'avoue que le sillogisme peut être utile pour convaincre les hommes de leurs erreurs, de leurs méprises ; mais je nie qu'il aide à trouver des preuves & à faire des découvertes nouvelles ; ce qui est la fonction la plus pénible de l'esprit, quoi-que peut-être cette même fonction ne soit pas sa qualité la plus parfaite.

parfaite. Tout l'art du fillogifme confifte à arranger les preuves qu'on fait déja. On connoit premiérement une verité, enfuite on peut la prouver à un autre homme par voie de fillogifme. Le fillogifme fuit donc la connoiffance, & par conféquent il eft d'un ufage bien borné pour nous faire parvenir au vrai, ou plûtôt il ne peut être à cet égard d'aucun ufage que ce foit. Ce n'eft qu'en découvrant des preuves, qui montrent la liaifon, ou l'oppofition de fes idées, qu'on augmente fes connoiffances, & que les arts & les fciences fe perfectionnent.

Ce que nous connoiffons immédiatement & par fenfation eft très peu de chofe. La plûpart de nos connoiffances, nous les acquerons par le fecours de la raifon. Mais quoi que fon Empire foit très étendu, il y a néanmoins des occafions, où elle ne nous eft d'aucun ufage : 1. Elle nous manque, lors que nous n'avons point d'idées : 2. Elle fe perd, quand elle s'exerce fur des idées obfcures, confufes, imparfaites : *P. e.* Nous manquons d'idée complette fur la plus petite étenduë de la matiere & fur l'infinité ; donc toutes les fois que nôtre raifon s'exerce fur *la divifibilité de la matiere à l'infini*, il faut qu'elle fe perde & fe diffipe : 3. Quelquefois elle eft arrêtée, faute de trouver une troifiéme idée qui puiffe montrer ou la liaifon, ou l'oppofition certaine ou probable, de deux autres idées : 4. Souvent, pour avoir bâti fur de faux principes, on fe trouve engagé dans des contradictions, dans des abfurditez & des difficultez infurmontables : 5. Enfin la raifon eft confondue & pouffée à bout, par des mots équivoques, douteux & incertains.

Quoi-que déduire une propofition d'une autre foit l'occupation la plus fréquente de la raifon, raison, cependant le premier & le principal acte du raisonnement, c'est de trouver le rapport & l'opposition de deux idées par l'entremise d'une troisiéme; tout de même qu'on trouve par le moien d'une toise, que la même longueur convient à deux maisons, dont on ne peut pas découvrir par les yeux la juste égalité.

Quand il s'agit de convaincre un homme, on emploie d'ordinaire l'une de ces quatre espéces d'argumentation.

La premiere est, de citer les opinions des personnes, qui par leur esprit, par leur savoir, par l'éminence de leur rang, par leur puissance, ou quelque autre endroit, se sont fait un grand nom, & ont établi leur reputation avec certaine autorité. J'appelle cette espece d'argument, *Argument ad verecundiam*.

La seconde est, d'exiger de son adversaire qu'il admette la preuve alleguée, ou qu'il en assigne une meilleure. C'est ce que j'appelle, *argument ad ignorantiam*.

La troisiéme est, de presser un homme par des conséquences qui decoulent de ses principes ou de ses concessions. Cet espece d'argument est connu sous le nom d'*argument ad hominem*.

La quatriéme consiste, à emploier des preuves tirées de quelqu'une des sources ou de la connoissance, ou de la probabilité. C'est ce que j'appelle, *argument ad judicium*. Et cette derniere voie de raisonner est la seule des quatre, qui porte avec elle une instruction réelle, & qui puisse faire avancer dans la connoissance du vrai; car 1. par un *argument ad verecundiam*, ou ce qui revient au même, de ce que par quelque consideration, ou d'interet, ou de respect pour un homme, je ne veux pas lui contredire, s'ensuit-il suit-il aucunement qu'il soutienne la vérité ? 2. S'ensuit-il par l'*argument ad ignorantiam*, ou de ce que mon adversaire ne peut pas inventer de doctrine plus vrai-semblance qu'est la mienne, s'ensuit-il, dis-je, que je professe la véritable ? 3. Par l'*argument ad hominem*, ou parce qu'un autre m'a fait voir que je me trompois, s'ensuit-il qu'il ait la connoissance du vrai ? L'aveu que je fais de mon ignorance, & de ma méprise, peut me disposer à recevoir la vérité, mais il ne contribue en rien à m'en donner la connoissance. Donc, puisque ma timidité, que mon ignorance, & mes égaremens ne peuvent pas me conduire à la connoissance du vrai, je n'y puis parvenir, à ce vrai, que par des preuves, par des argumens, & par une lumiere qui nait de la nature même des choses.

Par ce que je viens de dire dans ce chapitre, on peut fixer avec assez de justesse les limites, soit des choses qui sont *conformes à la raison*, soit de celles qui *la surpassent*, soit enfin de celles qui *lui sont contraires*. *Les choses conformes à la raison*, ce sont les propositions desquelles on decouvre ou la vérité, ou la vrai-semblance, par les idées qu'on a reçues, soit de la sensation, soit de la reflexion : *Les choses qui surpassent la raison*, ce sont les propositions desquelles, par les principes du vrai & du vrai-semblable, on ne peut pas découvrir ou la vérité, ou la vrai-semblance. *Les choses contraires à la raison*, c'est lorsqu'une proposition est incompatible avec nos idées claires & distinctes. L'existence d'un *DIEU unique*, est conforme à la raison, celle de *plusieurs Dieux* lui est contraire, & *la resurrection des morts* la surpasse. Cette expression de *choses au dessus de la raison*, est prise

prise dans un double sens, elle marque ce qui est au dessus de la probabilité, & ce qui est au dessus de la certitude. Ce que je dis du sens étendu de l'expression des choses au dessus de la raison, est vrai aussi de l'expression de choses contraires à la raison.

L'Usage a autorisé que le terme de raison signifieroit ce qui est opposé à la foi. Cette maniere de parler ne peut qu'être très impropre. La *foi* n'est autre chose qu'un ferme assentiment, lequel il est de nôtre devoir de bien regler, & ainsi qui ne sauroit être donné à aucune proposition sans de bonnes preuves. La foi ne sauroit donc être opposée à la raison. Celui qui croit, sans avoir de fondement pour sa créance, se repaitra peut-être de ses imaginations propres; mais il est certain qu'il ne cherche pas la vérité comme il le devroit, & qu'il décline par conséquent de rendre à son Créateur l'obéissance qu'il lui doit. Ce bien-faisant Auteur de nôtre Etre nous ordonne de faire usage des facultez dont il nous a enrichis, pour nous preserver des méprises & des erreurs. Mais parce que certaines personnes s'obstinent à mettre en opposition la raison avec la foi, je pense qu'il est nécessaire de considerer la raison & la foi entant qu'opposées l'une à l'autre.

CHAPITRE XVIII.

Des bornes distinctes de la Foi & de la Raison.

LA *Raison*, si on la considere en opposition à la *foi*, n'est autre chose que découvrir la certitude ou la vrai-semblance de certaines propositions, par des raisonnemens composez d'idées qu'on a acquises par la sensation, & la reflexion. La *Foi* d'un autre côté, c'est consentir à une proposition, parce que sur l'autorité de celui qui la propose on la tient pour une vérité qui vient immédiatement de Dieu. Cette maniere de convaincre les hommes, est appellée *Révélation*. Voici quelques observations sur ce sujet.

I. *Nul homme inspiré de DIEU, ne sauroit introduire dans l'esprit des hommes, par aucune révélation que ce soit, une idée simple qu'ils ne connoissent ni par la sensation, ni par la reflexion.* Pourquoi ? C'est que les mots, par eux-mêmes, ne peuvent exciter que leur son naturel, & qu'en qualité de signes représentatifs de nos idées, ils ne sauroient produire d'autre effet que de rappeller dans l'esprit les idées que l'usage leur a fixé. Ce que je dis des mots, je le dis de tous les autres signes imaginables. Il n'y en a aucun qui puisse nous donner à connoitre des choses dont nous n'avons jamais eu d'idées: Et par conséquent nos facultez naturelles seules nous fournissent les idées simples, dont nous sommes capables, & il nous est impossible d'en recevoir aucune par *Révélation traditionelle*. *Révélation traditionelle*, c'est, selon moi, les doctrines qu'on enseigne aux autres par des discours & par les voies ordinaires de la communication mutuelle entre les hommes. On ne doit pas confondre cette espece de Révélation avec celle que je nomme *originelle*, qui est une impression de Dieu lui-même dans l'esprit des hommes, & à laquelle on ne sauroit assigner des bornes.

II.

II. La *Révélation peut nous manifester les mêmes véritez que la raison, mais à cet égard la Révélation n'est pas de grand usage.* Dieu nous a donné toutes les facultez nécessaires pour arriver à la connoissance de ces véritez, & par conséquent la connoissance en est plus certaine, quand on les découvre par les facultez naturelles, que lors qu'elles sont enseignées par *Révélation Traditionelle.* Fondé sur une Révélation Divine, je consentirai à cette proposition, *les trois angles du triangle sont égaux à deux droits;* mais la connoissance que j'ai de cette vérité, par la vuë du rapport de deux angles droits aux trois angles du triangle, est plus certaine que celle que j'en pourrois avoir par la Révélation. Ce que je dis des véritez de raisonnement, je le dis aussi des véritez de fait. L'Histoire du *Déluge* nous a été transmise par des écrivains inspirez de Dieu, cependant quelqu'un oseroit-il prétendre avoir sur ce fait une connoissance aussi claire qu'en avoit *Noé*, ou qu'il en auroit eu lui-même s'il en eut été le témoin?

III. Contre *une grande évidence de la raison, on ne doit rien admettre comme étant de Révélation Divine.* Les preuves, qui nous portent à embrasser une certaine Révélation comme Divine, ne peuvent pas être plus certaines que les véritez qu'on connoit immédiatement, si tant est qu'elles le soient autant. Et ainsi nous ne pouvons recevoir, comme *articles de foi,* des choses directement opposées à nos connoissances claires & distinctes. L'idée du corps p e. se rapporte si intimement à celle d'une certaine place, qu'il nous sera toujours impossible de consentir à cette proposition, *le même corps peut être en deux differens lieux à la fois,* quand même on nous assureroit qu'elle est d'autorité Divine ; car l'assurance 1°. que l'on comprend fort bien le sens de cette proposition, 2°. qu'on ne se trompe point en disant que Dieu en est l'Auteur ; cette assurance, dis-je, quelque grande qu'on puisse la concevoir, ne peut être aussi certaine que la connoissance immédiate que nous avons qu'un même corps ne peut pas être en deux endroits à la fois. C'est donc un principe certain, qu'à une connoissance immédiate on ne doit pas préférer une Révélation, dont les preuves ne sont pas aussi évidentes que le sont les preuves des veritez qu'on connoit par la raison.

IV. Les *Matieres de la foi sont donc des choses dont nous n'avons que peu ou point de notions parfaites, ou dont l'existence passée, presente & future, nous est absolument cachée.* Tels sont les dogmes *de la rebellion des Anges contre DIEU, de la resurrection de nos corps, & autres semblables*, qui sont hors la portée de la raison. Donc, toute proposition revelée doit être censée du ressort de la foi & au dessus de la raison, si on ne peut pas se convaincre de sa verité par les facultez & par les notions naturelles ; mais aussi, toute proposition doit être censée du ressort de la raison, si on peut l'eclaircir & la terminer par soi-même, & par les idées qu'on a acquises naturellement. Et il faut bien remarquer, que des propositions fondées sur des principes de vrai-semblance seulement, doivent le céder à des propositions qui paroissent moins vrai-semblables, mais qui sont néanmoins enseignées par une Révélation Divine. On est obligé de consentir au témoignage de celui qui ne peut & ne veut pas nous tromper, plûtôt que de recevoir une proposition

dont

dont la vérité n'est pas assurée. Mais cependant, c'est toûjours à la raison à juger si cette proposition est de foi Divine ; c'est à elle à en bien examiner le vrai sens.

Tel est l'Empire de la foi ; telle en est l'étenduë. Il ne violente aucunement la raison, il ne la déprime, il ne la brouille point ; mais plûtôt elle est assistée & perfectionnée par les véritez à elle découvertes par la source éternelle de toutes les connoissances. Tout ce que Dieu a revelé est objet de foi, & est par conséquent véritable : Mais c'est à la raison uniquement à juger, si telle ou telle proposition est véritablement de Révélation Divine.

Donc, pour finir cette matiere : Il est impossible qu'aucune *Révélation traditionelle* nous paroisse plus claire & plus évidente que les principes incontestables de la raison : Donc aucune doctrine, qui est contraire aux décisions irrésistibles de la raison, ne doit être reçûë comme *article de foi*. Mais aussi, tout ce qui est véritablement de Révélation Divine doit prévaloir sur nos opinions, sur nos préjugez & nos interêts. Une pareille soumission ne renverse point les droits incontestables de la raison, ne nous ôte point la force d'employer nos facultez pour l'usage auquel elles nous ont été données.

CHAPITRE XIX.

De l'Enthousiasme.

QUICONQUE veut sérieusement s'adonner à la recherche de la vérité, doit avant toutes choses concevoir un grand amour pour elle. Qui ne l'aime pas ne sauroit prendre la peine qui est nécessaire pour la trouver, & se soucieroit peu de l'avoir manquée. Il est vrai, il n'y a personne qui ne professe de l'aimer sincerement, & qui ne se crût deshonoré, s'il savoit qu'il passe dans l'esprit des autres hommes pour avoir d'autres sentimens; cependant, malgré toutes ces protestations, qu'il y en a peu, même parmi ceux qui font profession d'en être de sinceres amateurs, qu'il y en a peu, dis-je, qui aiment la vérité à cause de la vérité même!

Il est donc digne de toutes nos recherches d'examiner comment on peut connoitre, si on aime la vérité pour l'amour d'elle-même. En voici je pense une marque infaillible ; c'est *de ne pas croire une proposition plus fermement que ne le peuvent permettre les preuves sur lesquelles elle est établie*. Tout homme, qui croit une proposition au delà de cette regle, n'embrasse pas la vérité par amour pour elle, mais à cause de quelque passion, ou interêt: Or comme la vérité ne peut recevoir aucune évidence de nos interets ou de nos passions, elle ne devroit pas non-plus en recevoir la moindre alteration.

Une suite nécessaire de cette mauvaise disposition d'esprit, c'est de s'attribuer le droit de prescrire ses opinions aux autres. Celui qui en a imposé à sa créance, comment pourroit-il s'empêcher de vouloir regler l'opinion d'un autre homme ?

A cette occasion, je vai examiner un troisiéme principe d'assentiment, & auquel certaines personnes donnent la même autorité qu'à la foi & à la raison. Ce troisiéme principe c'est l'*Enthousiasme*, qui, dédaignant la raison, voudroit

droit sans elle établir la Révélation. On détruit ainsi la raison & la révélation pour y substituer de vaines imaginations d'un cerveau déréglé, & lesquelles néanmoins on tient ensuite pour être de véritables fondemens de conduite & de créance.

Il est bien plus aisé d'établir ses opinions, & de régler sa conduite, sur une Révélation immédiate que sur des raisonnemens justes, dont la découverte est si pénible, si ennuieuse: Et c'est pourquoi il ne faut pas s'étonner, s'il y a eu des personnes qui ayent prétendu à ces Révélations immédiates, sur tout, quand il s'agissoit de justifier celles de leurs actions & de leurs opinions, dont ils ne pouvoient alléguer aucune raison solide; car en effet, on remarque dans tous les âges, que ceux en qui la mélancholie a été mêlée avec la dévotion, ou ceux dont la haute opinion d'eux-mêmes leur a fait accroire qu'ils avoient une plus étroite familiarité avec Dieu que le reste des hommes, sont ceux qui, le plus souvent, se sont flattez d'un commerce particulier avec Dieu, & de fréquentes communications avec l'Esprit Divin. Prévenus ainsi, leurs bizarres fantaisies ont toutes été des illuminations de l'Esprit de Dieu, & l'assouvissement de leurs passions a été une direction du ciel, à laquelle ils étoient tenus d'obéir. Et c'est proprement en ceci que consiste l'*Enthousiasme*, en ce qu'il ne procede que de l'imagination d'un esprit échauffé, & rempli de lui-même; & que néanmoins, il n'a pas plûtôt pris racine, qu'il a plus d'influence que la raison & la révélation prises ensemble. Si une forte imagination s'empare une fois de l'esprit, sous l'idée d'un nouveau principe, elle emporte aisément tout avec elle ; sur tout, lorsque délivrée du joug de la raison & de l'importunité des réflexions, elle est parvenuë à une authorité Divine, & se trouve soutenuë de quelque inclination, de quelque panchant, du tempéramment, &c.

Il est extrêmement difficile de désabuser ceux qui une fois se sont entêtez de cette espece de Révélation immédiate, de cette illumination sans recherches, de cette certitude sans preuves. La raison est perduë pour eux, & ils se sont élevez au dessus d'elle. Ils voyent la lumiere infuse dans leur Entendement; elle y paroit semblable à l'éclat d'un beau Soleil, elle se montre elle-même, & n'a besoin d'autres preuves que de sa propre évidence. Ils sentent la main de Dieu, les impulsions de l'esprit qui les meut intérieurement. Or, disent-ils, nous ne pouvons pas nous tromper, sur ce que nous sentons.

Ainsi parlent ces gens, ils sont assurez parce qu'ils sont assurez, & leurs persuasions sont justes, parce qu'elles sont fortement établies dans leur esprit. Voilà à quoi se réduisent tous leurs raisonnemens, quand ils sont dépouillez des métaphores prises de la vuë & du sentiment. Ils ont, disent-ils, une lumiere claire, ils la voient. Ils ont un sentiment vif, ils le sentent, ils en sont assurez, & ils ne conçoivent pas qu'on puisse le leur disputer. Cependant, qu'ils me permettent de leur faire ici quelques questions. Cette vuë est-elle une perception de la vérité de quelque proposition, ou seroit-elle simplement une perception, qu'elle est d'origine Divine ? Ce sentiment est-il la perception d'un panchant vers quelque chose, ou ne seroit-ce qu'une qu'une perception que Dieu nous meut effectivement ? Ce sont là deux especes de perceptions, qu'il faut distinguer très soigneusement. Je puis appercevoir la vérité d'une proposition, & pourtant n'être pas assuré qu'elle vient de Dieu. Des esprits peuvent exciter en moi cette idée, peuvent m'en faire appercevoir les liaisons, sans en avoir reçu commission Divine. Donc connoitre une proposition, & ignorer la maniere dont on y est parvenu, ce n'est pas appercevoir qu'elle vient de Dieu. A la connoissance d'une telle proposition, on donnera si l'on veut le nom de *lumiere*, de *vuë*, mais ce ne sera tout au plus qu'*opinion & assurance* ; car tout homme, qui ignore les motifs de sa créance, ne voit pas, il croit simplement. *Voir*, c'est connoitre une chose par l'évidence des raisons ; *croire*, c'est la supposer véritable sur le témoignage d'un autre ; mais il faut, pour que ma foi soit appuiée sur de solides fondemens, que je sache que ce témoignage a été rendu, que je connoisse que Dieu me l'a revelé. Sans cela, toute ma créance, quelque grande qu'elle soit, est sans fondement. Et toute la lumiere, dont je pretens être éclairé, n'est qu'Enthousiasme.

Tout ce qui est de Révélation Divine est certainement véritable; car Dieu, qui en est l'Auteur, ne peut pas nous tromper. Mais le moien de connoitre qu'une Proposition, estimée véritable, est une vérité revelée de Dieu ? C'est ici que les Enthousiastes manquent cette évidence à laquelle ils prétendent ; ce n'est que sur l'un de ces deux fondemens qu'ils peuvent être persuadez que telle proposition est véritable, I. *Parce qu'elle est évidente, ou par elle-même, ou par des preuves naturelles* ; mais si c'est

ici

ici tout le fondement de leur créance, c'est en vain qu'ils supposent cette proposition comme étant de Révélation Divine ; car de cette maniere les hommes *Non-inspirez* parviennent à la connoissance du vrai : II. *Parce que DIEU l'a révélée* ; mais quelles raisons ont-ils de le croire ? C'est à cause, car peut-être se retrancheront-ils à le dire, que cette proposition porte avec elle une lumiere, qui prouve qu'elle vient de DIEU. Cette reponse signifie-t-elle autre chose, sinon, qu'ils croyent que telle proposition a été révélée, parce qu'ils en sont fortement persuadez ? Une forte persuasion est donc toute la lumiere dont ils nous parlent ! C'est un fondement bien dangereux tant pour nos opinions, que pour nôtre conduite que celui de ces gens là.

La *vraie lumiere*, c'est découvrir, & d'une maniere bien nette, la vérité d'une proposition. Reconnoitre dans l'Entendement quelque autre lumiere, c'est se jetter dans l'obscurité, c'est s'abandonner au pouvoir du Prince des Tenebres. Si nos actions & nos opinions doivent être reglées sur la force de la persuasion, comment distinguer les illusions de Satan, d'avec les inspirations de l'Esprit Saint ?

Tout homme, par conséquent, qui ne voudra pas donner tête baissée dans l'illusion & l'erreur, doit examiner cette lumiere interieure, avant que de la prendre pour la regle de ses actions & de ses opinions. DIEU ne détruit pas l'homme en le faisant Prophête, mais lui laisse toutes ses facultez dans leur état naturel, afin de pouvoir juger, si ses inspirations sont, ou ne sont pas, d'origine céleste. Quand il exige nôtre consentement pour une certaine proposition, il nous en fait voir la vérité par des preuves tirées

rées de la raison, ou par des marques auxquelles on ne sauroit se méprendre. C'est donc la raison, qui en toutes choses doit être nôtre dernier juge. Je ne veux pas dire par là, qu'on doive examiner, si une proposition, révélée de DIEU, peut être démontrée par des principes naturels, & si elle ne peut pas l'être, qu'on soit en droit de la rejetter: Mais je dis, que par les principes de la raison, on doit examiner, si telle ou telle proposition est véritablement de Révélation Divine. Et si on la croit telle, alors on doit se déclarer pour cette proposition, aussi fortement que pour aucune autre vérité. Dèslors, elle devient regle de conduite & d'opinion.

Les Hommes saints, à qui DIEU a autrefois révélé de certaines veritez, avoient d'autres preuves pour la divinité de leurs révélations, que la lumiere interieure qui éclatoit dans leur esprit. Des signes exterieurs les assuroient que DIEU étoit l'Auteur de ces Révélations; & s'ils devoient en convaincre les autres, ils recevoient le pouvoir de vérifier leur mission par des signes visibles. *Moïse* vit un buisson qui bruloit sans se consumer, & il entendit une voix du milieu du buisson. Il vit sa verge changée en serpent, & eut le pouvoir de confirmer sa mission par ce même miracle, qu'il pouvoit toujours répéter: Et quoi-que l'Ecriture ne remarque pas toujours que les Hommes inspirez aient demandé, ou reçu, de pareilles preuves, cependant cet exemple, & quelques autres, dans les Prophêtes du Vieux Testament, prouvent assez qu'ils ne croioient pas qu'une vuë intérieure, une forte persuasion sans preuves, fussent des marques de Divinité.

Je ne nie pas que DIEU, sans qu'il le fasse

remarquer par des signes extraordinaires, n'excite souvent les hommes aux bonnes actions par l'assistance immédiate de l'Esprit saint, & n'illumine quelquefois leur Entendement, afin qu'ils puissent mieux comprendre certaines véritez. Mais nous avons la raison & l'Ecriture, deux regles infaillibles, pour connoitre si cette *excitation*, & cette *illumination*, viennent en effet de DIEU. Lors qu'une proposition se trouve conforme aux doctrines enseignées dans l'Ecriture sainte, lorsque l'accomplissement de quelqu'un de nos desirs s'accorde avec les preceptes, & de la Raison, & de la Révélation, alors, bien que DIEU ne nous ait pas revelé en agissant sur nôtre esprit d'une maniere extraordinaire, qu'une telle proposition & une telle action s'accorde avec la Révélation Divine, cependant, nous ne courons aucun risque en le croiant ainsi ; car & cette action & cette proposition sont conformes aux regles infaillibles que DIEU nous a données pour découvrir le vrai ; c'est l'Ecriture & la Raison. Mais jamais la force de la persuasion ne pourra donner de l'autorité à nos actions & à nôtre créance. Quelque panchant vers ce que nous dicte cette forte persuasion, nous inclinera peut-être à la regarder avec un œil trop plein de tendresse ; mais il ne sauroit prouver qu'elle tient son origine du ciel.

CHAPITRE XX.
De l'Erreur.

L'ERREUR, c'est lorsque le jugement, par quelque méprise, consent à ce qui n'est pas vrai. Toutes les causes de l'erreur peuvent se redui-

reduire à ces quatre. 1. *Manquer de preuves.* 2. *N'avoir pas assez d'habileté pour s'en servir.* 3. *Ne vouloir pas en faire usage.* 4. *Suivre de fausses regles de probabilité.*

I. La premiere cause d'erreur, est donc *le manque de preuves, non-seulement de celles qu'on peut avoir, mais encore de celles qu'on pourroit découvrir.* La plûpart des hommes n'ont ni le tems, ni les occasions propres, pour ramasser les témoignages des autres, ou pour faire des experiences eux-mêmes. Asservis à quelque basse condition, ils sont obligez de passer leur vie à chercher de quoi la soutenir ; & se trouvent ainsi inévitablement engagez dans une ignorance invincible des preuves, sur lesquelles d'autres établissent leurs opinions, preuves néanmoins dont la connoissance est nécessaire pour savoir la vérité de ces opinions.

Cependant, il n'est point d'homme si occupé du soin de pourvoir à sa subsistance, à qui il ne reste assez de tems pour penser à son ame, & pour s'instruire dans la Religion. Il n'est aucun homme que la nécessité presse si fort, qu'il ne puisse menager quelques heures de loisir, où il se perfectionneroit dans ces matieres qui regardent de si près nôtre félicité. Mais on s'applique plûtôt à des bagatelles, à des choses d'une assez petite conséquence.

II. Une seconde cause d'erreur, c'est *le peu d'adresse à faire valoir les preuves qu'on a en main.* Plusieurs personnes sont incapables de retenir une longue suite de conséquences, & outre cela inhabiles à sentir la supériorité de certaines preuves. Ces gens ne peuvent ni discerner le parti le plus probable, ni par conséquent l'embrasser, préférablement à

tout

tout autre. Cette diverſité de Génies, qui eſt ſi fort à l'avantage de certaines perſonnes, me porte à croire que, ſans faire tort au Genre humain, on peut aſſurer qu'il y a plus de difference entre certaines perſonnes & d'autres, qu'il n'y en a entre certains hommes & certains animaux. Je n'examine pas la cauſe de cette diverſité, bien-que pourtant l'examen de cette queſtion ſpéculative fût de très grande conſéquence, cela ne fait rien à mon deſſein preſent.

III. LA troiſiéme cauſe d'erreur, eſt *qu'on ne veut pas faire uſage des moiens d'avancer ſes connoiſſances.* Bien des gens négligent de s'inſtruire, quoi qu'ils aient aſſez de biens, de loiſir, de talens même pour arriver ſurement à la connoiſſance de diverſes véritez. A l'égard de quelques-uns, c'eſt là un effet d'un trop violent attachement aux plaiſirs ; à l'égard de quelques autres, c'eſt une ſuite d'une certaine pareſſe, d'une certaine négligence, ou bien d'une averſion particuliere pour les livres & pour l'étude. D'autres négligent les études par une trop ſervile application aux affaires de cette vie, & d'autres enfin, par la crainte qu'une recherche trop impartiale ne fût défavorable à celles de leurs opinions, qui s'accordent avec leurs préjugez, leurs manieres de vivre, leurs deſſeins, &c. Ces gens là me font reſſouvenir de ceux qui ne veulent pas arrêter leurs comptes, afin de ne pas voir que leurs affaires ſont dans un très pitoiable état.

UNE choſe qui m'étonne, c'eſt que parmi ceux à qui de grandes richeſſes donnent le loiſir de cultiver leur Entendement, pluſieurs, ou même la plûpart, puiſſent s'accommoder d'une molle,

molle, d'une lâche ignorance. Il faut avoir une opinion bien basse de son Ame, pour dépenser tous ses revenus à soigner le corps, sans en employer aucune partie pour acquerir de la connoissance.

Je ne dirai pas ici combien cette conduite est déraisonnable, pour des gens, que leur interêt oblige à penser quelquefois à une vie à venir, ce qu'un homme raisonnable ne peut pas s'empécher de faire quelquefois. Je ne m'arrêterai pas non plus à faire voir, combien il est honteux à ceux qui professent dédaigner toute connoissance, de se trouver ignorans dans les choses qu'il nous importe extrémement de connoitre. Mais une chose à laquelle je souhaiterois que voulussent faire attention, ceux qui se disent *Gentils-hommes*, c'est qu'ils se voient enlever par des gens d'une condition plus obscure, mais plus savans qu'eux, le crédit, les honneurs & la puissance; appanages prétendus de leur naissance & de leur fortune. Un aveugle, à moins qu'il ne veuille tomber dans quelque précipice, doit se laisser conduire par celui qui voit; or celui, dont l'Entendement est aveugle, est de tous les hommes & le plus esclave, & le plus dépendant.

IV. La quatriéme cause d'erreur ce sont les *fausses regles de probabilité*. On peut les rapporter toutes à ces quatre.

1. *On pose pour principes des propositions ou douteuses ou fausses*. Un axiome, censé être un principe, a une telle influence sur les opinions, que c'est par lui, qu'ordinairement on juge de la vérité. Tout ce qui ne s'y accorde pas est regardé comme impossible. Le respect qu'on y porte, va jusqu'à rejetter & le témoignage des

autres

autres hommes, & celui de ses propres sens, lorsqu'ils déposent quelque chose qui y soit contraire. C'est donc une conséquence nécessaire, que l'obstination des hommes, dans differentes sectes, à croire des opinions directement opposées, quoi qu'également absurdes, vient de ce qu'on adhere à ces principes transmis par tradition avec un esprit trop opiniatre. Plûtôt que d'admettre quoi que ce soit qui y soit incompatible, on désavoue ses propres yeux & le témoignage de ses sens. On donne sans peine un démenti à sa propre experience.

2. O N *se renferme dans certaines hypotheses.* Ceux qui donnent dans ce défaut different de ceux dont je viens de parler tout-à-l'heure, en ce qu'ils conviennent avec leurs adversaires des faits qu'on leur prouve; mais ils ne peuvent s'accorder, ni sur les raisons de ces faits, ni sur la maniere d'en expliquer les opérations. Ils ne se défient pas ouvertement du témoignage des sens comme les premiers : Ils écoutent avec patience les preuves qui font pour la vérité d'un fait, mais ils ne veulent pas se laisser convaincre par des preuves superieures aux leurs, ni entendre parler d'aucune autre maniere d'expliquer les choses, que de celle qu'ils ont adoptée pour la véritable.

3. O N *se laisse aller à ses passions & à ses panchans.* Il est aisé de prévoir de quel coté se déterminera un avare, si on lui presente d'un coté les motifs les plus pressans contre l'avarice, & de l'autre l'esperance de gagner des richesses par de sordides moyens. Il ne peut pas s'empêcher de reconnoitre la force des motifs contre le vice qui le gouverne, il ne peut pas les éluder, mais il n'en veut pas avouer la conséquence,

quence. Ce n'est pas qu'il ne soit porté à suivre le parti le plus probable, mais c'est qu'il a la puissance de suspendre ses recherches, de les limiter, & d'arrêter son esprit, afin qu'il ne s'engage pas trop avant dans l'examen de la matiere en question. Or tandis que l'on ne se permettra pas ce libre examen, on pourra toujours s'échaper aux preuves les plus évidentes par l'une de ces deux voies que je vai indiquer. 1. Les raisonnemens étant exprimez par des paroles, il est bien peu de discours, où l'on ne puisse trouver à redire, ou sur quelque expression qui peut-être conduit au faux, ou sur ce qu'il n'y a peut-être pas toute la liaison requise entre quelqu'une de ces nombreuses conséquences que renferme quelquefois un raisonnement. Et en effet, il y a peu de discours assez justes & assez clairs, pour ne pas fournir à un Sophiste des pretextes assez plausibles, & qui puissent le mettre à l'abri du reproche d'agir contre la sincerité & la raison. 2. On peut s'échaper aux preuves les plus évidentes, sous le prétexte qu'on ne sait pas tout ce qui peut être dit en faveur du parti opposé. Et alors bien qu'on se voie vaincu, on ne croit pas être obligé de se rendre ; car on ne connoit pas toutes les forces qu'il y a en reserve. Ce refuge contre la conviction est d'une si grande étendue, qu'il est difficile de déterminer un cas, où l'on ne peut pas s'en servir.

4. On *regle son consentement sur les opinions reçues par ses amis & ses voisins, par ceux & de sa secte & de son pays.* Combien de personnes, qui n'ont d'autre fondement pour leurs opinions que le grand nombre, l'érudition & la prétendue bonne foi de ceux de leur parti !

Comme

Comme s'il étoit impossible qu'un savant, qu'un honnête homme ne pût pas être trompé, & que la vérité dût être établie par les suffrages de la multitude. Tous les hommes peuvent se tromper, & en effet il y en a plusieurs, qui, emportez uniquement par des motifs de passion & d'interêt, ont donné dans des erreurs très grossieres. Une chose du moins très certaine, c'est qu'il n'y a point d'opinion si absurde, qu'on ne puisse embrasser par ce principe, puis qu'il est impossible de nommer aucune erreur qui n'ait pas eu ses partisans.

CEPENDANT, malgré le grand bruit qu'on fait sur les opinions erronées des hommes, je me crois obligé de dire, dans la vuë de rendre justice au Genre humain, qu'il n'y a pas un si grand nombre de personnes dans l'erreur qu'on se l'imagine communément. Ce n'est pas que la plûpart aient embrassé la vérité, mais c'est qu'ils n'ont ni créance, ni pensée positive, sur les doctrines qu'ils prétendent de croire. Qui voudroit interroger le plus grand nombre des partisans d'une secte, trouveroit, que ces matieres qu'ils soutiennent avec tant d'ardeur ne sont que des opinions qu'ils ont reçues des autres, sans en avoir examiné les preuves. Mais ils sont resolus à se tenir attachez au parti, où l'éducation & l'interêt les a engagez ; & là, comme de simples soldats & sans connoissance de cause, ils veulent faire éclater leur chaleur & leur courage, selon la direction de leurs Capitaines.

CHAPITRE XXI.

Division des Sciences.

L'HOMME ne peut connoitre que ces trois choses, 1. la nature des Etres avec leurs rélations & leurs manieres d'operer, 2. ce qu'il est obligé de faire en qualité d'agent raisonnable & libre pour obtenir quelque but & particuliérement la félicité, 3. le moyen d'acquerir la connoissance de ces choses & de la communiquer aux autres. On peut donc rapporter très commodement les sciences aux trois especes suivantes.

La *Premiere* & que je nomme *Physique*, ou *Philosophie Naturelle*, (en prenant ces mots dans un sens plus étendu qu'on ne fait ordinairement) a pour objet, la constitution, les proprietez & les operations de toutes choses, soit *materielles* soit *immaterielles*. Le but de cette science n'est que la simple spéculation, & elle a pour objet toutes les choses qui peuvent fournir à l'esprit quelque sujet de méditation, DIEU, *les Anges, les Esprits finis, les Corps ou quelques-unes de leurs proprietez, comme le nombre & la figure, &c.*

La *Seconde*, que je nomme *Pratique*, enseigne comment il faut agir, pour obtenir ce qui nous est le plus avantageux. Ce qu'il y a de plus considerable dans ce second chef, c'est la *Morale*, *c'est-à-dire*, l'art de découvrir les regles des actions dont l'observation conduit au bonheur, & les moiens de mettre ces regles en pratique. Le but de cette science n'est pas la spéculation seule, mais après nous avoir fait connoitre *le juste*, elle nous porte aussi à y conformer nos actions.

La *Troisiéme*, que je nomme *Logique*, consiste, à considerer la nature des signes dont on fait usage, soit pour entendre les choses, soit pour en communiquer la connoissance aux autres. Les choses se presentent à l'esprit par leurs idées, & c'est par des mots qu'on s'entrecommunique ses idées ; ainsi pour tout homme qui voudroit envisager la connoissance humaine dans toute son étenduë, ce seroit une chose importante d'examiner & nos idées & leurs expressions ; ce sont là les deux grands moiens de toutes nos connoissances.

Voila, ce me semble, la premiere, la plus generale & la plus naturelle division des objets de nôtre Entendement ; car l'esprit humain n'en peut avoir aucun autre. Or comme ces trois sciences, & qui consistent comme j'ai dit, 1. à rechercher la nature des choses, entant qu'elles peuvent être connues : 2. à diriger ses actions, afin de parvenir au bonheur, 3. à faire emploi des mots, ensorte qu'on arrive à la connoissance, & qu'on puisse la communiquer aux autres ; comme, dis-je, ces trois sciences de l'esprit different entr'elles du tout au tout, il me semble qu'elles partagent le *Monde intellectuel* en trois grandes *Provinces* entierement separées & distinctes l'une de l'autre.

Fin du quatriéme & dernier Livre.

NOUVEAU SISTEME
SUR
LES IDÉES.

—— *E Cœlo descendit,* γνῶθι σεαυτόν. Juven.

CHAPITRE I.

Des Idées en général.

AVOIR l'idée d'une chose, & en avoir la perception ou l'appercevance, ce sont là deux expressions que je tiens sinonimes.

Ce qu'il importe le plus de savoir sur les idées, c'est 1. *Quelles idées on peut définir ?* 2. *D'où viennent nos idées ?* 3. *Ce que c'est qu'une idée claire & obscure, complette & incomplette ?*

Nos connoissances n'ont d'autre fondement que nos idées : C'est donc une conséquence indubitable, qu'à tout homme, qui souhaite de pénétrer avec succès dans quelque matiere de raison-

raisonnement, il est d'une nécessité absoluë d'avoir un sisteme fixe, & bien juste, sur les proprietez les plus intimes des idées, comme sont *leur origine, & la possibilité ou impossibilité à les définir, leur clarté & obscurité, leur distinction & confusion.* Comment donc s'est-il presque universellement établi, que ces matieres étoient infructueuses, ou tout au moins dans une obscurité impénétrable ? Je réponds, que c'est prévention dans les uns, & paresse dans les autres. Dans les uns c'est prévention, parce qu'indistinctement, mais néanmoins à faux, ils les supposent toutes dans une élévation si sublime, que l'esprit avec toutes ses forces, toute sa souplesse, n'en sauroit jamais atteindre la hauteur. Dans les autres c'est paresse, car ils n'y veulent point méditer. D'ordinaire ces gens-ci honorent du titre de derniers efforts de l'esprit humain les décisions des Philosophes, qui ont trouvé le secret de plaire, ou par le stile, ou de quelque autre façon. Ces décisions sont étourdies le plus souvent & d'une fausseté palpable : Y a-t-il donc à s'étonner, s'ils mésestiment ces matieres, s'ils les calomnient, comme étant ou obscures ou infructueuses. La vérité est, qu'il ne peut y avoir de méthode plus erronée que celle de la plûpart des Metaphysiciens, qui ont cru de pouvoir terminer toutes les questions sur les idées, par des réflexions sur ce qu'on nomme *les idées en général.* Parviendroit-on à la connoissance des idées par des réflexions vagues, plûtôt qu'on ne parvient à connoitre les substances particulieres, par des réflexions sur la substance, sur l'Etre en général ?

Donc, pour démêler ces questions, il semble qu'il faudroit se rapprocher de la méthode

des

des *Nominalistes*. Ces Philosophes, selon qu'ils découvroient dans l'ame de differentes manieres d'appercevoir, distinguoient aussi les idées ou les appercevances en diverses classes, fixoient à ces classes des noms particuliers, & posoient pour régle ; *De ne pas affirmer de toutes nos idées, ce qui n'étoit que particulier à quelqu'une d'entr'elles.* Sage principe ! s'ils ne s'en fussent jamais écartez, il les auroit garanti de ces trop téméraires conclusions ; *Que l'ame produit toutes ses idées, Qu'on les peut définir toutes, même celles du mouvement, de la liberté, de l'espace, &c.*

Et si la Philosophie moderne a abandonné cette méthode, ce n'est pas sans des raisons bien puissantes. Au son des termes *concept, intellect, similitude, intention premiere, & intention seconde,* prises toutes deux quelquefois en un sens étendu, quelquefois en un sens resserré, & plusieurs autres, par lesquels on exprimoit dans l'Ecole les manieres d'appercevoir ; au son, dis-je, de ce grand nombre de termes barbares, où est l'homme, qui n'étant pas au fait de ces matieres, ne se trouve effarouché, ne prononce bien vite que la science des idées est non seulement obscure, mais que son langage est opposé même au beau stile & aux belles manieres de parler ? C'étoient les préventions que faisoient naître les distinctions & le stile des Scholastiques. Louez soient donc à jamais les Reformateurs de la vieille Metaphysique, de ce qu'ils l'ont purgée de ce prodigieux nombre de distinctions trop subtiles, & de termes grossiers, sauvages, gothiques mêmes, pour y substituer avec sa signification générale l'expression charmante d'idée. Cette méthode, qui abrége si fort, peut-elle occasionner de facheuses préventions contre l'étude ?

tude ? Et ſans montrer une extrême injuſtice, peut-elle être accuſée, comme ſi elle ne condeſcendoit pas aſſez à la véhémence qui porte l'homme à abreger ſes études ? Non ſeulement le terme d'idée eſt d'un ſon agréable & aiſé, juſques-là même qu'il entre dans les converſations, où il ne s'agit de rien moins que de Metaphyſique, mais de plus il débarraſſe l'eſprit de je ne ſai combien de diſtinctions & de termes ; & enfin quelques réflexions ſur ce qu'on nomme les *idées en général*, font ſuppoſer qu'on a approfondi la matiere juſqu'au fond. Rien étoit-il plus propre à attirer les hommes à la ſcience de ſoi-même ? Ainſi doivent s'exprimer les ſectateurs de la Metaphyſique moderne, s'ils veulent parler ſincerement.

Mais bien que je me départe de la voie ordinaire de traiter la matiere des idées, néanmoins puiſque l'autorité inflexible de l'uſage a établi qu'on parleroit en termes connus, je me tiendrai, autant qu'il ſe pourra faire, au ſtile des Metaphyſiciens modernes, mais toûjours, ſans quitter de vuë, ni la régle des Philoſophes Nominaliſtes, ni l'eſprit de leurs principes. J'eſtime donc, qu'en vuë de terminer les queſtions propoſées, il faut diviſer nos idées ou nos appercevances en ces quatre genres, & qui répondent aux quatre differentes manieres dont je conçois que l'ame peut appercevoir. 1. Quelques-unes de nos idées nous préſentent les objets exterieurs. 2. Les autres nous préſentent les objets de nôtre formation. 3. D'autres ne font que des ſentimens interieurs des actions de nôtre ame. 4. Il y en a enfin qu'on ne peut ranger ſous aucune de ces trois claſſes,

classes, telles sont les idées de l'infini, de l'espace, & peut-être quelques autres.

CHAPITRE II.

Quelles Idées on peut définir.

DÉFINIR une idée, c'est en exprimer les diverses parties.

SANS faire trop d'honneur à cette question, j'ose dire qu'il n'y en a pas de plus importante dans tout l'art de raisonner, & d'arriver au vrai. En effet, que le nombre des idées qu'on peut définir soit une fois bien fixé, & dès-lors on verra tous ceux que l'amour du vrai a sincerement touché, on les verra, dis-je, au regard des matieres de spéculation, vivre dans une paix, dans une concorde toute divine. La preuve en est claire. Les idées simples, comme elles n'ont point de parties, il est impossible de les définir & par conséquent d'en disputer. L'Envie dévorante de la dispute ne trouve à s'acharner que sur les idées composées ou complexes; mais ces idées on peut les décomposer jusqu'à leurs simples, avouées non-susceptibles & de définition & de dispute. Que si ensuite d'une pareille décomposition, on ne s'accorde pas, c'est assurément ou malice, ou ignorance bien grossiere. Ainsi donc, j'espere qu'au même tems que je satisferai au texte de ce chapitre, je mettrai dans tout son jour ce grand & infaillible moien d'union & de concorde.

I. LES idées des objets composez, de quelque maniere qu'ils soient connus, peuvent être définies,

finies, mais non pas celles des objets simples.

II. On peut définir toutes les idées qu'on nomme abstraites, & qui repréſentent des objets de nôtre formation, comme les vertus, les vices, &c. Perſonne ne diſconvient ſur ces deux régles, & pour cette raiſon je ne m'y arrête pas davantage.

III. Les idées ou plutôt les ſentimens interieurs des actes de l'ame ne peuvent point être définis. Je le prouve 1. l'Eſſence de l'ame n'eſt pas aſſez connue, pour faire une repréſentation juſte de ſes manieres d'agir. Que connoiſſons-nous touchant nôtre Ame? Je penſe, je veux, j'apperçois, je ſuis libre, & autres pareilles propoſitions, mais en petit nombre, mais incapables detoute extenſion: C'eſt là toute la ſcience de l'Entendement humain: C'eſt là le ſiſtême le plus étendu de la Metaphyſique. Les deciſions des Philoſophes, quelque autorité qu'elles ſemblent avoir, paſſent-elles ce point de certitude? ce n'eſt qu'imagination, que conjecture, que fauſſetez.

Dans l'Ecole, une doctrine étoit eſtimée bien ſolide, quand elle ſe trouvoit fondée ſur l'axiome parmi eux ſi celebre, *Hæc ſententia vera eſt, quia alioquin non poſſent ſalvari multorum opiniones.* Autant que cette maxime favoriſe peu les ſentimens des Scolaſtiques, autant fait-elle pour mon opinion touchant l'ignorance de nôtre ame. Hors un petit nombre de Métaphyſiciens, interrogez tous les hommes ſur ce qu'ils ſavent d'eux-mêmes, ils répondront tous de la même maniere. Tous diront, qu'ils penſent, qu'ils apperçoivent, qu'ils agiſſent librement, &c. Demandez-leur enſuite ce que c'eſt que

Des Idées qu'on peut définir. 265

que penser, agir librement, &c. ils n'en sauront rien, ils déclareront ingenument leur ignorance. Or si l'on pouvoit connoitre le *jeu* des actions de l'ame, le vulgaire, les femmes, les enfans, eux à qui les prejugez n'ont point alteré l'esprit sur ces matieres, ne connoitroient-ils pas ce méchanisme d'une maniere plus vive & avec plus d'assurance que presque tous les savans, qui ne se connoissent plus que par les sistêmes du College. Qui en croirons-nous plûtot, ou *Sancho Pança*, quand il fait le recit de l'intrépidité avec laquelle son Maître enfonça deux troupeaux de chevres & de brebis, ou *Don Quixotte*, quand il dit que c'étoient deux armées innombrables qui alloient en venir aux mains, & décider du sort de deux très vastes Empires?

Seconde *Raison*. Définir un sujet, c'est en marquer les diverses parties, les diverses proprietez; mais les actes de l'ame, vouloir, appercevoir, agir librement, nous les sentons d'une maniere indivisible. Donc on ne peut point les définir.

De toutes les erreurs des hommes, si tant est que définir les actes de l'ame soit une erreur, il n'y en a aucune bien assurément, qui ose se promettre des succès plus heureux, & qui soit plus assurée de mettre ses défenseurs en reputation de bel esprit. Peuvent-ils la maintenir dans son antique possession? les voila dans le plus haut comble de la gloire. Mais vient-elle à tomber? jamais on ne les accusera d'avoir tenté l'explication de la nature. Leurs sistêmes seront des jeux d'esprit, des exercices de Poésie. Et comme d'attribuer, à Jupiter, à Mars, à Venus, ce qui ne convenoit qu'aux hommes, il n'y avoit rien dans cette doctrine d'aussi poétique qu'à at-

tribuer

tribuer des parties à ce qui n'en sauroit avoir, comme la volonté, la liberté, &c. il est de la derniere évidence, que pour l'invention des sujets de Poesie, on élevera les Theologiens & les Philosophes definisseurs de la liberté au dessus d'un *Homere*, d'un *Hesiode*, d'un *Virgile*, & de tout ce que le monde entier a jamais produit de Poëtes les plus illustres. Je n'oserois pas même jurer, qu'un jour on n'allegorise leurs Poésies, & qu'on n'y trouve renfermées toutes les connoissances humaines.

Troisieme raison. Ces deux preuves sont générales: Il y en a de plus contre la définition de chaque acte en particulier, mais elles sont trop aisées pour s'y arrêter. Néanmoins, la question de la liberté étant de la plus haute consequence, & comme elle influe sur les matieres de Theologie & de Morale qu'il importe le plus de bien savoir, il est à propos de s'y arrêter un peu plus particuliérement. Je dis donc, que si elle pouvoit être definie, ou ce qui revient au même, si elle étoit composée de parties connues, ces parties devroient être *la perception, le jugement, la volonté, agir en conséquence de la derniere resolution du jugement.* Nous ne connoissons rien d'autre en ce monde, qui puisse être conjecturé faire cette pretendue definition: Du moins toutes celles des Philosophes en differentes sectes ne sont-elles qu'un alliage different de ces quatre facultez, ainsi qu'on les nomme mal à propos; or toutes quatre elles sont necessaires. Donc il est impossible, alliez-les de la maniere qu'il vous plaira, qu'elles forment la liberté; la liberté, dis-je, qu'un sentiment interieur & invincible, nous force d'avouer exempte de toute necessité, de

toute

toute contrainte. J'ai dit que *la perception, le jugement, la volonté, & ce que très improprement on appelle agir en conféquence du jugement*, étoient neceffaires, ou, ce qui eft la même chofe, ne renfermoient aucune *force mouvante*: je vai le démontrer en trois mots. La perception eft neceffaire, perfonne n'en doute. Le jugement, c'eft découvrir qu'une opinion eft fupérieure en preuves à une autre opinion ; ainfi, à le bien prendre, cette faculté ne differe point de la perception ; elle eft donc néceffaire auffi. La volonté fe tourne néceffairement vers le plus grand bien reconnu pour tel ; car il n'eft pas à fon pouvoir de préferer un moindre bien à un plus grand, elle eft donc neceffitée. Pour la quatrieme faculté, il fe voit par fon expreffion feule, qu'elle doit être rangée dans la même catégorie.

Il fe trouve des Auteurs, qui croyent avoir folidement établi une doctrine, s'ils l'ont appuyée de ce qu'en termes de l'art on appelle *argument ad Hominem*. Cette voie de prouver eft, je l'avoue, erronée & frauduleufe : Et fi je vai propofer des raifonnemens de cette efpece, ce n'eft qu'à deffein de porter plus efficacement le Lecteur à être attentif aux preuves ci-deffus mentionnées, & que je fortifierai encore dans la fuite. Donc, pour me fixer à la liberté, je prierois fes definiffeurs de dire pourquoi cette faculté pourroit être définie plûtôt que la perception & la penfée, qu'on avoue incapables de toute explication ? D'où vient que les faintes Ecritures ne définiffent cette faculté nulle part, bien pourtant que felon des Théologies, foi-difant chrétiennes, fon explication foit article de foi ? D'où vient au contraire, que la définir, c'eft
s'éloigner

s'éloigner de l'esprit du christianisme ; car cette philosophie contre laquelle s'écrient avec tant de véhemence les Ecrivains sacrez, que pouvoit-ce être que les disputes, principalement sur *le libre arbitre* ? Enfin je les prierois d'en produire une définition, qui ne mene pas directement au Fatalisme, cette erreur monstrueuse, si souvent opposée, & toujours invinciblement contredite par un sentiment interieur & irresistible. Qu'ils fouillent dans les livres de toutes les sectes : *Stoïciens* ou *Epicuriens*, *Jansenistes* ou *Molinistes*, & autres, ils n'en deterreront aucune, où le Fataliste ne trouve renfermées, dans leur entiere plenitude, toutes ses pernicieuses erreurs.

J'EXCEPTE néanmoins la définition qui dit qu'être libre, c'est *avoir la puissance d'agir ou de n'agir pas*. Il est tout visible que ce n'est ici qu'un galimatias tout pur. Action, puissance, liberté, sont entierement sinonimes : En effet *l'action* sans liberté, sans puissance, n'est pas action, c'est passion : De même *la puissance* sans liberté, sans action, ce n'est plus puissance, c'est être forcé ; & *la liberté* sans puissance & action, c'est être nécessité, c'est être contraint. Et ainsi cette definition pretendue revient en effet à celle-ci ; *La liberté est la liberté de la liberté ; La puissance est la puissance de la puissance*, &c. Je ne dis pas toutefois qu'une expression ne puisse, ne doive même, s'éclaircir par ses sinonimes, mais les arranger d'une maniere aussi illicite, aussi peu grammaticale que dans la définition dont il s'agit ; c'est contre ce desordre, qu'il sera toujours permis de s'écrier.

SELON donc toutes les apparences, les actes de l'ame, & particulierement la liberté, ne peut
point

point être définie. Nous n'avons aucun modele, aucun archétipe pour regler, pour corriger sa définition. C'est donc dire vrai d'assurer que l'obstination à la définir nourrit un fond intarissable de disputes & d'aigreurs, que la victoire ne sera jamais à ceux qui professent la verité ou qui y touchent de plus près, mais qu'elle leur sera toujours enlevée par des disputeurs de profession, ces Sophistes qui font un emploi si criminel de l'art dangereux de subtiliser. Si je prophetise juste, l'experience des disputes passées peut nous en instruire.

Je préjuge bien, que l'on donnera plusieurs attaques à ces principes. Je vois d'abord & les Fatalistes, & les Partisans des divers sistêmes sur la liberté, entrer contre moi en ligue offensive, & tous ensemble s'écrier que ma doctrine est du dernier absurde, qu'ils ont des preuves que la liberté consiste dans telle & telle chose, & doit par consequent être définie.

Le Fataliste, *p. e.* ne manquera pas de dire d'un ton de victoire assurée; *Dieu a prévu toutes nos actions : Ce que cet Etre tout parfait a prévu doit nécessairement arriver : Ce qui arrive nécessairement ne sauroit être un effet de la liberté: Donc, l'homme est nécessité aux actions que Dieu a prévues. Donc, ce qu'on appelle être libre, ce n'est tout au plus, qu'en conséquence de certaines raisons, de certains motifs, être invinciblement porté à telle ou telle action particuliere ; Et la liberté ne peut être qu'une nécessité exemte de contrainte exterieure : Elle peut donc se définir : Il n'y a que l'ignorance qui puisse assurer le contraire.*

Pour repousser cette premiere attaque, je n'ai qu'à montrer, que bien qu'il y ait dans ce raisonnement quelque ombre de vrai-semblance, il doit néanmoins ceder à la force invincible du sentiment interieur que nous avons tous de nôtre liberté. Je dis donc, en remontant à des principes un peu éloignez, Qu'il y a trois divers degrez de connoissance.

Le premier, QUAND on apperçoit les choses immédiatement & sans déduction : de cette maniere l'on sait, qu'on existe, qu'on pense, qu'on est libre, &c. *Le second*, Lors-que par l'entremise de certaines idées, de certaines propositions, on apperçoit d'une maniere immédiate, que telle chose doit être ou affirmée ou niée de telle ou Proposition, ou idée ; c'est ce qu'on appelle connoitre par démonstration. De cette maniere, on est certain que les trois angles d'un triangle sont égaux à deux droits. *Le troisieme,* & qui ne porte le nom de connoissance que très abusivement, c'est n'avoir la démonstration que de quelques parties d'un sujet, & toutefois supposer, mais sans avoir de connoissance démonstrative, que telle ou telle chose doit être affirmée touchant les autres parties du même sujet; c'est ce qu'on nomme *conjecture.* Cela posé : Bien certainement il est d'un homme sage & philosophe, quand il s'agit d'opter entre deux opinions, de ne pas permettre que la conjecture & la démonstration prévalent jamais à la connoissance immédiate, qui est le plus haut degré de certitude, où l'homme puisse atteindre en cette vie. Conjectures donc ingenieuses, vrai-semblances bien soutenues, argumens apparens, & si vous voulez, démonstrations claires & évidentes. Aucune de ces choses ne peut renverser la doctrine de la liberté au sens que je l'ai prise : Elle est établie, cette doctrine, sur la connoissance immédiate, c. à. d. sur des fondemens qu'il est aussi impossible de renverser, que de renoncer à la nature de son Etre même.

Une autre consideration à faire contre cet argument est, qu'il ne sauroit être élevé jusqu'au genre de la connoissance démonstrative ; connoissance démonstrative, je le repete, c'est appercevoir par une troisieme idée, mais appercevoir IMMEDIATEMENT, que telle chose doit être affirmée de telle idée. Or je vous prie, dans l'objection proposée, avons-nous une idée complette de la prévoiance infaillible de Dieu, de l'Etre sans bornes & sans restriction, qui est infiniment infini, & dont les manieres de penser surpassent autant nôtre foible portée que le Ciel surpasse la Terre, ainsi que parle le St. Esprit ? Connoissons-nous de science immédiate, & la nature de nôtre Ame & ses manieres d'agir ? Nous ne faisons que conjecturer sur ces grands objets. On n'y connoit rien de science assurée ; & par consequent, c'est peut-être honorer trop cette objection, de la laisser passer comme une assez miserable conjecture. Que ceux-là sont peu propres à l'étude de la Philosophie, qu'une cruelle fatalité oblige de préferer à la connoissance immédiate, ou la démonstration, ou la conjecture ! Il demeure donc stable que l'homme est libre ; & que cette objection, qu'on prédisoit devoir être la machine fatale du renversement de mon sistême, ne fait pas seulement autant qu'y toucher.

Les Philosophes des autres sectes, par des raisonnemens aussi éloignez, prétendent de même, que la liberté consiste dans la définition précise qu'ils en donnent, & conséquemment qu'on doit la définir. Je n'aurois jamais fait, si
je

je voulois les suivre ; & après tout, leurs raisonnemens ne sont pas de nature à pouvoir derober leur fallace à une médiocre attention.

SECONDE Objection. *N'est-il pas vrai, que les Hommes discourent souvent de la liberté, avec une telle évidence, qu'il n'y a personne qui se méprenne sur leur pensée, qui n'en attrape au juste & le but & la force ? Cela ne peut se faire néanmoins, si la liberté est incapable d'être expliquée ; car un discours, où le sens des paroles est entierement perdu, ne sauroit être qu'un alliage confus ou inintelligible de mots & d'expressions. Et il ne sert de rien de vouloir échaper à la force de l'objection, sur ce qu'on ne définit point les couleurs, & que pourtant on en parle d'une maniere très intelligible ; car il faut savoir, qu'en montrant les couleurs, ou en indiquant les sujets où elles se trouvent, on les fait connoître d'une maniere bien claire & bien certaine ; mais au regard de la liberté, si on ne doit pas la définir, comment en avoir la connoissance ? comment la communiquer aux autres ?*

VOICI comment. Sans y être forcé, je me promene, ensuite je me repose, & fais d'autres actions de cette nature : Je les appelle libres, & donne le nom de liberté au principe qui en est la cause. Un autre homme fait les mêmes actions, ou d'autres de même espece, & à mon imitation il les nomme libres, & leur principe liberté. Par la voie des définitions & des explications, oseroit-on dire qu'on parvient à l'intelligence des mots, ou plus promtement, ou plus certainement ?

TROISIEME Objection. *Que d'absurditez dans ce nouveau sistême ! J'y inventerai les opinions les plus ridicules, je les soutiendrai avec le*
plus

plus de hauteur : Et que perſonne ne ſoit ſi oſé que d'en exiger une explication nette. Il recevroit pour toute reponſe, que ces doctrines ne peuvent pas ſe définir. On les connoit, dirois-je, par ſentiment interieur, & du reſte il eſt temeraire & d'une craſſe ignorance de ne pas les embraſſer comme veritables. L'Entouſiaſme a-t-il jamais inventé rien de plus pitoyable ?

TOUTE la force, qui paroit dans cette objection, vient peut-être des fauſſes idées ſur la nature de la connoiſſance. Sans m'arrêter à ce qu'en peuvent avoir dit les autres, il me paroit évident, que nos idées, comme les unes viennent de dehors, & qu'on trouve les autres en ſoi-même, que les unes ſont ſimples & les autres compoſées, ainſi la connoiſſance doit être ſuſceptible de nouvelles proprietez, de nouveaux attributs, à proportion de ſes objets. Sur ces principes, je ſerois incliné à croire, que la connoiſſance des objets compoſez eſt la perception ou du rapport ou de l'oppoſition de leurs idées, que celle des actes de l'ame eſt le ſentiment interieur de ſoi-même, & que celle des objets exterieurs & ſimples doit conſiſter en quelque autre choſe. On pourroit même, ainſi que je le conçois, combiner nos idées en tant de diverſes manieres, qu'il y auroit néceſſité abſolue de donner, à la connoiſſance de chaque combinaiſon, une définition individuelle. Si l'on n'admet pas ces diſtinctions, on bouleverſe l'eſſence des choſes. Ce que la nature a diſtingué on le confond, & par des conſéquences néceſſaires on peut ſe voir preſſé, juſqu'à faire aveu qu'en effet il n'y a point de connoiſſance. Or, pour revenir plus particuliérement à mon ſujet, quand par pluſieurs raiſons j'ai établi, que la liberté ne peut pas être définie, je n'ai point autorisé les imaginations déreglées des Entousiastes, & qui consistent en ce qu'ils ne veulent point définir les connoissances composées, ni en rendre de raison. La liberté est d'un tout autre genre de choses. Elle n'est point un objet composé. Et si mon sistême ne convient pas avec la doctrine de quelques Philosophes d'un grand nom, *que l'on ne connoit rien que par la vue ou du rapport ou de l'opposition de nos idées*, d'où à la verité il suivroit, que si on ne peut pas la définir, on n'en sauroit avoir de connoissance ; Qu'on sache néanmoins, qu'il n'est donné aux hommes aucun autre moien pour s'instruire de la liberté, que l'inexplicable sentiment interieur de soi-même.

QUATRIEME Objection. Qui a jamais ouï parler, que l'on pût agir avec liberté, indépendamment de toute perception, avant même que le jugement ait balancé la force des preuves, & que la volonté se soit portée vers tel ou tel parti ? Ce sont là néanmoins les absurdes conséquences du sistême qu'on nous débite ; ce beau sistême, qui nie que la liberté soit composée des facultez de vouloir, de juger, &c. C'est ici où toute sa foiblesse se decouvre, & où certainement l'on ne pourra jamais donner de reponse satisfaisante.

L'on me permettra néanmoins de dire, mais en tranchant cette invincible objection en trois mots, que parmi les Philosophes, il est universellement avoué, que la perception, le jugement, la volonté, la liberté, sont quatre facultez differentes. Je suis de cet avis. Or l'usage qui me vient de cet aveu, je prie le Lecteur de le prendre de la bouche venerable de Mr. Locke, L. II. C. XXI. quand il agite la question, *Si une faculté*

faculté peut agir ſur une autre faculté ? ou, ce qu'après une legere attention on verra bien être la même choſe, *ſi trois, quatre, ou tant de facultez, peuvent n'en faire qu'une ſeule ?*

IV. Je viens aux idées de la quatriéme eſpece, *l'eſpace & l'infini.* Comment, diront quelques uns ? Des idées d'une quatriéme eſpece ! Nous n'y pouvons plus tenir. C'eſt là réintroduire tout le fatras des diſtinctions de l'Ecole ; ce joug inſupportable, dont preſque cent ans de Philoſophes du premier ordre, ont eu peine à nous tirer. A la bonne heure ces plaintes, mais auſſi qu'on ſe réſolve à n'avoir jamais d'idée juſte, ni ſur l'eſpace, ni ſur l'infini. Car je poſe que les rapporter à quelqu'un des trois genres d'idées, ci-deſſus mentionnez, c'eſt tout comme ſi l'on jugeoit des Hommes par les Animaux brutes. Le ſolide raiſonnement que ſeroit celui d'un Orateur, qui de ce que la plûpart des Animaux négligent leurs petits peu de temps après leur naiſſance, déclameroit de toutes ſes forces, que ne pas abandonner de même ſes enfans, c'eſt le déreglement le plus effréné, c'eſt le dernier comble du Vice !

Voudroit-on, *p. e.* & c'eſt l'unique parti different du mien, qui puiſſe ſe revetir de quelque air de vrai-ſemblance ; Voudroit-on, dis-je, rapporter l'idée de l'infini aux idées de notre formation, & dire que l'eſprit la forme par des additions continuelles dont on ne voit jamais la fin. Mais eſt-il bien vrai qu'on ne puiſſe jamais arriver aux derniers termes de ces additions ? Quelqu'un a-t-il entrepris ce travail ? Non, répartira-t-on bien vîte. Un moment de reflexion nous en fait voir toute la témerité. Donc, repondrai-je, c'eſt cette aſſurance, qu'on ne peut jamais voir la fin de ces additions qui fait l'idée de l'infini. Donc, cette idée n'eſt point une ſuite d'additions ſans nombre ; car elle previent toutes ces additions, elle en montre toute l'impoſſibilité, & ſe fait ſentir à ceux qui ne ſavent pas compter juſqu'à mille, non pas même juſqu'à vingt. Donc il faut admettre un quatriéme genre d'idées ; car celle de l'infini n'eſt point de nôtre formation, & ne vient ni des objets exterieurs, ni des ſentimens de nôtre ame.

J'en dis autant de celle ſur l'eſpace : Et pour preuve, je ne ferai que rapporter, mais ſans tirer aucune induction, ce que nous dit ſur cette matiere Mr. le Docteur Clarck.

Je crois, dit cet Illuſtre Philoſophe, * *que toutes les notions qu'on a eues touchant la nature de l'eſpace, ou que l'on s'en peut former, ſe reduiſent à celles-ci. L'eſpace eſt un pur néant, ou il n'eſt qu'une ſimple idée, ou une ſimple relation d'une choſe à une autre, ou bien il eſt la matiere, ou quelque autre ſubſtance, ou la proprieté d'une ſubſtance. Il eſt évident que l'eſpace n'eſt pas un pur néant ; car le néant n'a ni quantité, ni dimenſion, ni aucune proprieté : Ce principe eſt le premier fondement de toutes ſortes de ſciences ; & il fait voir la ſeule difference qu'il y a entre ce qui exiſte & ce qui n'exiſte pas.*

Il eſt auſſi évident que l'eſpace n'eſt pas une pure idée ; car il n'eſt pas poſſible de former une idée de l'eſpace qui aille au delà du fini ; & cependant la raiſon nous enſeigne que c'eſt une contradiction que l'eſpace lui-même ne ſoit pas actuellement infini.

IL

---

* *Je me ſers de la traduction du ſavant Mr. De La Roche.*

Des Idées qu'on peut définir.

IL n'est pas moins certain que l'espace n'est pas une simple relation d'une chose à une autre, qui resulte de leur situation, ou de l'ordre qu'elles ont entr'elles; puisque l'espace est une quantité, ce qu'on ne peut pas dire des relations telles que la situation & l'ordre. J'ajoute, que si le monde materiel est, ou peut être borné, il faut necessairement, qu'il y ait un espace actuel ou possible au delà de l'Univers.

IL est aussi très évident que l'espace n'est pas la matiere; car en ce cas la matiere seroit necessairement infinie, & il n'y auroit aucun espace qui ne resistât au mouvement. Ce qui est contraire à l'experience. Il n'est pas moins certain que l'espace n'est aucune sorte de substance, puisque l'espace infini est l'immensité & non pas l'immense, au lieu qu'une substance infinie est l'immense & non pas l'immensité. Comme la durée n'est pas une substance, parce qu'une durée infinie est l'Eternité & non un Etre Eternel; mais une substance infinie est un Etre Eternel & non pas l'Eternité.

IL s'ensuit donc necessairement de ce qu'on vient de dire, que l'espace est une proprieté de la même maniere que la durée. L'Immensité est une proprieté de l'Etre Immense, comme l'Eternité est une proprieté de l'Etre Eternel.

DU reste il n'y a pas de l'apparence qu'on puisse jamais définir ces idées.

CHAPITRE III.

De l'Origine de nos Idées.

COMME il en est de plusieurs autres questions, de même en est-il de celle-ci. Quelques-unes de leurs branches sont connues de science certaine, mais on ne fait que conjecturer les autres. Développons ce qu'il y a dans cette matiere de certain & de douteux. Cette connoissance ne sauroit manquer d'avoir ses usages.

I. *SUR l'origine des idées des objets exterieurs.* La mécanique interne des corps, & les loix en vertu desquelles elle produit en nous de certaines idées; ces deux choses sont au dessus de toutes nos connoissances. Il seroit donc ici d'une temerité impardonnable de vouloir être positif sur l'origine de ces idées. Tout ce qu'on a d'assuré dans cette matiere, le voici. *Que c'est en conséquence des loix très sages, & à nous inconnues, de la Divine Bonté, que les corps excitent cette infiniment merveilleuse diversité d'idées & d'aspects.*

II. Les idées de nôtre formation, plus particulierement connues sous le nom d'*idées abstraites*, comme sont *les vertus & les vices, les genres & les especes des choses*, &c. il est tout visible que nous en sommes les créateurs & les conservateurs. Nous en avons tout l'honneur & toute la gloire. Il ne peut donc y avoir de doute sur leur origine.

III. Les idées des sentimens interieurs des actes de l'ame sont inséparables de nous-mêmes. Nous en sommes nécessairement touchez. Elles
font

font même une bonne partie de nôtre essence. Quel inconvenient donc à dire qu'elles sont *innées*?

IV. Que de conjectures se présentent à l'esprit sur l'origine des idées de la quatriéme espece, comme l'*espace* & l'*infini*. La plus vrai-semblable de toutes, ne seroit-ce pas qu'on n'en peut rien savoir ? & la moins absurde, qu'on les *voit en Dieu*, en prenant cette expression dans le sens le plus raisonnable, qu'on peut y donner ?

L'Idée des Chrétiens sur la nature de Dieu, comme ils l'acquierent, ou par le raisonnement, ou par ce que leur en ont appris les autres hommes & l'Ecriture sainte, ne prouve point l'existence de cet Objet Immense. Mais l'idée de l'infini démontre, à mon sens, au moins, l'existence d'un Etre plus parfait que nous, d'un Etre dont les perfections sont incomprehensibles, qui nous a formé & qui a imprimé dans nos esprits ces impénétrables sentimens d'infinité. Si la doctrine de plusieurs Philosophes ne semble pas conduire à cet aveu, c'est par une consequence nécessaire de leur sistême, que l'idée de l'infini est une idée de nôtre formation.

CHAPITRE IV.

Des Idées complettes & incomplettes, claires & obscures.

QUE veulent dire les Philosophes par les idées qui sont *en elles-mêmes complettes ou incomplettes, claires ou obscures*, &c. Car y a-t-il de telles idées ? Y en a-t-il aucune qui ne puisse être susceptible à même tems, & dans le même

même homme, quoi qu'à divers égards, de clarté & d'obscurité, de perfection & d'imperfection, &c. Je distingue donc nos idées, ou entant qu'on refléchit en soi-même sur leur rapport avec leurs Archetipes, ou entant qu'on en parle avec les autres hommes. En ce qu'on les considere par rapport à leurs Archetipes, elles sont complettes ou incomplettes ; Et en ce qu'on en parle avec les autres hommes, elles sont ou claires ou obscures ; Leur clarté & obscurité ne regarde que le discours ; Et leur perfection & imperfection n'a de rapport qu'à leur convenance avec leur Archétipe. Voilà tout le mistere de cette question. Et ce qu'on a dit des idées distinctes & confuses, vraies & fausses, exactes & inexactes, &c. ne peut gueres servir qu'à brouiller.

F I N.

TABLE
DES MATIERES.

AVANT-PROPOS, Pag. ix

EXTRAIT, *fait par Mr.* Le Clerc, *du Premier Livre de Mr.* Locke, *sur l'Entendement Humain*, p. 1

LIVRE SECOND.

Chap. I. *Des Idées en général, & de leur origine*, p. 21
Chap. II. *Des Idées simples*, p. 25
Chap. III. *Des Idées qui nous viennent par un seul sens*, p. 26
Chap. IV. *De la solidité*, p. 27
Chap. V. *Des Idées simples qui viennent par divers sens*, p. 30
Chap. VI. *Des Idées simples qui viennent par la Reflexion*, ibid.
Chap. VII. *Des Idées simples qui nous viennent par la Sensation & par la Reflexion*, p. 31
Chap. VIII. *Autres considerations sur les Idées simples*, p. 34
Chap. IX. *De la Perception*, p. 40
Chap. X. *De la faculté de retenir ses Idées*, p. 42

TABLE DES MATIERES.

Chap. XI. *De quelques autres opérations de l'Esprit,* p. 45

Chap. XII. *Des Idées complexes,* p. 47

Chap. XIII. *Des Modes simples, & premierement de ceux de l'espace,* p. 50

Chap. XIV. *De la Durée, & de ses Modifications simples,* p. 52

Chap. XV. *La durée & l'espace, considerez entr'eux,* p. 56

Chap. XVI. *Des Nombres,* p. 57

Chap. XVII. *De l'Infinité,* p. 59

Chap. XVIII. *De quelques autres Modifications simples,* p. 61

Chap. XIX. *Des Modifications de la Pensée,* p. 62

Chap. XX. *Des Modifications du Plaisir & de la Douleur,* p. 63

Chap. XXI. *De la Puissance,* p. 66

Chap. XXII. *Des Modes mixtes,* p. 82

Chap. XXIII. *Des Idées complexes des substances,* p. 86

Chap. XXIV. *Des Idées collectives des substances,* p. 90

Chap. XXV. *Des Relations,* ibid.

Chap. XXVI. *De la Cause, de l'Effet, & de quelques autres Relations,* p. 92

Chap. XXVII. *De l'Identité & de la Diversité,* p. 94

Chap. XXVIII. *De quelques autres Relations,* p. 100

Chap. XXIX. *Des Idées claires & obscures, distinctes & confuses,* p. 105

Chap. XXX. *Des Idées réelles & chimeriques,* p. 108

Chap. XXXI. *Des Idées complettes & incomplettes,* p. 110

Chap.

TABLE DES MATIERES.

Chap. XXXII. *Des vraies & des fausses Idées*, p. 112

Chap. XXXIII. *De la liaison des Idées*, p. 116

LIVRE TROISIEME.

Chap. I. *Des Mots & du Langage en général*, p. 121
Chap. II. *De la signification des Mots*, p. 123
Chap. III. *Des Termes généraux*, p. 126
Chap. IV. *Des Noms des idées simples*, p. 132
Chap. V. *Des Noms des Modes mixtes & de ceux des Relations*, p. 134
Chap. VI. *Des Noms des substances*, p. 137
Chap. VII. *Des Particules*, p. 142
Chap. VIII. *Des Termes abstraits & concrets*, p. 144
Chap. IX. *De l'Imperfection des Mots*, p. 145
Chap. X. *De l'Abus des Mots*, p. 149
Chap. XI. *Remedes contre les Imperfections & les Abus du Langage*, p. 156

LIVRE QUATRIEME.

Chap. I. *De la Connoissance en général*, p. 161
Chap. II. *Des degrez de nôtre Connoissance*, p. 164
Chap. III. *De l'étendue de nos Connoissances*, p. 170
Chap. IV. *De la Realité de nos Connoissances*, p. 182
Chap. V. *De la Vérité en général*, p. 187
Chap. VI. *Des Propositions universelles*, p. 189
Chap. VII. *Des Maximes*, p. 193
Chap. VIII. *Des Propositions frivoles*, p. 199
Chap. IX. *De la Connoissance que nous avons de nôtre Existence*, p. 202

TABLE DES MATIERES.

Chap. X. *De la Connoissance que nous avons de l'Existence de Dieu,* p. 203

Chap. XI. *De la Connoissance que nous avons de l'existence des autres choses,* p. 208

Chap. XII. *Des moiens d'augmenter nos Connoissances,* p. 214

Chap. XIII. *Autres Considerations sur nos Connoissances,* p. 219

Chap. XIV. *Du Jugement,* p. 221

Chap. XV. *De la Probabilité,* p. 222

Chap. XVI. *Des degrez d'Assentiment,* p. 224

Chap. XVII. *De la Raison,* p. 231

Chap. XVIII. *Des bornes distinctes de la Foi & de la Raison,* p. 239

Chap. XIX. *De l'Enthousiasme,* p. 243

Chap. XX. *De l'Erreur,* p. 250

Chap. XXI. *Division des Sciences,* p. 257

NOUVEAU SISTEME
Sur les Idées.

Chap. I. *Des Idées en général,* p. 259

Chap. II. *Quelles Idées on peut définir,* p. 263

Chap. III. *De l'Origine de nos Idées,* p. 278

Chap. IV. *Des Idées complettes & incomplettes, claires & obscures,* p. 279

FIN.

www.ingramcontent.com/pod-product-compliance
Lightning Source LLC
Chambersburg PA
CBHW070748170426
43200CB00007B/693